Schriftenreihe

Sonderpädagogik
in Forschung und Praxis

Band 12

ISSN 1618-6028

Verlag Dr. Kovač

Christel Rittmeyer

Unterricht von Schülern mit geistiger Behinderung

Konzepte und Lernmaterialien

Verlag Dr. Kovač

Hamburg
2006

VERLAG DR. KOVAČ

Leverkusenstr. 13 · 22761 Hamburg · Tel. 040 - 39 88 80-0 · Fax 040 - 39 88 80-55

E-Mail info@verlagdrkovac.de · Internet www.verlagdrkovac.de

Aus Gründen der sprachlichen Vereinfachung wurde im Titel dieses Buches auf die Verwendung der weiblichen Form verzichtet. Im Text wurde die weibliche und männliche Form an den Stellen verwendet, wo dies möglich war, ohne den Lesefluss zu behindern.

Bibliografische Information Der Deutschen Bibliothek
Die Deutsche Bibliothek verzeichnet diese Publikation
in der Deutschen Nationalbibliographie;
detaillierte bibliografische Daten sind im Internet
über http://dnb.ddb.de abrufbar.

ISSN 1618-6028
ISBN 3-8300-1810-X

© VERLAG DR. KOVAČ in Hamburg 2005

Umschlagillustration: © Makaton-Deutschland. Abdruck mit freundlicher Genehmigung.

Sämtliche Fotos aus Kapitel 14 stammen von der Autorin Christel Rittmeyer.

Printed in Germany
Alle Rechte vorbehalten. Nachdruck, fotomechanische Wiedergabe, Aufnahme in Online-Dienste und Internet sowie Vervielfältigung auf Datenträgern wie CD-ROM etc. nur nach schriftlicher Zustimmung des Verlages.

Gedruckt auf holz-, chlor- und säurefreiem Papier Alster Digital. Alster Digital ist alterungsbeständig und erfüllt die Normen für Archivbeständigkeit ANSI 3948 und ISO 9706.

Inhaltsverzeichnis 3

I. Übergreifende Aspekte der Thematik 7

1. Zur Bedeutung von Medien im Lernprozess 7

2. Zur Bedeutung und den Problemen von Freiarbeit
   bei geistiger Behinderung 13

3. Montessori-Pädagogik bei geistiger Behinderung 17

4. Handlungsbezogener Unterricht und Projektunterricht
   bei geistiger Behinderung 35

II. Fachbezogene Beiträge 53

5. Lesenlernen bei geistiger Behinderung 53

6. Mathematik bei geistiger Behinderung 93

7. Musikunterricht bei geistiger Behinderung 221

8. Sachunterricht bei geistiger Behinderung 241

III. Unterrichtsbereiche mit spezifischer Ausrichtung auf die geistige Behinderung — 259

9. Fühlbilderbücher — 259

10. Handpuppen, Stabfiguren und Fingerpuppen — 295

11. Textiles Gestalten: Filzen — 307

12. Piktogramme und Gebärden (insbesondere Makaton) — 317

13. Medien bei schwerer geistiger Behinderung — 325

Anhang — 349

14. Mediensteckbriefe — 349

Meine persönlichen Bezüge zum Thema

Medien waren für mich schon immer ein Thema im Zusammenhang mit der Unterrichtung von Schülerinnen und Schülern mit einer geistigen Behinderung. Während meiner 12jährigen praktischen Arbeit an einer Schule für Geistigbehinderte habe ich manche Stunde damit verbracht, individuelles Lernmaterial für meine Schüler herzustellen. An diese Arbeitsstunden habe ich positive Erinnerungen, die nach meiner Einschätzung nicht in erster Linie ein Resultat der seither vergangenen Zeit sind, sondern vor allem daher rühren, dass ich diese Arbeit an sich und weil sie für den Unterricht hilfreich war, als befriedigend erlebte. Hinzukommt, dass Tätigkeiten mit der Hand und kreatives Arbeiten mich schon seit jeher sehr angesprochen haben. Jahre später wurde das Thema nach meiner Habilitation dann gleichsam von außen wieder an mich herangetragen. Ich wurde gebeten, das Thema in einem meiner Seminare zu bearbeiten. Und auch hier habe ich das praktische Herstellen zunächst in der häuslichen Vorbereitung, dann zusammen mit den Studentinnen und Studenten in bislang vier Seminaren als positiv erlebt. Als bereichernd erlebte ich jetzt den verstärkten Austausch, die eigene Anregung durch fremde Ideen und die Chance, die Materialien in einen theoretischen Zusammenhang einzubetten bzw. Materialien aus theoretischen Zusammenhängen heraus zu entwickeln. Nicht zuletzt waren das Engagement der Studentinnen und Studenten bei der Vorbereitung ihrer Seminarbeiträge und der Ausarbeitung ihrer Beiträge in schriftlicher Form für mich eine positive Erfahrung, ein Anlass zur Freude.

Zeitgleich zu diesen Seminaren begann für mich eine Kooperation (im Rahmen meines Hauptamtes in der Lehrerfortbildung bei der Bezirksregierung Düsseldorf) mit Russland auf dem Gebiet der Sonderpädagogik. Im September 2001 flog ich erstmals in dieses riesige Land und hatte Medien im Gepäck, die ich dort vorstellte und der Lehrmittelsammlung der Universität Belgorod (nahe der Grenze zur Ukraine) schenkte. In Russland stießen meine Materialien, die entweder Variationen vorhandener Lernmaterialien sind oder gänzlich neu von mir und Studentinnen sowie Studenten entwickelt wurden, auf sehr positive Resonanz. Es ist deshalb geplant, das vorliegende Buch auch ins Russische zu übersetzen.

Ich danke den Studentinnen und Studenten aus meinen Seminaren für das Einbringen von Ideen und deren praktischen Umsetzung und die Erlaubnis, ihre Arbeiten in dieses Buch einzubinden.

Der PC-Consulting-Firma Joachim Reckert Düsseldorf danke ich für die kompetente und engagierte Unterstützung bei den Layout-Arbeiten an diesem Buch.

Übergreifende Aspekte der Thematik

I. Zur Bedeutung von Medien im Lernprozess

Nach Monika KÖHNEN und Erika ROOS hat in der gegenwärtigen pädagogischen Diskussion das selbstgesteuerte Lernen einen hohen Stellenwert (vgl. KÖHNEN/ROOS 1999, 12). Es ist insbesondere das Anliegen des offenen Unterrichts in seinen verschiedenen Formen wie z. B. Freiarbeit, Wochenplanarbeit und Stationenlernen, den Schülern selbstgesteuertes Lernen zu ermöglichen.

Ermöglicht und gefördert wird selbstgesteuertes Lernen aber erst durch angemessenes Material und Medien mit spezifischen Eigenschaften.

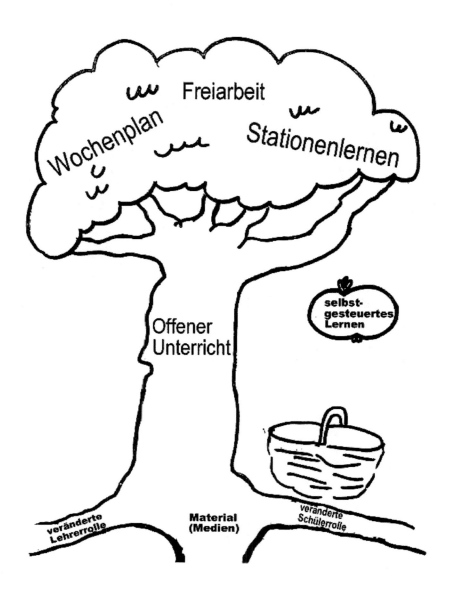

Zur Bedeutung von Medien (erstellt auf der Grundlage der Ausführungen in KÖHNEN/ROOS 1999)

Im Folgenden soll ausführlicher auf die Freiarbeit eingegangen werden, in der Medien bzw. Lernmaterialien eine zentrale Rolle spielen und die für selbstgesteuertes Lernen unerlässlich ist.

In den Lehrbausteinen Didaktik des Lehrstuhls Geistigbehindertenpädagogik der Universität Leipzig wird „Freiarbeit" wie folgt definiert: „Freiarbeit ist eine Form offenen Unterrichts, die selbstgesteuertes Lernen ermöglicht – kein Konzept, eher eine Unterrichtsmethode, die als Ergänzung und Vertiefung des Unterrichts in den Lernbereichen dient. Freiarbeit ist eine Arbeitsform, in der die vorbereitete Umgebung die Grundlage bildet. Kern der FA ist die freie Wahl des Materials, der Sozialform und des Ortes sowie z. T. auch des Zeitpunkts der Aufgabenerfüllung. Ihr wichtigstes pädagogisches Prinzip ist die Selbsttätigkeit. Sie spricht den Schüler in seiner Gesamtheit an – also im kognitiven, im motorischen, im emotionalen sowie im sozialen Bereich" (http://www.uni-leipzig.de/~gbpaed/lehrbausteindid/unterrichtskonz/freiarbeit.htm).

Im Folgenden werden zunächst die Prinzipien der Freiarbeit in Anlehnung an TRAUB wiedergegeben (vgl. TRAUB 2000, 31f.).

Prinzipien der Freiarbeit

(nach Traub)

1. **W a h l f r e i h e i t**

    in bezug auf

    - die Inhalte
    - die Fächer
    - die Sozialform
    - die Zeit sowie
    - die Methode

2. **S e l b s t t ä t i g k e i t**

3. **S e l b s t k o n t r o l l e**

Zum Verständnis und zur Einordnung der Freiarbeit ist die Beantwortung der Frage notwendig, um was es sich bei der Freiarbeit handelt. Ist Freiarbeit eine Methode, ist sie ein Prinzip oder ein Konzept?
Um diese Frage zu beantworten, untersucht TRAUB fünf verschiedene theoretische Ansätze (vgl. a. a. O., 37-46).

- den Ansatz von Ewald Terhart,
- den von Rainer Winkel,
- den Ansatz von Wolfgang Schulz,
- den Ansatz von Hilbert Meyer und
- den Ansatz von Adl-Amini.

Ergebnis dieser Untersuchung ist, dass TRAUB den Ansatz von ADL-AMINI als für die Einordnung der Freiarbeit am geeignetsten hält. ADL-AMINI unterscheidet in Bezug auf Unterrichtsmethode drei Ebenen. Zunächst ist Unterrichtsmethode nach ADL-AMINI „Weg zum Ziel" oder „Mittel zum Zweck" (1. Ebene). Auf einer höheren bzw. der zweiten Ebene wird die Methode selbst zum Ziel. Damit ist gemeint, dass es nicht nur darum gehen kann, etwas zu lernen, sondern auch das Lernen selbst zu lernen. Die höchste Ebene schließlich ist die dritte Ebene, auf der ADL-AMINI die allgemeine Methodik ansiedelt. Diese Ebene ist die Ebene der lerntheoretischen Begründung von Lehrmethoden auf dem Hintergrund einer Lerntheorie. Die dritte Ebene ist die Ebene, auf der nach dem Verständnis von ADL-AMINI allgemeine Theorien, wie z. B. Herbarts Formalstufen bzw. die Pädagogik von Montessori angesiedelt sind.

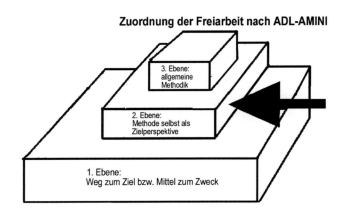

erstellt auf der Grundlage der Ausführungen in TRAUB 2000, 43 ff.

Literatur:

Grundlagenliteratur:

FESER, Wolfgang (1995): Materialgeleitetes Lernen an der Schule zur individuellen Lebensbewältigung. Edition bentheim Würzburg, 43-59

FISCHER, Erhard (1997): Offener Unterricht in der Schule für Geistigbehinderte: Möglichkeiten und Grenzen. Lernen konkret, 16. Jahrgang, Heft 4, November, 2-10

http://www.uni-leipzig.de/~gbpaed/lehrbausteindid/unterrichtskonz/freiarbeit.htm

KÖHNEN, Monika/ROOS, Erika (1999): Vorhabenorientierte Freiarbeit. Praxisbeispiel/69 Materialideen. Dortmund: verlag modernes lernen

RATZ, Christoph/ SCHNEIDER, Karl-Heinz (1998): Materialgeleitetes Lernen an der Schule zur individuellen Lebensbewältigung. Edition von freisleben, Würzburg

SCHULTE-PESCHEL, Dorothee/ TÖDTER, Ralf (1996): Einladung zum Lernen. Geistig behinderte Schüler entwickeln Handlungsfähigkeit in einem offenen Unterrichtskonzept. Verlag modernes lernen Dortmund 2. Auflage 1999, 1. Auflage, 84-99

TRAUB, Silke (2000): Schrittweise zur erfolgreichen Freiarbeit. Ein Arbeitsbuch für Lehrende und Studierende. Bad Heilbrunn: Klinkhardt

2. Zur Bedeutung und den Problemen von Freiarbeit bei geistiger Behinderung

Es wird oft behauptet, das spezifische Lern- und Arbeitsverhalten von Schülerinnen und Schülern mit geistiger Behinderung stelle eine (unüberwindliche) Hürde für die Freiarbeit dar. Es ist deshalb förderlich, sich darüber Klarheit zu verschaffen, was Freiarbeit bei Schülerinnen und Schülern mit einer geistigen Behinderung erschwert und wie dem begegnet werden kann. Mögliche Probleme bei der Freiarbeit mit Schülerinnen und Schülern mit einer geistigen Behinderung werden im Folgenden in Anlehnung an RAEGGEL und SACKMANN (1998) zusammengefasst dargestellt.

Probleme:	eine Entscheidung treffen (Auswahl)
vorgeschlagene Lösung:	am Anfang nur ein sehr begrenztes Angebot (z. B. nur 2 Materialien); den Entscheidungsakt deutlich sichtbar machen, z. B. sich ein Material nehmen und die dazu gehörende Symbolkarte an eine bestimmte Stelle unter den eigenen Namen heften
Problem:	eine Zeitlang mit dem Material arbeiten (Ausdauer)
vorgeschlagene Lösung:	feste Strukturen (z. B. Einsatz einer Uhr); die der Aufgabe entsprechende Anzahl von Muggelsteinen, Stäbchen oder Perlen (für

	Kinder, die nicht zählen können)
Problem:	Absprachen treffen
vorgeschlagene Lösung:	Einigungshilfen (Los), Wechsel im Stundentakt
Problem	sich aus der Arbeit herausziehen
Vorgeschlagene Lösung:	vorherige Vereinbarung des Umfangs individueller Pausen
Problem	sich für den richtigen Schwierigkeitsgrad entscheiden (Selbsteinschätzung)
vorgeschlagene Lösung	anfänglich Kennzeichnung des Schwierigkeitsgrades mit Symbolen
Problem	selbständiger Umgang mit dem Material
vorgeschlagene Lösung	individuell angepasstes Material, ständiges Anhalten zur selbständigen Arbeit, eine entsprechende Regelkarte
Problem	Angst, etwas Neues auszuprobieren
vorgeschlagene Lösung	gründliche Einführung; Üben bis zum Gefühl der Sicherheit; zeitweilige Herausnahme bestimmter Materialien aus dem Angebot
Problem	in die Arbeit anderer eingreifen
vorgeschlagene Lösung	entsprechende Regeln sehr deutlich machen

Problem	Mogeln
vorgeschlagene Lösung	ein Klima der Fehlerakzeptanz schaffen; Zugang zur Selbstkontrolle erschweren

Probleme bei der Freiarbeit und Lösungsvorschläge

(erstellt auf der Grundlage der Ausführungen in RAEGGEL/SACKMANN 1998, 15-38)

Weitere diesbezügliche konkrete und weiterführende Ausführungen zum Umgang mit den Problemen und der Praxis der Freiarbeit sind nachzulesen in RAEGGEL/SACKMANN 1998.

Literatur:

Grundlagenliteratur:

KÖHNEN, Monika (1997): Freiarbeit macht Spaß. Einführungsmöglichkeiten/ Materialien/Anregungen für die Unterrichtspraxis. Verlag modernes lernen Dortmund

MÜHL, Heinz (1984): Einführung in die Geistigbehindertenpädagogik. Stuttgart 3. Auflage 1994, 1. Auflage 1984, 95-96

RAEGGEL, Mechthild/ SACKMANN, Christa (1998): Freiarbeit mit Geistigbehinderten! Geht das denn überhaupt? Ein Erfahrungsbericht mit Materialsammlung, Übungsbeispielen, Tips und Anregungen. Verlag modernes lernen Dortmund, 1. Auflage 1997

Literatur zur Vertiefung:

TRAUB, Silke (2000): Schrittweise zur erfolgreichen Freiarbeit. Ein Arbeitsbuch für Lehrende und Studierende. Bad Heilbrunn/Obb., 1. Auflage

3. Montessori-Pädagogik bei geistiger Behinderung

In Diskussionen um Freiarbeit werden immer wieder die Reformpädagogik und bestimmte reformpädagogische Ansätze genannt. Einer der in diesem Zusammenhang häufig genannten reformpädagogischen Ansätze ist der von Maria Montessori.

Die Bedeutung von Maria Montessori in bezug auf die in diesem Buch behandelte Thematik liegt vor allem aber auch darin, dass Maria Montessori erstmals in größerem Umfang Materialien zur Förderung von Kindern mit einer geistigen Behinderung entwickelte. Die Ideen für diese Materialien und deren Prinzipien hat sie später in die Pädagogik von Kindern ohne Behinderung übertragen. Sie haben, wenngleich immer wieder z. T. kontrovers diskutiert, über die Jahre hinweg ihre Aktualität behalten. Die Materialien von Maria Montessori sind für mich deshalb so etwas wie Klassiker der Arbeitsmaterialien für Schülerinnen und Schüler mit einer geistigen Behinderung.

Zur Person Maria Montessoris

Maria Montessori ist die erste Frau gewesen, die in Italien Medizin studierte und in diesem Fach promovierte (1986). Als Ärztin traf sie in der psychiatrischen Universitätsklinik Roms auf Kinder mit anscheinend geistiger Behinderung[1]. Sie beschäftigte sich daraufhin intensiv mit Schriften von Itard und Séguin, um Wege der pädagogischen Förderung dieser Kinder zu finden. Séguin hatte schon Mitte des 19. Jahrhunderts didaktisches Material entwickelt, das Kindern mit geistiger Behinderung durch Förderung der Sinne

---

[1] Es ist zu vermuten, dass ein Teil der Kinder Symptome der geistigen Behinderung aufgrund von sozialer und sensorischer Deprivation zeigte.

bei der Entwicklung helfen sollte. Montessori knüpfte an dessen Vorarbeit an und baute sein Materialangebot weiter aus. Die von ihr entwickelten Materialien wurden später in den Kinderhäusern und damit auch von Kindern ohne Behinderung benutzt.

Das Menschenbild von Maria Montessori und zentrale psychologisch-pädagogische Annahmen

Die Materialien von Maria Montessori können, wie es in einer Seminararbeit aus dem Sommersemester 2003 von Lisa SEEBACH treffend ausgedrückt wurde, als stringente Antwort auf ihr Menschenbild und die Prinzipien ihrer Pädagogik angesehen werden.

Das Menschenbild von Maria Montessori fußt auf der Annahme, dass in jedem Kind ein innerer Bauplan zur Persönlichkeitsentwicklung angelegt ist, der sich in der tätigen Auseinandersetzung mit der Umwelt entfaltet (vgl. BIEWER 1992, 19). Dieser dem Kind innewohnende Bauplan kann durch Umwelteinflüsse gehemmt, aber auch gefördert werden.

Ziel aller Erziehung ist für Montessori die aktive Förderung kindlicher Unabhängigkeit und Selbsttätigkeit durch selbstbestimmte, aktive Tätigkeit. Eine solche Förderung verlangt ein Höchstmaß an Individualisierung, da jedes Kind verschieden ist.

Die kindliche Entwicklung verläuft nach Auffassung von Montessori nicht linear, sondern phasenhaft in sogenannten „sensiblen Phasen". Unter „sensiblen Phasen" sind bestimmte Zeiten zu verstehen, in denen eine besondere Bereitschaft des kindlichen Organismus besteht, bestimmte Funktionen einzuüben und bestimmte Strukturen zu erwerben (vgl. HANE 1991, 11f.). In den sensiblen Phasen zeigt das Kind alterstypische Lernbereitschaften und ist für das Erlernen bestimmter Bereiche besonders empfänglich. Sollen die sensiblen Perioden nicht ungenutzt verstreichen, so müssen dem Kind angemessene Lernangebote gemacht werden.

Montessori unterscheidet drei große Phasen, in denen bestimmte Bedürfnisse dominieren.

- Die erste Phase reicht von der Geburt bis zum 6. Lebensjahr.
- Die zweite Phase reicht von 7-12 Jahren.
- Und die dritte Phase reicht von 12-18 Jahren.

Die erste Phase wird von Montessori in zwei Unterphasen unterteilt: eine erste Unterphase von 0-3 Jahren und eine zweite Unterphase von 3-6 Jahren.

erste Unterphase

In der ersten Phase bestehen spezifische Sensibilitäten für

- Bewegung,
- Ordnung und
- Sprache.

Sensibilität für Bewegung

Die Sensibilität für Bewegung hängt eng mit der Entwicklung der Hand, des Gleichgewichts und des Laufens zusammen. Die psychische und intellektuelle Entwicklung während dieser Zeit wird in hohem Maße von Bewegungen beeinflusst.

Sensibilität für Ordnung

Neben einer besonderen Sensibilität für Bewegung ist das Kind in der ersten Unterphase auch besonders empfänglich für Ordnung, die allerdings von einer Ordnung im Sinne von Erwachsenen zu unterscheiden ist. Sensibilität für Ordnung in dieser Phase bedeutet insbesondere auch Entwicklung der Fähigkeit, zwischen den Dingen Beziehungen herzustellen. Das Kind entnimmt in dieser Phase seiner Umwelt Elemente zur Orientierung, mittels derer es seine Eindrücke ordnet und sich in der Welt zurechtfindet. Hildegard HOLTSTIEGE beschreibt Montessoris Annahmen über die Bedeutung des Ordnungssinns für Kinder in dieser Phase wie folgt:

„Montessori stellt die Orientierungsfähigkeit als Erkennen von Sinnzusammenhängen in einem schon früher zitierten Bildvergleich plastisch dar. Das Kind würde ohne Ordnungssinn – verstanden als Fähigkeit, Beziehungen herzustellen – einem Menschen gleichen, der eine Menge Möbel besitzt, aber keine Wohnung, um sie darin aufzustellen. Erst dadurch aber ergibt sich ein sinnvolles Ganzes, das wir das „Zuhause" nennen" (HOLTSTIEGE 1977, 76).

Sensibilität für Sprache

Die Sensibilität für Sprache steht in engem Zusammenhang mit dem Gehörsinn. In dieser Periode wird die Sprache vom Kind durch die unbewusste Aktivität der Intelligenz absorbiert. „Nach den heutigen Erkenntnissen hinsichtlich des Spracherwerbs gilt die früheste Lebenszeit bis zum 4. Jahr als jene Zeit, in der das Kind mit Leichtigkeit jede Sprache erlernen kann. Gerade in diesem Zusammenhang wird Montessoris schon früher zitierte Aussage erneut verständlich, dass der Erwerb von Fähigkeiten zu etwas „Ermüdendem" wird, wenn die Phase spezifischer Empfänglichkeiten vorüber ist" (a. a. O., 77).

Nach Auffassung von Maria Montessori ist die kindliche Intelligenz in dieser Unterphase nicht direkt beeinflussbar, weil sie als unbewusste Tätigkeit abläuft. Es ist jedoch wichtig, dass den Kindern in dieser Zeit eine adäquate Anregungswelt zur Verfügung gestellt wird, zu der auch Bezugspersonen zählen.

Die zweite Phase reicht – wie bereits weiter oben angeführt - von 7-12 Jahren, die dritte von 12-18 Jahren. Da der Schwerpunkt der Montessori-Pädgogik in diesen Phasen nicht mehr auf der Materialarbeit liegt, wird auf eine Darstellung dieser Phasen verzichtet (eine Darstellung der zweiten und dritten sensiblen Phase findet sich u. a. in HOLTSTIEGE 1977, 78-85).

Das oben beschriebene Menschenbild von Maria Montessori impliziert eine grundlegende Veränderung der herkömmlichen Sicht der Beziehung „Kind-Erwachsener" bzw. – auf die Schule bezogen – des Verhältnisses von Kind und Lehrer.

Aus der Sicht Maria Montessoris hat die Lehrkraft eine helfende, beobachtende und die Entwicklung des Kindes unterstützende Funktion. Sie nimmt eine zurückhaltende, passive und beobachtende Rolle ein und gestaltet vermittels ihrer entwicklungspsychologischen Kenntnisse die Lernumgebung des Kindes unter Rückgriff auf spezifische Lernmaterialien[1].

---

[1] Der Beobachtung wird auch in förderdiagnostischen Ansätzen ein zentraler Stellenwert zuerkannt.

Das Material von Maria Montessori

Das von Maria Montessori entwickelte Material gliedert sich in Sprachmaterial, Sinnesmaterial, Mathematikmaterial, kosmisches Material und Material für Übungen des täglichen Lebens in unterschiedlichen Schwierigkeitsgraden.

Das Material weist vier Charakteristika auf:

- **Begrenzung**

Durch eine mengenmäßige Begrenzung wird die Überschaubarkeit des Materials gewährleistet. Diese äußere Ordnung soll zu einer inneren Ordnung des Geistes führen.

- **Ästhetik**

Das Material muss ästhetisch gestaltet sein, damit es auf die Kinder einen Aufforderungscharakter ausübt und Anziehungskraft hat.

- **Aktivitätsmoment:**

Das Kind muss mit dem Material handeln können und Wiederholungen erfahren können. Es soll das Interesse wecken und über eine längere Zeit aufrecht erhalten.

- **Fehlerkontrolle**

Das Material übt eine Fehlerkontrolle aus und führt damit das Kind zu einer Unabhängigkeit und Selbständigkeit. Ein zentrales Anliegen war es Montessori, mit ihrem Material Schwierigkeiten zu isolieren und diese dann gezielt zu üben. Gerade an dieser Intention aber setzt häufig die Kritik an Montessori und ihrem Material an. So wird ihr eine Isolation des Lernens bzw. Nicht-

Kindgemäßheit bzw. Künstlichkeit der Materialien vorgeworfen. Eine solche Kritik übt beispielsweise Heinz MÜHL an Montessori.

„Es ist problematisch, wenn Medien empfohlen oder benutzt werden, ohne ihren Stellenwert im Lernprozeß hinreichend zu begründen" (Morgenstern, Löw Beer, Morgenstern 1973 zitiert nach MÜHL 1994, 95).

Neben Rigidität und Spielfremdheit sowie Vernachlässigung sozialer Lernprozesse durch betont individualisierende Anwendung wird auch die Künstlichkeit einiger Materialien angemahnt.

Medien nach Montessori: kritische Würdigung und Weiterentwicklung

Ich halte diese Kritik von MÜHL wie auch einige weitere der oben aufgeführten Kritikpunkte für berechtigt. Und obwohl mir die Gedankengänge und Prinzipien von Montessori als genial und auch heute noch gültig und wegweisend erscheinen, sind deshalb aus meiner Sicht in bezug auf ihre Materialien folgende Punkte zu beachten:

- Es muss genau überlegt werden, welche ihrer Materialien überhaupt unverändert für Schülerinnen und Schüler mit einer geistigen Behinderung geeignet sind.
- Viele Materialien müssen erheblich modifiziert werden (hiergegen hätte sich Montessori zweifellos zu Lebzeiten vehement gewehrt).
- Die Materialien müssen weitaus mehr, als Montessori dies vorsah, in konkrete Zusammenhänge des Lebens eingebettet werden.
- Bei der Herstellung der Medien sollten auch sog. „Abfallmaterialien" verwendet werden, wie es beispielsweise ANDERLIK vorschlägt (vgl. ANDERLIK 1996).

- Die Materialien müssen „kindgemäßer" gestaltet werden (siehe hierzu Beispiele weiter unten).
- Insbesondere ist der spielerische Charakter der Medien stärker zu betonen.

Geeignete Medien in Anlehnung und Variation von Montessori sind:

- Fühlbuchstaben mit Pappauflagen, Reis, Erbsen u. ä. (siehe „Individualisierte Hilfen durch selbst hergestellte Lernmaterialien bei Lernschwächen und (geistiger) Behinderung"[1])
- Geräuschememory aus Filmdöschen
- Riechmemory mit Abbildungen (Apfel usw.) auf laminierten Karten (siehe hierzu Abbildung in Kapitel 14)
- Fühlmemory aus jeweils zwei gleichen Stoffstücken sehr unterschiedlicher Qualität

Darüber hinaus werden auch von Lore ANDERLIK zahlreiche Medien in Anlehnung an Montessori beschrieben, deren gemeinsames Merkmal die Verwendung von Alltags- bzw. Abfallmaterial ist. Gut nachzubauen sind z. B. ein Behältnis zum feinmotorischen Training (Tetrapack), wie es von ANDERLIK beschrieben wird.

---

[1] Das Manuskript ist weitgehend abgeschlossen und soll voraussichtlich 2006 erscheinen.

Abschließend soll ein Medium, das Parallelen zum Konzept der Sinnesmaterialien von Montessori aufweist und als Spiel konzipiert ist, vorgestellt werden. Ein Vorzug dieses Mediums ist auch, dass es als Partner- und Gruppenspiel und nicht als Spiel zur Selbstbeschäftigung angelegt ist. Auf diese Weise fördert es das soziale Verhalten weitaus stärker als die Medien von Montessori. Entwickelt wurde das Medium („Ist ja dufte") von der Studentin Imke ZOLLMEYER.

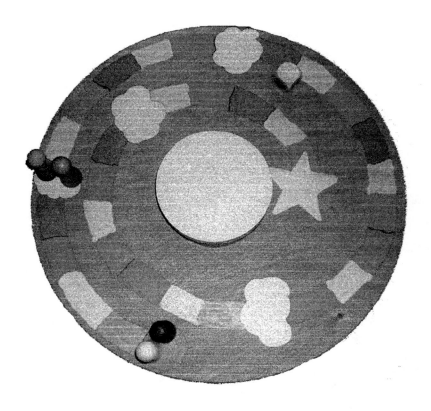

Riechspiel „Ist ja dufte" (Foto)

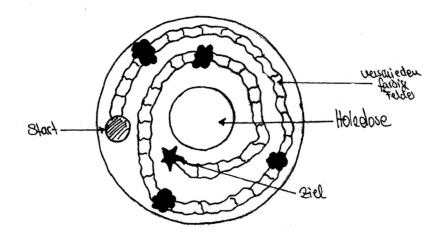

Riechspiel „Ist ja dufte" (Schemazeichnung)

Im Folgenden werden die Ausführungen zur Herstellung und Durchführung des Spieles von Imke ZOLLMEYER unverändert wiedergegeben.

1.1 Inspirationsweg/Idee

Als wir das erste Treffen im Rahmen des Kompaktseminars hatten, war ich sehr erstaunt über die Vielfalt der Unterrichtsmedien. Ich empfand es als schwierig, mir bei all der Vielfalt selber ein eigenes Medium auszudenken.
Besonders faszinierend fand ich jedoch die Dinge, die etwas mit Geruch und Riechen zu tun hatten. Es ist eine gute Idee, die verschiedenen Düfte riechen zu lassen oder sogar mit Gerüchen Memory zu spielen. Ich hatte daraufhin das grobe Ziel, eine Art Brettspiel zu erfinden, bei dem es um diese Dinge geht. Genaueres habe ich mir zu dem Zeitpunkt noch nicht überlegt.

Das war auch nicht so einfach, da sich mir viele Fragen stellten: Welche Anforderungen an die Schüler kann ich erwarten? Für welche Altersstufe soll das Spiel sein? Wird es die Schüler überfordern oder langweilen? Nach und nach kamen mir dann konkretere Einfälle.

Ich wollte ein einfaches Würfelspiel herstellen, das aus verschiedenen bunten Feldern besteht. Auf einigen der Felder muss man eine Aufgabe erfüllen: Riechen. Nach weiteren Überlegungen hatte ich meinen „Wunschspielplan" vor Augen: Das Material sollte Holz sein. Das Spiel sollte stabil werden, damit es lange hält und klar, aber trotzdem bunt sein. Ein hoher Aufforderungscharakter, der die Schüler zum Spielen und zum sorgfältigen Umgang mit dem Spiel animiert, war mir wichtig.

1.2 Materialien
- runde, helle Sperrholzplatte mit einem Durchmesser von 50 cm
- Schmirgelpapier
- Sternschablone
- Zirkel oder runde Schablone
- ein mittelgroßer Borstenpinsel
- Dekorlack in den Farben rot, gelb, hellblau, dunkelblau, grün
- 4 naturfarbene, große Spielfiguren (Halmamännchen)
- 1 mittelgroßer, schlichter Holzwürfel
- runde Spanholzdose (Durchmesser ca. 15 cm)
- 10 Filmdosen
- Watte
- Duftöl und/oder Gewürze nach Wahl
- weißes Papier
- Bleistift
- Pappe

- Buntstifte
- Bastelkleber
- Lackspray (Seidenmatt)

Die Kosten für die oben genannten Materialien betragen ca. 10-15 Euro, je nachdem welche Dinge man evtl. vorrätig hat.

1.3 Vorbereitungen

Eine runde Platte, aus der später der Spielplan entstehen soll, sägt man sich selber oder man lässt sie sich von einem Schreiner anfertigen. Baumärkte tun dies nicht.
Spielfiguren, Dose und Farben sind im Bastelgeschäft erhältlich.
Filmdosen gibt es in Drogerien oder Fotogeschäften. Motive für die Karten kann man sich gut von Joghurtbechern, Teepackungen etc. abmalen.

1.4 Anfertigungsanleitung

1. Die runde Sperrholzplatte muss evtl. noch etwas abgeschmirgelt werden.
2. Auf die Platte wird der Umriss der Dose gezeichnet.
3. Es ist ratsam, einen Entwurf vom Spielplan aufzuzeichnen, da es ärgerlich wäre, wenn man sich auf dem Holz vermalt.
4. Die Spielfelder, die Wolken, das Startfeld (roter Punkt) und das Ziel (Stern) werden nun mit Bleistift auf die Platte gezeichnet (siehe Skizze).
5. Aufgemalte Wolken werden hellblau, die anderen Felder im Wechsel grün, gelb und rot ausgemalt. Die einzelnen Farben müssen gut getrocknet sein, bevor man die nächste nimmt (Trockendauer ca. 15 Minuten).
6. Die Holzdose bekommt das gleiche Hellblau wie die Wolken. Wenn die Farbe vollständig getrocknet ist, kann die Dose auf den Spielplan geklebt werden.
7. Der Würfel bekommt einen roten, einen gelben und einen grünen Punkt, zwei Wolken und ein trauriges Gesicht aufgemalt.
8. In die Filmdosen kommen nun jeweils ein Wattebausch sowie ein paar Tropfen Duftöl bzw. etwas Gewürz. Es bekommen immer 2-3 Dosen denselben Duft.

9. Aus der Tonpappe werden vier Karten in der Größe 10 mal 10 cm zugeschnitten und mit Buntstiften folgende Dinge darauf gezeichnet:
   a) eine Orange
   b) Vanillepflanze und Eis
   c) Pfefferminzblätter und Bonbon
   d) Pfefferstreuer

   Natürlich kann man auch andere Gerüche[1] verwenden. Mir war es wichtig, dass es Düfte sind, die sich nicht zu ähnlich sind und die die Kinder kennen. Alle Filmdosen bekommen auf die Unterseite verschiedenfarbene Punkte, die sich dann auch auf den Karten wiederfinden lassen, z. B. alle Dosen, die Pfeffer enthalten, bekommen einen roten Punkt auf die Unterseite. Die Karte mit dem Pfefferstreuer bekommt einen roten Punkt auf die Rückseite usw. Wenn man die Karten laminiert, hat man länger etwas davon.

10. Zum Schluss werden Spielplan, Spielfiguren und Würfel mit Lack besprüht; die Dinge sind dann z. B. gegen Fettflecken geschützt.

1.5 Spielregel „Ist ja dufte"

Spielvorbereitung

Das Spiel wird auf den Tisch gestellt. Die Filmdosen in der Schachtel werden gemischt. Die Karten werden mit der bemalten Seite nach oben in einer Reihe neben das Feld gelegt. Die Spielfiguren stehen auf dem Startfeld (roter Punkt).

Spielverlauf

Jeder sucht sich eine Spielfigur aus. Der jüngste Mitspieler darf anfangen und einmal würfeln. Jetzt gibt es verschiedene Möglichkeiten: Würfelt der Spieler gelb, rot oder gründ, darf er auf das nächste Feld der gewürfelten Farbe vorrücken. Würfelt er das traurige Gesicht, so muss er eine Runde aussetzen. Wenn der Spieler eine Wolke

---

[1] Anmerkung der Verfasserin: z. B. Gerüche von Gewürzen, die im Rahmen eines Projektes vorkommen, beispielsweise bei der Weihnachtsbäckerei, der Herstellung eines Obstsalates, den verschiedenen Geschmacksrichtungen von Eis u.ä..

gewürfelt hat, darf er vor bis zur nächsten Wolke: Steht die Spielfigur auf der Wolke, kann sich der Spieler eine Filmdose nehmen und daran riechen. Hat der Spieler den Geruch erkannt, nimmt er die Karte mit dem Geruchssymbol. Filmdosenunterseite und Kartenrückseite müssen einen gleichfarbigen Punkt haben.

Wird der Duft erraten, darf die Figur ein Feld vor die Wolke. Wenn nicht, muss man stehen bleiben und es in der nächsten Runde noch einmal probieren.

Spielende

Gewonnen hat der Spieler, der als erstes das Ziel (Stern) erreicht hat. Das Spiel ist beendet, wenn alle Spieler im Ziel sind.

1.6 Zielgruppe

Die Zielgruppe, für die mein Spiel konzipiert wurde, sind Kinder mit einer geistigen Behinderung. Ich habe keine bestimmte Altersstufe festgelegt, da besonders bei diesen Kindern der individuelle Entwicklungsstand ausschlaggebend ist. So ist es möglich, dass sich ein 18jähriger beim Spielen dieses Spiels völlig überfordert fühlt, während sich ein 7jähriger langweilt.

Natürlich ist „Ist ja dufte" auch für Kinder und Jugendliche ohne (geistige Behinderung) sehr gut geeignet. Ich denke, dass von den Kindern ohne Behinderung insbesondere Mädchen und Jungen im Alter von 3-6 Jahren Spaß an dem Spiel haben werden.

1.7 Lernziele

Durch das von mir entwickelte Spiel können bei den Kindern ganz verschiedene Bereiche geschult werden. Besonders angesprochen wird der olfaktorische Wahrnehmungsbereich, d.h. die Kinder lernen verschiedene Gerüche kennen und sollen lernen, diese zu unterscheiden und zu erraten. Aber auch das genaue Hinschauen und die Auseinanderhaltung von rot, blau, grün und gelb wird gefördert, denn man muss seine Spielfigur auf das Feld setzen, dessen Farbe gewürfelt wurde.

Ebenfalls soll das Spiel das Sozialverhalten der Kinder stärken. Um gemeinsam zu spielen, muss Kooperationsbereitschaft vorhanden sein. Regeln müssen erkannt und akzeptiert werden (z. B. abwarten, bis man dran kommt, nicht „schummeln" etc.). Die Jungen und Mädchen sollen sich beim Spielen konzentrieren. Sie werden evtl. neue Dinge mit Bekanntem verbinden (Gerüche, ...); dies fördert den kognitiven Bereich der Spieler. „Nebenbei" trainiert das Spiel die Sprachkompetenz der Kinder, wenn sie z. B. sagen müssen, was sie gerade riechen. Das Setzen der Figuren schließlich schult die Feinmotorik und die Auge-Hand-Koordination.

Beispiele für kindgemäßes Material nach Montessori-Prinzipien

- Textiles Spielhaus

Das Öffnen und Schließen eines Reißverschlusses sowie das Einführen eines Schnürfadens und sein zur Schleife Binden in spielerischen Zusammenhängen ermöglicht das von Alison MARSHALL DE ROSALES entworfene „Textile Spielhaus", das in dem Buch „Spielzeugwerkstatt 1 (vgl. BARTSCH 1998, 55 f.) abgebildet und in seiner Herstellung beschrieben wird.

- Wandbehang

Eine zweite kindgerechte Weiterentwicklung der Medienideen von Maria Montessori stellt ein Wandbehang dar, wie ich ihn auf meiner Reise nach Russland im Jahre 2002 gesehen habe.[1] Der Wandbehang stellt einen Garten mit Haus und Bäumen dar. Er bietet die Möglichkeit, vielfältige Handbewe-

---

[1] In dem Gebiet, in dem dieser Kindergarten liegt, wurden in den vergangenen zehn Jahren umfangreiche Fortbildungsaktivitäten durch Fachleute aus dem Bereich der Montessori-Pädagogik der Bundesrepublik Deutschland durchgeführt.

gungen wie etwas anhängen, zuknöpfen, aufknöpfen, einen Reißverschluss öffnen usw. auszuführen.

- Malkittel mit verschiedenen Verschlüssen
Knöpfe, Bändchen, Klettverschlüsse, Druckknöpfe usw. in kindgemäßen, d. h. großen Ausführungen auf die Arbeitskittel der Kinder anbringen und sie diese selbständig bzw. mit gegenseitiger Hilfe an- und ausziehen lassen.

Literatur:

Grundlagenliteratur:
ANDERLIK, Lore (1999): Ein Weg für alle! Leben mit Montessori. Montessori-Therapie und –Heilpädagogik in der Praxis. Dortmund: verlag modernes lernen, 2. Auflage, 1. Auflage 1996
BARTSCH, Ekkehard (Hrsg.) (1998): Spielzeugwerkstatt 1. Spielsachen zum Selbermachen für behinderte und nichtbehinderte Kinder. Neuwied: Luchterhand Verlag
BARTSCH, Ekkehard/PIESNACK, Susann/ ZOELS, Siegfried (Hrsg.) (1998): Spielzeugwerkstatt 3: Spielsachen zum Selbermachen für behinderte und nichtbehinderte Kinder. Neuwied: Luchterhand Verlag
BIEWER, Gottfried (1997): Montessori-Pädagogik mit geistig behinderten Kindern. Bad Heilbrunn/Obb.: Klinkhardt-Verlag
BÖKER, Monique/EIKEN, Alexandra: Montessori-Pädagogik. Schriftliche Ausarbeitung. Seminararbeit im Seminar „Medien und Konzepte für den Unterricht mit Geistigbehinderten". Universität Oldenburg, WS 2001/2002
ERNST, Daniela/FALZ, Susanne: Montessori-Pädagogik mit Schülerinnen und Schülern mit einer geistigen Behinderung. Universität Oldenburg, Seminararbeit im Seminar „Theoretische Grundlagen und praktische Herstellung sowie Erprobung von Unterrichtsmaterialien (Medien) bei Schülerinnen und Schülern mit einer geistigen Behinderung. Sommersemester 2002
HEDDERICH, Ingeborg (2001): Einführung in die Montessori-Pädagogik. Theoretische Grundlagen und praktische Anwendung. München: Ernst Reinhardt Verlag

KIESEL, Verena/THARUN, Britta: Maria Montessori – Die Grundgedanken ihrer Pädagogik. Universität Oldenburg. Seminararbeit im Seminar „Medienherstellung für Schülerinnen und Schüler mit geistiger Behinderung. Universität Oldenburg, WS 2002/2003

MÜHL, Heinz (1994): Einführung in die Geistigbehindertenpädagogik. Stuttgart 3. Auflage, 1. Auflage 1984, 95-96

SEEBACH, Lisa: Theoretische Konzepte und praktische Herstellung von Medien bei geistiger Behinderung. Seminararbeit im Seminar: Theoretische Konzepte und praktische Herstellung von Medien bei geistiger Behinderung. Universität Oldenburg, SS 2003

Literatur zur Vertiefung:

HANE, Willy (1991). Maria Montessori. Eine Wegbereiterin der modernen Erlebnispädagogik. Lüneburg: Neubauer

HOLSTIEGE, Hildegard (1977): Modell Montessori: Grundsätze und aktuelle Geltung der Montessori-Pädagogik. Freiburg im Breisgau: Herder

HOLTSTIEGE, Hildegard (1987): Maria Montessori. Neue Pädagogik: Prinzip Freiheit – Freie Arbeit. Freiburg im Breisgau

SCHÄFER, Claudia (2002): Montessori für zu Hause. München: Fischer Verlag

4. Handlungsbezogener Unterricht und Projektunterricht bei geistiger Behinderung

Zur Bedeutung von Handlungsfähigkeit und Handeln in der Geistigbehindertenpädagogik

MÜHL betont bereits in seinem Ende der 70er Jahre erschienenen Buch zum handlungsbezogenen Unterricht bei Schülerinnen und Schülern mit geistiger Behinderung die hohe Bedeutung von Handlungsfähigkeit und Handeln in der Pädagogik bei geistiger Behinderung.
So enthielten z. B. schon damalige Konzepte zur schulischen Förderung wie auch Richtlinien für den Unterricht bei Schülerinnen und Schülern mit einer geistigen Behinderung implizite oder deutlich formulierte Hinweise auf das Ziel Handlungsfähigkeit (beispielsweise der Rahmenplan für Unterricht und Erziehung in der Sonderschule für Geistigbehinderte Berlin und die Richtlinien für Niedersachsen). Zusammengefasst erschien Handlungsfähigkeit für viele damalige Ziele unerlässlich, da die Ziele auf den allgemeinen Nenner Handlungsfähigkeit zurückgeführt wurden. Geht man jedoch realistisch an diese Zielsetzung der Handlungsfähigkeit heran, so ist MÜHL darin zuzustimmen, dass eine solche Zielsetzung im Hinblick auf Schülerinnen und Schüler mit einer geistigen Behinderung überhöht und überzogen erscheint.
Als Konsequenz aus der nach seiner Ansicht überhöhten Zielsetzung des Terminus „Handlungsfähigkeit" entscheidet sich MÜHL für den Begriff „handlungsbezogener Unterricht". Dieses Konzept will MÜHL auch auf die Gruppe der Schülerinnen und Schüler mit schwerer geistiger Behinderung übertragen. Und er erklärt im Folgenden, was er bezogen auf diese Schüler-

gruppe als handlungsbezogenen Unterricht versteht: „Immer, wenn es gelingt, sie in soziale Interaktion zu ›verwickeln‹, wird ihre soziale Handlungsfähigkeit angesprochen und gefordert... Immer, wenn ein strebendes Verhalten, Dinge der Umwelt zu erreichen, zu manipulieren oder wahrzunehmen, erkennbar wird, sind Handlungsansätze vorhanden, die es aufzugreifen und zu fördern gilt" (http://www.uni-leipzig.de/~gbpaed/lehrbausteindid/unterrichtskonz/handlungicht.htm).

Auch das Handeln spielte und spielt in der geistigbehindertenpädagogischen Diskussion eine große Rolle. So ist festzustellen, dass in Ausführungen zum Lernverhalten von Schülerinnen und Schülern mit einer geistigen Behinderung dem Bezug zum Handeln zumeist eine hohe Bedeutung zugewiesen wird.

Handeln kann verstanden werden als „motiviertes, zielgerichtetes, geplantes, regelgeleitetes, kontrolliertes und bewusstes Verhalten" (vgl. a. a. O.,).

Unterricht fördert selbständiges H a n d e l n, wenn er

„• Bedürfnisse, Interessen, Erfahrungen und Fragen der Schüler berücksichtigt,
• die Schüler an der Formulierung von Handlungszielen beteiligt, ihnen nicht nur Aufträge erteilt, sondern sie Aufgabenstellungen und Aufgabenlösungen finden lässt,
• die Schüler an der Planung und Realisierung nach Maßgabe ihrer Möglichkeiten beteiligt oder sie zumindest über geplante Ziele informiert,
• die Schüler in der Partner- und Gruppenarbeit angemessene Aufgaben eigenständig erfüllen lässt und nicht jede Aufgabe in ›Häppchen‹ zerlegt,
• den Schülern mehr Freiheit lässt, nicht um den eigenen Egoismus auszuleben, sondern um Grenzen der physischen und sozialen Umwelt selbsttätig zu erkennen und zu erfahren" (a. a. O.).

In den Lehrbausteinen Didaktik der Universität Leipzig des Lehrstuhls Geistigbehindertenpädagogik wird der Begriff „Handlungsorientierung" wiederum wie folgt definiert: „Der Begriff bezeichnet ein Unterrichtskonzept, das den Schülern einen handelnden Umgang mit den Lerngegenständen und –inhalten des Unterrichts ermöglichen soll. Die materiellen Tätigkeiten der Schüler bilden dabei den Ausgangspunkt des Lernprozesses, und es sollen Handlungsprodukte als konkrete Ergebnisse des Lern- und Arbeitsprozesses erstellt werden. Die Forderung nach Handlungsorientierung steht in der Tradition von Reformpädagogik (J. Dewey, J. Kerschensteiner, M. Montessori) und der Tätigkeitspsychologie der kultur-historischen Schule" (http://www.uni-leipzig.de/~gbpaed/lehrbausteindid/unterrichtskonz/handlungicht.htm).

Entscheidendes Element der Handlungsorientierung ist nicht der Besitz von Wissen und Können, sondern w i e die Schüler ihr Wissen und Können erwerben und verwenden (vgl. a. a. O.).

Als Merkmale und Kriterien des handlungsorientierten Unterrichts werden von den Lehrbausteinen Didaktik der Universität Leipzig angegeben:

„• Zielorientierung
• aktive Auseinandersetzung mit der gesellschaftlichen Wirklichkeit durch handelnden Umgang
• Eröffnung von Erfahrungs- und Handlungsspielräumen
• tendenzielle Aufhebung der Trennung von Schule und Leben
• Interessen- und Bedürfnisorientierung
• Subjektbezug
• Produktorientierung
• variables Lernen mit Methodenvielfalt" (vgl. a. a. O.).

MÜHL versteht unter dem Begriff „handlungsorientierter Unterricht" das, was ansonsten in der didaktischen Diskussion unter Projektunterricht bzw. projektorientierten Unterricht gefasst wird. Mit anderen Worten: Handlungsbezogener Unterricht nach MÜHL ist weitgehend identisch mit Projektunterricht bzw. projektorientiertem Unterricht.

Die Merkmale des Projektunterrichts werden von TÖDTER in seinem Aufsatz in Lernen konkret aus dem Jahre 1991 sehr knapp auf einer Seite aufgeführt und von GUDJONS in einem aktuellen Beitrag aus dem Jahr 2000 auf 14 Seiten beschrieben. Meines Erachtens sind diese Merkmale eher idealtypisch zu verstehen. Sie stellen Orientierungshilfen dar und sind je nach Sachlage in unterschiedlichem Umfang zu realisieren. So ist z. B. die Forderung nach Interdisziplinarität etwas, was der Praxis der Sonderschule für Geistigbehinderte sehr nahe steht, weil hier das fächerübergreifende Unterrichten eine gängige Praxis ist.

Auch Merkmal 2 ist realitätsnah. So schreibt MÜHL (1980, 89): „Innerhalb des handlungsbezogenen Unterrichts mit Geistigbehinderten kann die Kategorie „Erfahrung" in dreierlei Hinsicht wirksam werden:
- Er knüpft an die Erfahrungen der Schüler an,
- vermittelt realitätsgerichtete Erfahrungen und
- strukturiert die Schule als „Erfahrungsraum".

Erfahrung spielt im handlungsbezogenen Unterricht nicht nur in der Motivationsphase, sondern in allen Phasen des Unterrichts eine Rolle.

Über die Bedeutung der Einbeziehung vieler Sinne (Merkmal 6) besteht in der Geistigbehindertenpädagogik ein Konsens wie sonst zu kaum einem anderen Thema. Dieser Aspekt ist insbesondere von Hugo KÜKELHAUS theoretisch wie praktisch bearbeitet worden.

Die Produktorientierung schließlich könnte auf den ersten Blick befremden. Soll hier unter dem Deckmantel eines insgesamt adressatenorientierten Konzepts von Schülerinnen und Schülern mit einer geistigen Behinderung etwas verlangt werden, was in vielen Fällen eine Überforderung bedeutet? Ich halte eine solche Befürchtung für nicht begründet, da Produkte viele verschiedene Formen haben können, in die auch alle Schülerinnen und Schüler mit einer geistigen Behinderung eingebunden werden können.

Die Übersicht „Typengruppen von Produkten" im weiteren Teil des Buches zeigt solche möglichen Formen des Produktes.

Der handlungsbezogene Unterricht hat eine grundsätzlich dem Projektunterricht ähnliche Phasengliederung (vgl. hierzu die Ausführungen von MÜHL in „Handlungsbezogener Unterricht mit Geistigbehinderten" und von GUDJONS „Handlungsorientiert lehren und lernen", 81-94).

Der im Folgenden skizzierte Phasenverlauf ist in Anlehnung an MÜHL nicht als ein starres Modell, sondern als ein Grundraster zu verstehen, an dem sich handlungsorientierter Unterricht zu orientieren hat.

Manche Phasen sind mit wenigen Worten kurz zu erledigen, auf andere Phasen ist im Verlauf des Projektes wiederholt zurückzugreifen. Generell aber kann gesagt werden, dass zu lange Planungsphasen vermieden werden sollten und stattdessen ein häufiger Wechsel von Planungs- und Aktionsphasen durchgeführt werden sollte.

zur Phase 1:
Ermitteln bzw. Anknüpfen an Bedürfnisse und Erfahrungen der Schüler

Hierbei gilt es u. a. zu beachten, dass es in der Regel bei Schülerinnen und Schülern mit einer geistigen Behinderung so sein wird, dass sie ihre Interessen nicht sprachlich äußern können, sondern sie eher in Spielen und

Verhaltensweisen wie Ängsten, Aggressionen und Vorlieben zum Ausdruck bringen.

Phase 2:
Zielentscheidung oder Zielsetzung und Zielformulierung

Die Zielsetzung muss MÜHL zufolge in der Regel vom Lehrer übernommen werden.

Obwohl die Schüler zwar nicht zu einer eigenen Zielsetzung und Zielformulierung in der Lage sind, muss ihnen dennoch das Ziel auf jeden Fall einsichtig gemacht werden. In keinem Fall ist es zulässig, sie über das Ziel im Unklaren zu lassen.

Diese Bewusstmachung des Ziels ist nach MÜHL auch eine gute Möglichkeit, die Situationsverhaftetheit und Fixierung an die augenblicklich gegebene Situation zumindest in Ansätzen zu überwinden.

Das Ziel kann auf verschiedene Weisen über längere Zeit bewusst gehalten werden: durch entsprechende Tafelbilder, andere Bilder, Modelle, Zeichnungen, aber auch reale Gegenstände.

Phase 3:
Planungsphase

In dieser Phase geht es um konkrete Überlegungen zur Zielerreichung. Es müssen konkrete Schritte herausgearbeitet und notwendige Materialien und Werkzeuge sowie Medien und Lernhilfen ausgewählt werden. In diesem Kontext verweist MÜHL auf die von ihm auch andernorts (nämlich in der Einführung in die Geistigbehindertenpädagogik , 3. Auflage 1994, 95) betonte

Notwendigkeit, dass bei der Auswahl der Lernhilfen möglichst auf die Realität zurückzugreifen ist bzw. möglichst realitätsnahe Medien den realitätsfernen vorzuziehen seien.

Phase 4:
Aktions- oder Durchführungsphase

In der Aktions- oder Durchführungsphase wird der Plan oder Handlungsentwurf in die Tat umgesetzt. Sowohl für Projekte innerhalb der Schule als auch besonders für Projekte in der Öffentlichkeit ist es ratsam, einzelne Teilaspekte gesondert und intensiv zu üben.

Phase 5:
Beurteilung der Durchführung

In dieser Phase wird überprüft, ob das angestrebte Handlungsziel erreicht worden ist. Die „Überprüfung" kann z. B. darin bestehen, dass ein Werkstück hinsichtlich seiner Verwertbarkeit überprüft wird, eine Aussprache darüber stattfindet, ob etwas Spaß gemacht hat oder ob ein Essen geschmeckt hat. Eine besondere Bedeutung kommt in diesem Kontext dem Rollenspiel zu um festzustellen, in welchem Maße die Schülerinnen und Schüler mit einer geistigen Behinderung eingeübte Handlungen durchführen können.

Phase 6:
Übungsphasen

Auch im handlungsbezogenen Unterricht stellt sich das Problem des Verhältnisses von umgreifendem Thema zu Übungen und Kursen.

MÜHL verweist in diesem Zusammenhang auf die an Lehrgängen, Kursen und fachsystematischem Vorgehen häufig geübte Kritik. Danach wird den Lehrgängen, Kursen und dem fachsystematischen Vorgehen häufig vorgeworfen, sie isolierten Sachverhalte aus ihren realen Zusammenhängen und erschwerten damit die Anwendung des Gelernten in der Realität. Die Entfernung von der Realität und die Erschwerung des Transfers werde noch dadurch verschärft, dass „Sachverhalte in fassliche Teileinheiten zerlegt würden, die weder der Unterricht selbst noch der Lernende so zusammenfügen könnten, dass sie anwendbar und überschaubar blieben" (MÜHL 1980, 146).

Im Folgenden sind die Phasen des handlungsbezogenen Unterrichts in Anlehnung an MÜHL zusammengefasst dargestellt.

Phasen handlungsbezogenen Unterrichts nach MÜHL

(zusammengestellt auf der Grundlage der Ausführungen in MÜHL 1980, 142-147)

1. Ermitteln bzw. Anknüpfen an Bedürfnisse und Erfahrungen der Schüler
2. Zielentscheidung oder Zielsetzung und Zielformulierung
3. Planungsphase
4. Aktions- oder Durchführungsphase
5. Beurteilung der Durchführung
6. Übungsphasen

In den Lehrbausteinen der Geistigbehindertenpädagogik an der Universität Leipzig wird „Projekt" unter Rückgriff auf JANK und MEIER wie folgt definiert:

„... stellt den Versuch dar, zur Selbstorganisation von Lehr- und Lernprozessen durch die Vereinbarung konkreter Vorhaben bzw. Projekte überzugehen. Dies setzt die Demokratisierung der Leistungsstrukturen und die Öffnung der Schule voraus" (http://www.uni-leipzig.de/ ~gbpaed/lehrbausteindid/unterrichtskonz/projekt.htm)

Als Kennzeichen des Projektes werden dort in Anlehnung an STRUCK aufgeführt:

- handlungsorientiert (Erkennen, Beobachten, Konstruieren, Herstellen),
- berücksichtigt den Lebenszusammenhang,
- geht induktiv vor (im Gegensatz zum Lehrgang),
- ist fächerübergreifend oder überfachlich,
- ist auf Gruppenarbeit angewiesen und ermöglicht so soziales Lernen,
- geht von einer gemeinsamen Aufgabe für die Gruppe aus,
- ist auf ein vorweisbares oder vorführbares Ergebnis als Werk gerichtet,
- orientiert sich an den Möglichkeiten und – z. T. durch das Projekt erst geweckten Interessen der Schüler,
- wird vom Lehrer mit Blick auf mögliches Interesse der Schüler und auf die Möglichkeit der Vollendung hin ausgewählt (vgl. a.a. O.)

Von den Autorinnen dieses Bausteines wird Projektunterricht in der Schule für geistig Behinderte in Übereinstimmung mit STRAßMEIER dann für möglich gehalten, wenn „Lehrer und andere Mitarbeiter ... öfter eingreifen, einzelne Phasen strukturieren und den Verlauf lenken" (STRAßMEIER 2000, 133f.). Sie mahnen allerdings an, nur soviel einzugreifen wie nötig, was sie an einem Beispiel explizieren.

GUDJONS unterscheidet 4 Schritte im Projekt:

Schritte eines Projektes
(nach GUDJONS 2001, 81-94)

Projektschritt 1:
Eine für den Erwerb von Erfahrungen geeignete, problemhaltige Sachlage auswählen

Projektschritt 2:
Gemeinsam einen Plan zur Problemlösung entwickeln

Projektschritt 3:
Sich mit dem Problem handlungsorientiert auseinandersetzen

Projektschritt 4:
Die erarbeitete Problemlösung an der Wirklichkeit überprüfen

Als Merkmale eines Projektes nennt GUDJONS:

1. Situationsbezug
2. Orientierung an den Interessen der Beteiligten
3. gesellschaftliche Praxisrelevanz
4. zielgerichtete Projektplanung
5. Selbstorganisation und Selbstverantwortung
6. Einbeziehen vieler Sinne
7. Soziales Lernen
8. Produktorientierung
9. Interdisziplinarität

Merkmale eines Projektes
(nach GUDJONS 2001, 81-94)

Wie bereits weiter vorne aufgeführt, können Produkte vielfältige Formen haben, die sich insbesondere auch für die Einbindung von Schülerinnen und Schülern mit einer geistigen Behinderung eignen:

Typengruppen von P r o d u k t e n

1. Aktions- und Kooperationsprodukte
(z. B. Podiumsdiskussion oder Mitarbeit
in einer außerschulischen Gruppe)

2. Vorführungs- und Veranstaltungsprodukte
(Theaterstücke, Ton-Dia-Schau,
Videovorführung)

3. Dokumentationsprodukte
(Broschüre, Gutachten, Buch)

4. Ausstellungsprodukte
(Stellwände, Wanderausstellungen)

5. Gestaltungsprodukte
(Spielplatzgestaltung, Begrünung)

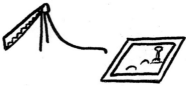

Typengruppen von Produkten

(erstellt auf der Grundlage der Ausführungen von GUDJONS 2001, 89)

Medienvorschläge von MÜHL

In den Beispielen zum handlungsbezogenen Unterricht werden von MÜHL folgende Medien vorgeschlagen:
- Bilder von Eisenbahnzügen
- Filme über das Eisenbahnfahren, Modelleisenbahn
- Uhr mit eingetragener Abfahrts- und ggf. Rückfahrtszeit
- Wortsignale: Schalter, Fahrkartenschalter, Bahnhof, Ausgang u. a.
- Geldbetrag zum Einkaufen
- Zutaten zum Backen
- Bastelmaterial (für Tiere aus Bast oder Untersetzer)
- Seidenpapier, Servietten, Kartons verschiedener Größe sowie Paketschnur und
- Schere (zum Einpacken)
- Fotokamera, u. U. Sofortbildkamera
- weißer Zeichenkarton DIN A 4; starke Pappe DIN A 4; Stoffreste; Buntpapier oder Tapete; farbige, gedrehte Kordel; Klebstoff; Heftstreifen; Schere; Lineal;
Messer; Klebstoff, Locher
- Bildmaterial über Situationen im Krankenhaus
- Kleidung, Geräte, die zum Krankenhaus passen
- die wichtigsten Stationen des Krankenhausbesuches filmen

An anderer Stelle schreibt MÜHL, dass vorwiegend Gegenstände aus dem Alltag als Medien verwendet werden sollten. „Die Ziele des Unterrichts sind vor allem auf Qualifikationen zur Bewältigung von Alltagssituationen gerichtet, das Lernverhalten der Schüler ist als überwiegend handlungsbezogen zu charakterisieren. Daher sind alle möglichen Gegenstände der täglichen Umwelt bevorzugt als didaktische Medien einzusetzen, so dass in vielen Fällen nicht nach speziellen Medien gesucht werden muss. Der Vorteil realer Gegenstände liegt darin, dass mit ihnen die angestrebten Alltagshandlungen am effektivsten eingeübt werden können und dass sie zugleich die notwendigen kognitiven, psychomotorischen und sozialen Dimensionen der geforderten Qualifikationen wirksam erschließen können" (MÜHL 1994, 95).

MÜHL ist grundsätzlich in seiner Betonung der Bedeutung von Medien aus dem realen Alltag zuzustimmen.

Seine Forderung der Verwendung von realen Materialien ist meines Erachtens insbesondere bei den in meinem Buch vorgestellten Mathematik-Medien aufgegriffen worden, wo Verpackungen verwendet wurden, denen man einen bestimmten Geldbetrag zuordnen soll sowie beim Euro-Spiel. Als Kompromisslösung ist allerdings hier wie beim Euro-Spiel Spielgeld verwendet worden.

An der Realität angelehnt sind auch Bildrezepte, wie sie auf der Sonderpädagogischen-Hörnchenseite im Internet abgebildet werden (vgl. http://www.sonderpaed.de). Sie zeigen die einzelnen Schritte, die zur Erstellung eines bestimmten Gerichtes notwendig sind. Es ist möglich, sich selbst von Kochbücher-Seiten, die den Arbeitsprozess in Schritten im Bild wiedergeben, Farbkopien zu machen und diese dann zu laminieren. Es können aber auch Kinder oder Mitschüler fotografiert werden, während sie ein bestimmtes (nachzubereitendes Gericht) herstellen.

Der Forderung nach Realitätsnähe entsprechen aus meiner Sicht weiterhin Medien wie das Spiel „Dinge und Zeichen/Post" von Hans-Rüdiger Hollatz, das Kindern Gelegenheit gibt, einen Zusammenhang zwischen einem Gegenstand und seiner Abbildung auf Schildern, z. B. bei der Post, auf dem Bahnhof, beim Bäcker usw. zu erkennen. Die Spielidee besteht darin, dass mehrere Kinder zu einem Rollenspiel angeregt werden sollen, bei dem sie reale Spielgegenstände mittels Magneten auf einer Fläche befestigen. Die realen Gegenstände (aus Sperrholz) werden dann mit einem bedeutungsgleichen Piktogramm in Verbindung gebracht und umgekehrt (in BARTSCH, Spielzeugwerkstatt 1, 115).

Literatur:

Grundlagenliteratur:
BARTSCH, Ekkehard (Hrsg.) (1998). Spielzeugwerkstatt 1. Spielsachen zum Selbermachen für nichtbehinderte und behinderte Kinder. Neuwied: Luchterhand Verlag

FISCHER, Erhard (1995): Vorhaben und Unterrichtseinheiten in der Schule für Geistigbehinderte. Dortmund: borgmann publishing

http://www.sonderpaed.de (Sonderpädagogische Hörnchenseite)

http://www.uni-leipzig.de/~gbpaed/lehrbausteindid/unterrichtskonz/handlungicht.htm

http://www.uni-leipzig.de/~gbpaed/lehrbausteindid/unterrichtskonz/projekt.htm

MÜHL, Heinz (1980): Handlungsbezogener Unterricht mit Geistigbehinderten. Bonn – Bad Godesberg: Verlag Dürrsche Buchhandlung

Lernen konkret 10 (1991), Heft 2, Mai alle Aufsätze aus dem Heft

KÖHNEN, Monika/ROOS, Erika (1999): Vorhabenorientierte Freiarbeit. Praxisbeispiel/69 Materialideen. Dortmund: verlag modernes lernen Dortmund

MÜHL, Heinz (1994): Einführung in die Geistigbehindertenpädagogik. Stuttgart 3. Auflage, 1. Auflage 1984, 95-96

SCHULTE-PESCHEL, Dorothee/TÖDTER, Ralf (1999): Einladung zum Lernen. Geistig behinderte Schüler entwickeln Handlungsfähigkeit in einem offenen Unterrichtskonzept. Dortmund: verlag modernes lernen, 2. Auflage, 1. Auflage 1996, 99-115

Literatur zur Vertiefung:

BASTIAN, Johannes/ GUDJONS, Herbert/ SCHNACK, Jochen/ SPETH, Martin (1997): Einführung in eine Theorie des Projektunterrichts. In: BASTIAN, Johannes/ GUDJONS, Herbert/ SCHNACK, Jochen/ SPETH, Martin (Hg.) (1997): Theorie des Projektunterrichts. Hamburg: Bergmann + Helbig Verlag, 7-15

SCHREIER, Helmut (1997): Drei Facetten der Projektidee. Die Sache des Projektunterrichts und das Problem der leeren Namen. Zur Begründung der Notwendigkeit eines Blicks in die Ideengeschichte. In: BASTIAN, Johannes/ GUDJONS, Herbert/ SCHNACK, Jochen/ SPETH, Martin (Hg.) (1997): Theorie des Projektunterrichts. Hamburg: Bergmann + Helbig Verlag, 71-88

GUDJONS, Herbert (1997): Lernen – Denken – Handeln. Lern-, kognitions- und handlungspsychologische Aspekte zur Begründung des Projektunterrichts. In: BASTIAN, Johannes/ GUDJONS, Herbert/ SCHNACK, Jochen/ SPETH, Martin (Hg.): Theorie des Projektunterrichts. Hamburg: Bergmann + Helbig Verlag, 111-132

HOLTAPPELS, Heinz Günther (1997): Sozialisationstheoretische Begründungskontexte für Projektlernen. In: BASTIAN, Johannes/ GUDJONS, Herbert/ SCHNACK, Jochen/ SPETH, Martin (Hg.) (1997): Theorie des Projektunterrichts. Hamburg: Bergmann + Helbig Verlag, 133-150

JANK, Werner/MEIER, Hilbert (1991): didaktische Modelle. Berlin: Cornelsen Scriptor

STRAßMEIER, Walter (2000): Didaktik für den Unterricht mit geistigbehinderten Schülern. München: Ernst Reinhard Verlag, 2. Auflage

II. Fachbezogene Beiträge

5. Lesenlernen bei geistiger Behinderung

Leseförderung in der Geistigbehindertenpädagogik: Rückschau und gegenwärtiger Stand der Diskussion

Kaum ein Thema ist in der Geistigbehindertenpädagogik so heftig und kontrovers diskutiert worden wie die Frage der Leseförderung bei Kindern und Jugendlichen mit einer geistigen Behinderung (vgl. SCHMITZ/ NIEDERKRÜGER/ WHRIGHTON 1993, 3 und RITTMEYER 1993, 9). Die Positionen reichen von entschiedener Befürwortung bis hin zu ebenso dezidierter Ablehnung.

HUBLOW beispielsweise hält Lesen bei Menschen mit einer geistigen Behinderung in einer Publikation aus dem Jahre 1985 für „möglich, sinnvoll, berechtigt und notwendig" (HUBLOW 1985, 3). BACH dagegen lehnt Leseförderung für Schülerinnen und Schüler mit einer geistigen Behinderung noch 1990 implizit ab (BACH 1990, 40). Die grundsätzliche Diskussion der Frage, ob Schülerinnen und Schüler mit einer geistigen Behinderung Lesen lernen sollen, ist inzwischen weitgehend verebbt (vgl. SCHMITZ/NIEDERKRÜGER/WHRIGHTON 1993, 6): mittlerweile fordern die Lehrpläne fast aller Bundesländer Leseunterricht an Schulen für Geistigbehinderte (vgl. SCHULTZE 1989, 1).

Trotz der grundsätzlichen Befürwortung einer Leseförderung sind zahlreiche Fragen der mit einer solchen Leseförderung zusammenhängenden Arbeit, angefangen vom Lesebegriff bis hin zu methodischen Fragen und Medienvorschlägen, bislang nur ansatzweise und nicht im Zusammenhang bearbeitet worden. Es erscheint deshalb dringlich, zunächst den Lesebegriff zu klären und vorhandene Konzepte der Leseförderung darzustellen. Schließlich wird von mir eine in der schulischen Praxis erprobte Förderkonzeption dargestellt, die z. T. Parallelen zu den Ansätzen von SCHMITZ/NIEDERKRÜGER/ WHRIGHTON (1993) sowie KAPTIZKE aufweist, jedoch auf ein anderes Lautgebärdensystem zurückgreift und den Lautgebärden sowie dem Schreiben eine stärkere Bedeutung beimisst. Darüber hinaus werden vielfältige, z. T. völlig neue Medienvorschläge gemacht.

Zur Unterschiedlichkeit des Lesebegriffs

Wie lässt es sich erklären, dass Geistigbehindertenpädagogen in der Frage der Leseförderung so entgegengesetzte Positionen vertreten?
Die inhaltliche Auswertung der Literatur zur Frage der Leseförderung bei Schülerinnen und Schülern mit einer geistigen Behinderung ergibt zunächst einmal, dass keineswegs alle Autoren ein gleiches oder doch zumindest ähnliches Verständnis vom Gegenstand haben. Die einzelnen Positionen sollen deshalb in einem ersten orientierenden Schritt danach unterschieden werden, ob ein Lesebegriff im engeren Sinne oder ein Lesebegriff im weiteren Sinne vertreten wird.
„Lesen im engeren Sinne" ist Lesen, wie es der Sprachwissenschaftler Kainz versteht, der Lesen als „Tätigkeit des Sinnerfassens" aus schriftlich fixierter Sprache definiert (vgl. Kainz nach TOPSCH 1984², 12). Ähnlich hat der Professor für Grundschuldidaktik TOPSCH „Lesen" als „eine spezielle Kom-

munikationsform, die sich der Schrift als eines Repräsentationssystems von Sprache bedient", definiert (TOPSCH 1984², 11). Eine Reihe von Geistigbehindertenpädagogen meint nur oder in erster Linie dieses „Lesen im engeren Sinne" als „Sinnentnahme aus Buchstabenschrift", wenn sie von „Lesen" sprechen.

Denkt man jedoch an die vielen Möglichkeiten, wie Mimik und Gestik, Situationen oder Bildern Informationen entnommen werden können, so stellt sich die Frage, ob „Lesen" nur die Sinnentnahme aus (graphisch fixierten) Buchstabenkombinationen meinen kann oder ob es nicht vielmehr sinnvoll wäre, den Lesebegriff zu erweitern und etwa einen „engeren" von einem „erweiterten" Lesebegriff zu unterscheiden. Immer mehr Geistigbehindertenpädagogen verstehen deshalb „Lesen" auch in einem umfassenderen Sinne.

Lesen im weiteren Sinne

Einen solchen Lesebegriff vertritt beispielsweise OBERACKER, der Lesen ganz allgemein als „Sinnentnahme aus optischen Zeichen" definiert. Für OBERACKER zählt deshalb auch die Sinnentnahme aus Situationen, Bildern und Symbolen zum Lesen (vgl. OBERACKER 1980, 89). Diese Vor- und Grundformen sind – so die Ansicht von OBERACKER - nicht bloße Zwischenstufen zum eigentlichen Schriftlesen, sondern haben insofern eigenständige Bedeutung und erhalten einen Selbstzweck, als sie im weitesten Sinne Sinnentnahme aus Umweltgegebenheiten beabsichtigen. Zum besseren Verständnis der Konzeption von OBERACKER (siehe die folgende Abbildung „Stufenpyramide des Lesens im weiteren Sinne") soll kurz aufgeführt werden, um was es nach OBERACKER beim Situations-, Bilder-, Symbol- und Signalwortlesen geht.

Situationslesen

Personen und Gegenstände werden
- in bestimmten Situationen wahrgenommen
- mit bereits vorher gleichartig erlebten Situationen in Beziehung gesetzt sowie
- wiedererkannt und gedeutet.

Intention: Die hierbei entstehende Sinnerwartung wird auf neue Situationen übertragen und führt zu Handlungsimpulsen.

THAMM (1999, 58 ff.) vertritt die Ansicht, dass der Begriff des „Situationslesens" aufgrund von zeichentheoretischen Überlegungen nicht in ein Lesecurriculum passt und zu Unklarheiten führt. Die kognitiven Leistungen des von HUBLOW und WOHLGEHAGEN sogenannten Situationslesens stellen nach THAMM nur – allerdings notwendige – Voraussetzungen für das Lesen dar, aber keine Unterform des Lesens. Die Verwendung des Terminus Situationslesen durch HUBLOW und WOHLGEHAGEN bedeutet nach Ansicht von Thamm deshalb eine übermäßige Strapazierung des Lesebegriffs. Für eine angemessenere Bezeichnung hält THAMM dagegen den Terminus „Umgang mit den Lebenssituationen des Alltags" (a.a. O., 60).

Bilderlesen

Bildhaft Dargestelltes
- wird als Abbild der Wirklichkeit erkannt,
- und als Informationsträger gedeutet, dem Handlungsimpulse entnommen werden können.

Intention: Der Schüler fasst Bilderreihen als Teil einer Handlungskette auf und verbindet sie zu Abläufen.

Symbollesen

Bildzeichen (Piktogramme), Farbzeichen, Formzeichen und Schallzeichen
- werden als Teilabbilder der Umwelt und Signale, die in vergleichbaren Situationen immer wieder auftreten und stets das gleiche bedeuten, erkannt
- werden als Orientierungs- und Handlungshilfe verstanden.

Signalwortlesen

Abstrakte Schriftzeichen und Ziffern (z. B. „WC", „S-Bahn", „Polizei") vermitteln – vor allem vor dem Hintergrund typischer Situationen – Handlungsimpulse (vgl. OBERACKER 1980, 90).

HUIBLOW hat die Stufenfolge vom Situations- zum Symbollesen in folgendem Beispiel konkretisiert:

1. Deuten konkreter Situationen („Situationslesen"): Ein Säugling liest im freundlichen Gesicht seiner Mutter.
2. Erkennen und Verstehen von Bildern und Bildfolgen („Bilderlesen"): Ein kleines Kind „liest" eine ihm vertraute Geschichte aus dem Bilderbuch vor.
3. Erkennen und Beachten schematisierter Bild-, Farb- und Formzeichen („Bildzeichenlesen", „Symbollesen"). Jemand „liest" die stilisierte Schere auf einer Packung als Aufforderung. „Hier abschneiden" (HUBLOW 1985, 6)

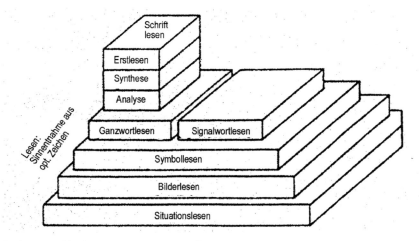

Stufenpyramide des Lesens im weiteren Sinne nach Oberacker

(OBERACKER 1980, 89)

KAPITZKE hat sich in besonderer Weise mit dem Signallesen befasst und dazu Material entwickelt. Bestimmend bei der Auswahl der Signale waren für sie zwei Fragen:
- Welche Signale helfen dem Kind, selbständiger und unabhängiger zu

werden?
- Welche Signale schützen das Kind vor Gefahr?

Die von ihr ausgewählten Signale sind in fünf Gruppen zu unterteilen:
1. Bildsignale (z. B. Erste Hilfe)
2. Schallsignale (z. B. Sirene)
3. Farbsignale (z. B. rot = Gefahr)
4. Ziffernsignale (z. B. 112 = Erste Hilfe) sowie
5. Schriftsignale (z. B. WC) (vgl. KAPITZKE 1972, 4 ff.).

Diese Leseförderung oder das Lesen im erweiterten Sinne kann nach meiner Einschätzung nicht in Frage gestellt und hinsichtlich seiner Legitimation für Kinder und Jugendliche mit einer geistigen Behinderung nicht angezweifelt werden.

Lesen im engeren Sinne: Argumente pro und kontra

Es ist somit das Lesen im engeren Sinne, gegen das sich eine Reihe von Pädagogen gewandt haben und wenden. Und es ist in der Regel so, dass in der Frage nicht nach dem Leistungsvermögen der Schülerinnen und Schüler mit einer geistigen Behinderung differenziert wird und auf der Grundlage des individuellen Leistungsvermögens die Angemessenheit oder Nichtangemessenheit der Leseförderung überprüft, sondern Leseförderung im engeren Sinne meist pauschal abgelehnt wird.

Der Wert der Kulturtechnik Lesen wird insbesondere von BACH stark angezweifelt. Seine ausgeprägte Gegenposition zum Lesen bei Schülerinnen und Schülern mit einer geistigen Behinderung lässt sich wie folgt zusammenfassen:

1. BACH warnt vor falschen Zielsetzungen, vor der Vermittlung eines Abglanzes der konventionellen Bildung, die dem Menschen mit einer geistigen Behinderung nicht dient.
2. Er führt aus, dass zunächst die Erfordernisse einer basalen Erziehung zur Selbstständigkeit, Anstelligkeit und Handgeschicklichkeit zu sehen sind.
3. BACH hält den formalen Wert der Kulturtechniken für die Erziehung des Kindes mit einer geistigen Behinderung für gering und zum Teil sogar fragwürdig (vgl. BACH nach OBERACKER 1980, 75 und BACH 1990, 40).

POHL - selbst Befürworter der Leseförderung im engeren Sinne bei Schülerinnen und Schülern mit einer geistigen Behinderung - nennt implizit wietere Argumente, die häufig gegen Leseunterricht bei Schülerinnen und Schülern mit einer geistigen Behinderung vorgebracht werden:

1. Durch das Erlernen von Kulturtechniken werden Schülerinnen und Schüler mit einer geistigen Behinderung überfordert.
2. Das, was im Leseunterricht geübt wird, kann bei anderen Aktivitäten genauso gut oder noch besser geübt werden (vgl. POHL/POHL/SCHULTE AUF'M HOFE 1983, 6 ff.).

Welche Argumente sind demgegenüber in der Vergangenheit für das Lesen im engeren Sinne genannt worden? Nach Ansicht SPECKs kann das Lesen im engeren Sinne zwar nicht das Hauptziel des Unterrichts sein, da das Erlernen anderer Fähigkeiten wichtiger ist. Das Einüben der Kulturtechniken hat jedoch bildende Wirkung, wenn die Lernvorgänge im Leseunterricht der Lernfähigkeit des einzelnen Schülers entsprechen (vgl. SPECK nach OBERACKER, 75). POHL u.a. haben zahlreiche Argumente aufgeführt, die für das Lesen im engeren Sinne bei Schülerinnen und Schülern mit einer geistigen Behinderung sprechen.

1. Der Schreib-Leseunterricht ist für Schüler, die die Voraussetzungen zum Lesen erfüllen, eine notwendige und nützliche Fortsetzung des bisherigen Unterrichts.
2. Schüler, die die Voraussetzungen zum Lesen noch nicht erfüllen, können durch Lese- und Schreibübungen genauso gefördert werden wie durch die Arbeit mit geometrischen Konfigurationen oder anderem Sinnesmaterial.
3. Aus den Überlegungen 1 und 2 ergibt sich, dass Lesenlernen im engeren Sinne keine Überforderung für Schülerinnen und Schüler mit einer geistigen Behinderung darstellt, sondern eher eine erwünschte Abwechslung ist.
4. Der Verzicht auf Lesenlernen kann Leistungsmotivation, Anspruchsniveau und Anstrengungsbereitschaft der Schülerinnen und Schüler mit einer geistigen Behinderung beeinträchtigen, weil sie wissen, dass alle Kinder diese Fertigkeiten in der Schule lernen.
5. Bei vielen Tätigkeiten, denen Menschen mit einer geistigen Behinderung nachgehen können, ist die Lesefertigkeit von Nutzen.
6. Durch den Verzicht auf Leseunterricht wird die Schule für Geistigbehinderte aus der Gesamtheit aller Schulen herausgenommen. Eine Durchlässigkeit ist nicht mehr gegeben, eine mögliche Integration wird erschwert (vgl. POHL/POHL/SCHULTE AUF'M HOFE 1983, 76 ff.).

Diesen befürwortenden Argumenten von POHL ist aus meiner Sicht bis auf das zweite Argument voll zuzustimmen. Für Schülerinnen und Schüler, die die Voraussetzungen zum Lesen noch nicht erfüllen, sind Lese- und Schreiblernübungen nach meiner Ansicht noch nicht geeignet. Sie bedürfen vielmehr einer gezielt auf die beim Lesen erforderlichen Fähigkeiten ausgerichteten visuellen und auditiven Förderung, sofern angenommen werden kann, dass sich bei ihnen die Lesefähigkeit im engeren Sinne entwickeln könnte.

Eine der jüngsten positiven schriftlichen Stellungnahmen zum Lesenlernen im engeren Sinne bei Schülerinnen und Schülern mit einer geistigen Behinderung stammt von FISCHER aus dem Jahre 1993. Ein wesentliches Argument für das Lesen im engeren Sinne bei Schülerinnen und Schülern mit einer geistigen Behinderung ist nach seiner Ansicht, dass Lesen-Können und Schrift-zu-gebrauchen-Können zum Abstand-Nehmen vom Sinnlich-Konkreten verhilft. Die Teilhabe an der „schriftlichen Kultur" (zusätzlich zur Teilhabe an der „mündlichen" und der „leiblich-sinnlichen" Kultur) kann nach Einschätzung von FISCHER das Wohlbefinden eines Menschen erheblich steigern. Zusätzlich ist nach FISCHER zu beobachten, dass die „schriftliche Kultur" durch den zunehmenden Gebrauch in fast allen Arbeits-, Freizeit- und Alltagsgegebenheiten der Informations- und Kommunikationselektronik gegenwärtig einen kaum voraussehbaren Anstieg an gesellschaftlicher Wertschätzung erfährt (vgl. FISCHER in: SCHMITZ/NIEDERKRÜGER/WHRIGHTON 1983, 3 f.).

Auf der Grundlage dieser Überlegungen fordert Fischer einen gut vorbereiteten Versuch der Leseförderung bei Schülerinnen und Schülern mit einer geistigen Behinderung:

„Lediglich die Notwendigkeit, zum einen lesen zu können und zum anderen die durch nichts zu ersetzende Freude am Erfolg eines Leselehrgangs zu erleben, motiviert uns, Lesen-Lernen mit geistigbehinderten Kindern und Jugendlichen zu versuchen und jeden dann gestarteten Versuch auch ernsthaft zu betreiben" (vgl. ebd.).

Unter Rückverweis auf FISCHER möchte ich die Darstellung der Diskussion um das Für und Wider des Lesenlernens im engeren Sinne bei Schülerinnen und Schülern mit einer geistigen Behinderung mit folgender Stellungsnahme abschließen: Anpassung um den Preis einer Überforderung ist zwar gewiss abzulehnen. Lesen im engeren Sinne ist jedoch zweifelsohne ein wichtiger Teil des „normalen" Alltags, und diese Normalität sollte Personen mit einer geistigen Behinderung, die diese Fähigkeit erlernen können, nicht vorenthalten werden. Denn Lesen bedeutet ein Stück reale Integration, Lebenshilfe und Lebensbereicherung.

Bisherige Konzeptionen zum Lesen im engeren Sinne

Die Frage, die sich angesichts der gerade dargelegten Grundsatzentscheidung und der Forderung nach Leseförderung im engeren Sinne in den meisten Richtlinien als nächste stellt, ist die nach den Konzeptionen oder treffender, konzeptionellen Ansätzen, die bislang in der Literatur dargestellt wurden. Bei der Darstellung der Vorschläge für den Erwerb des Lesens (und Schreibens) soll im Folgenden chronologisch vorgegangen werden.

■ Lesen im engeren Sinne nach KAPITZKE

In Fachkreisen ist Eveline KAPITZKE durch das von ihr entwickelte Signalkartenmaterial bekannt geworden. Weniger, oft gar nicht bekannt ist, dass KAPITZKE (1968) einen Lehrgang zum Lesen im engeren Sinne entwickelt hat. Bevor ich auf den Aufbau dieses Lehrganges eingehe, möchte ich einige grundsätzliche Bemerkungen zur methodischen Konzeption vorausschicken.

So vertritt die Autorin zwar die Ansicht, dass erst die Methode zeigen kann, ob das Kind zum Lesen kommt. Grundsätzlich hält sie die Ganzheitsmethode aber für nicht geeignet. Sie begründet dies mit den Forschungsergebnissen von Müller, nach denen die Ganzheitsmethode um so unterlegener ist, je geringer der Intelligenzgrad des Kindes ist. Und sie plädiert im Folgenden – bereits zu einer Zeit, in der noch Methodenstreit herrschte – für ein im Grunde methodenintegrierendes Verfahren, wenn sie schreibt:

„Der Zugang zur Kunst des Lesens erscheint nach der Erfahrung vieler Sonderschullehrer für das Kind einfacher, überschaubarer und ökonomischer auf dem primär zusammensetzenden, synthetisierenden Weg zu liegen. Hier können Kind und Lehrer genauer und realistischer unterscheiden zwischen dem, was das Kind wirklich schon beherrscht und was noch geübt werden muss" (KAPITZKE 1968, 4).

Lernprinzipien im Leseunterricht sollen nach ihrer Ansicht sein:
- Aktivierung der Motorik
- lose Buchstaben zum Hantieren sollen in ausreichender Menge vorhanden sein,
- für manche Kinder stellen Lautgebärden eine zusätzliche Hilfe dar (besonders geeignet sind nach Ansicht von KAPITZKE die KOCHschen

Lautgebärden),
- kleinste Lernschritte und Isolierung der Schwierigkeiten,
- Individualisierung,
- Lebensnähe und Anschauung,
- Übung und Überlernen (Bearbeiten über den Zeitpunkt hinaus, an dem die Schülerin/der Schüler verstanden zu haben scheint).

Insgesamt kann gesagt werden, dass diese Forderungen von KAPITZKE auch heute noch gültig erscheinen. Dennoch halte ich eine Reihe von z. T. grundlegenden Modifizierungen für notwendig. So können die KOCHschen Gebärden heute nicht mehr als für Schülerinnen und Schüler mit einer geistigen Behinderung geeignet angesehen werden (vgl. dazu auch die Begründung der von mir im weiteren Teil vorgeschlagenen Lautgebärden). Und zu untersuchen ist, ob Überlernen tatsächlich notwendig ist, oder ob es nicht eher die Motivation verringert. Nicht empfehlenswert erscheint es mir schließlich, am Anfang ausschließlich Kleinbuchstaben zu erarbeiten, wie es KAPITZKE empfiehlt. Nach meiner Erfahrung sind Schülerinnen und Schüler mit einer geistigen Behinderung eines bestimmten Lernniveaus vielmehr durchaus in der Lage, von Anfang an sowohl große als auch kleine Buchstabenzeichen zu erlernen.

■ Der synthetische Ansatz von Jansen

Der von Brigitte JANSEN Ende der siebziger Jahre erstmals an einer Düsseldorfer Sonderschule für Geistigbehinderte realisierte Ansatz beginnt mit der

Erarbeitung der Elemente Einzellaut und Buchstabe. Nach der Erarbeitung der Elemente wird die Zuordnung der Elemente zueinander gelernt. Diese Zuordnung der Elemente ist der zentrale Vorgang bei dieser Methode und hat ihr auch den Namen gegeben. Für ein solches Verfahren bei Schülerinnen und Schülern mit einer geistigen Behinderung sprechen nach Ansicht von JANSEN insbesondere die folgenden vier Argumente:

1. Die Lernrichtung vom Einfachen zum Komplexen wird konsequent eingehalten.
  Durch dieses Vorgehen sind viel früher als beim ganzheitlichen Vorgehen Erfolgserlebnisse möglich.
  „Der Beginn mit dem Elementhaften, Einfachen wirkt sich sicherlich nicht zuletzt in einer besseren Motivation der Lernenden aus; denn da einzelne Buchstaben meiner Meinung nach wesentlich leichter erfasst und behalten werden können, als es bei ganzen Wörtern der Fall ist, können die Geistigbehinderten relativ früh – wesentlich früher als beim Ganzheitsverfahren – zu für sie großen Erfolgserlebnissen kommen, die sie zu weiterem Lernen anspornen" (JANSEN 1985, 28).
2. Da sich der gesamte Lernprozess in kleinste Schritte aufgliedern lässt, kann das Prinzip des Vorgehens in kleinsten Schritten berücksichtigt werden.
3. Es ist ein streng logischer Aufbau auch der kleinen Lernstufen aufeinander möglich.
4. Der synthetische Leseunterricht lässt sich leichter als der ganzheitliche Leseunterricht mit der Spracherziehung verbinden.
  „Die Schüler sind nämlich bei der Zuordnung der Laute und Buchstaben, bei den Syntheseübungen bis hin zum Erlesen ganzer Wörter zu einem zunächst überdeutlichen Sprechen gezwungen. Zudem können sie im Rahmen des synthetischen Unterrichts eine

Reihe sprachlicher Gesetzmäßigkeiten kennen lernen" (z. B. Pluralbildung durch Anhängen von „n") (ebd.).

Synthetisierungsübungen sind bei JANSEN schon von Anfang an keine rein technischen Leistungen; vielmehr werden schon mit den ersten Syntheseübungen sinnvolle Wörter verbunden, die vom Schüler zu erlesen sind.

„Der ständige Verweis auf die Bedeutung solcher Wörter, die ständige Kontrolle des Sinnverständnisses sorgen mit dafür, dass es nicht zum rein mechanischen Lesen kommt; auf diese Weise wird einer ‚schwerfälligen, gleichförmigen Leseweise' (BIRKEL 1971, 182) vorgebeugt" (JANSEN 1985, 27 f.).

An dem Ansatz von Jansen ist positiv hervorzuheben die für Schülerinnen und Schüler mit einer geistigen Behinderung angemessene Zergliederung in kleinste Schritte, der logische Aufbau und der frühe Beginn des Lesens sinnvoller Wörter. Positiv ist weiterhin ihr ausgeprägter Einsatz individualisierter Medien.

■ Naiv-ganzheitliches Lesen mit sog. schwerstbehinderten Kindern nach HAUG/SCHMITZ

HAUG und SCHMITZ haben ihr Konzept 1977 in einem Buch veröffentlicht, das den Jugend & Volk-Förderungspreis zur Pädagogik der Gegenwart erhielt. Ihr methodisches Vorgehen haben die beiden Autorinnen wie folgt beschrieben:

„An erster Stelle steht das Erlernen von ganzen Wörtern und kurzen Sätzen und das Einüben derselben. Es erfolgt kein Zerlegen und anschließendes Zusammensetzen des einzelnen Wortes wie bei der synthetischen Methode des Lesenlernens. Es wird ein Sinnganzes geboten und eine Parallelität zwischen zwei Symbolen hergestellt, also zwischen dem akustischen Klangbild und dem optischen Schriftbild. Vom Kind wird vor allem zunächst keine akustische Analyse verlangt, der Übergang zum Lesen neuer, noch nicht bekannter Wörter wird vielmehr mit der optischen Analyse begonnen" (HAUG/SCHMITZ 1977, 24).

Dieser Ansatz von HAUG und SCHMITZ soll hier nicht weiter diskutiert werden, weil ihm inzwischen nur noch historische Bedeutung beizumessen ist.

■ Lesenlernen auf der Basis des entwicklungspsychologischen Ansatzes nach SCHMITZ/NIEDERKRÜGER/WHRIGHTON

Der von Gudrun SCHMITZ, Rosemarie NIEDERKRÜGER und Gisela WHRIGHTON 1993 vorgestellte Leselehrgang basiert auf einem entwicklungspsychologischen Ansatz. Die Autorinnen gehen davon aus, dass Schülerinnen und Schüler mit einer geistigen Behinderung dann lesen lernen können, wenn sie die sensomotorische Phase (i. S. Piagets) hinter sich haben, d. h. ein Gegenstandbewusstsein (Objektpermanenz) erworben haben (vgl. SCHMITZ/NIEDERKRÜGER/WHRIGHTON 1993, 8). Eine weitere Grundlage des Ansatzes sind die Stufenmodelle von Günther und Elkind, die ebenfalls auf dem entwicklungspsychologischen Ansatz von Piaget basieren (a. a. O., 28). Ausgehend von den Piagetschen Entwicklungsstufen wird angestrebt, den Schriftspracherwerb primär über den visuellen Kanal und die sensomotorische Schiene anzubahnen[1]. Zur Förderung der Voraussetzungen des Lesens empfiehlt SCHMITZ ein von ihr 1978 vorgestelltes Förderprogramm, die Anwendung des visuellen Wahrnehmungstrainings von Marianne Frostig (1972) und den Rückgriff auf Anregungen von Miesler, Bauer und Thalmeier (1984) zum Aufbau eines Köperkonzepts (vgl. ebd.). In jüngster Zeit hat sich Jürgen THAMM kritisch mit diesem Ansatz auseinandergesetzt. Dem als visuomotorisch ausgerichteten Lehrgang bescheinigt THAMM zwar eine methodisch recht detaillierte Ausarbeitung; diese ist seiner Einschätzung nach allerdings einseitig. Darüber hinaus lässt dieser Lehrgang nach Ansicht von THAMM weiterführende Aspekte des Lesens und Schreibens weitgehend offen (a. a. O., 14. f.). SCHMITZ machte bei der Leseförderung von Schülerinnen und Schülern mit einer geistigen Behinderung die Erfahrung, dass bei einem Teil dieser Schülergruppe nach ihrer Einschätzung mit einem Leselehrgang begonnen werden konnte, nachdem die Vorstufenschüler zwei Schuljahre lang nach dem Konzept von Frostig in ihrer visuellen Wahrnehmung gefördert worden waren (vgl. a. a. O., 37). Abgeleitet aus ihren theoretischen Reflexionen und ihrer praktischen Erfahrung empfiehlt SCHMITZ, das Vorhandensein von für das Lesenlernen notwendigen Voraussetzungen mit von Piaget 1975 beschriebenen Verfahren zur Diagnostik sowie dem Mann-Zeichentest von Ziler (1977) festzustellen. Durch die Diagnostikverfahren nach Piaget können einerseits Lern- und Leistungsniveau festgestellt und andererseits aus diesen Prüfaufgaben Förderaktivitäten entwickelt werden.

---

[1] Die Wortbildtheorie der 50er und 60er Jahre des vergangenen Jahrhunderts gilt mittlerweile als überholt. Inzwischen wird davon ausgegangen, dass der Schriftspracherwerb wesentlich durch die sogenannte „phonologische Bewusstheit", d. h. auditive Fähigkeiten bestimmt wird.

Im Folgenden soll das Diagnostikverfahren nach SCHMITZ kurz vorgestellt werden.

1. Gegenstände des Alltags

Bei dieser Prüfaufgabe geht es darum festzustellen, ob die Schülerinnen und Schüler mit einer geistigen Behinderung einen taktil wahrgenommenen, unsichtbaren Gegenstand mit Hilfe der Vorstellung mit einem visuell wahrgenommenen Gegenstand vergleichen können (vgl. a. a. O., 39).

2. Geometrische Formen

Bei dieser Übung werden Formen aus Teppichboden geschnitten und von den Schülern genau wie die Alltagsgegenstände ertastet und mit sichtbar vor ihnen liegenden verglichen (vgl. a. a. O., 40).

3. Spontanes Zeichnen

Anhand der vom Kind auf die Aufforderung hin, „irgend etwas" zu zeichnen, produzierten Zeichnungen wird überprüft, inwieweit
- es euklidisch wahrnimmt und wiedergibt (d. h. seine Zeichnungen
  Parallelen, Winkel und metrische Entfernungen aufweisen),
- es von einem bestimmten Blickwinkel aus wiedergibt (beginnende
  Projektivität),
- und nicht das wiedergibt, was es „weiß", sondern das, was es sieht (vgl. a.
  a. O., 41).

4. Abzeichnen geometrischer Formen

SCHMITZ empfiehlt hierfür die Verwendung der Formen von Piaget in vergrößerter Form, die von den Schülern in je sechs vorgegebene Kästchen nachgezeichnet werden sollen. Den eigentlichen Leselehrgang beginnt SCHMITZ mit der Einführung der kleinen Vokale (Plastikbuchstaben), die mit den Handzeichen von KOCH kombiniert werden. Jedem Finger der Hand wird ein Vokal zugeordnet, jedem Vokal eine verschiedene Farbe. Als Vorübung für das Ausmalen der Vokale empfiehlt SCHMITZ das Arbeiten mit Frostig-Übungsblättern (z. B. Blatt 43, Heft 1 und Blatt 62, Heft 1). Des weiteren schlägt sie das Üben von Rundungen (ausgehend von Übung 5 aus Heft 1), das Einprägen der Formen der kleinen Vokale über das Verbinden von Punkten (vgl. a. a. O., 57) sowie das Ergänzen der Buchstaben bei Vorgabe unvollständiger Teile vor (vgl. a. a. O., 60). Als erster Konsonant wird m, M eingeführt und mit den Vokalen zu ersten Silben, später Wörtern verbunden. Hieran schließt sich die Einführung von P an, aus dem Papa aufgebaut wird, später Oma, Opa usw., so dass bald schon wichtige Wörter zum Themenbereich „Familie" vorhanden sind, aus denen sich durch Verbindung mit Bildern und Zeichnungen das erste einfache individuelle Buch der Klasse erstellen lässt (vgl. a. a. O., 62 ff.). Entsprechende „Bücher" über die Umgebung des Kindes (z. B. die Stadt) und wichtige Aspekte seines Lebens (z. B. das Jahr) können in der Folge angefertigt und bei gutem Voranschreiten auch mit Sätzen betextet werden. Für die Einübung der Wörter aus den Büchern entwickelte SCHMITZ Medien wie z. B. die in ihrem Buch dargestellte Jahresuhr und das Jahresspiel (vgl. a. a. O., 80).

Positiv am Ansatz von SCHMITZ sind die Überprüfung der Lernausgangsvoraussetzungen und das gleichzeitige Lernen von Lesen und Schrift, was von mir im Kontext des folgenden Kapitels „Multimediale Leseförderung" begründet wird. Des weiteren halte ich die Anfertigung von Büchern über die Umgebung des Kindes für sehr positiv, weil sie das Lesen in Bedeutungszusammenhänge einbettet. Die Grenzen dieses Ansatzes liegen u. a. darin, dass kein Einsatz von vielfältigen Medien mit sich wiederholenden Teilelementen zur Selbstkontrolle stattfindet. Solche Medien stehen jedoch im Mittelpunkt des Ansatzes, der im Folgenden beschrieben wird.

■ **Multimediale Leseförderung**

Grundsätze der von mir erprobten multimedialen Leseförderung mit modifizierten Lautgebärden nach BLEIDICK sind die folgenden Prinzipien:

1. Überprüfung der Leselernvoraussetzungen bei Schülerinnen und Schülern, denen eine Leseförderung erteilt werden soll
2. Orientierung am Leselehrgang „Lesen mit Lo"
3. variierte Lautgebärden nach Bleidick als zentrales Element des Leseunterrichts
4. gleichzeitiges Lernen von Lesen und Schreiben
5. von der großflächigen Gesamtbewegung zum feinmotorischen Nachfahren
6. Einsatz von vielfältigen – meist selbstgefertigten – Medien mit sich wiederholenden Teilelementen und der Möglichkeit zur Selbstkontrolle.

▶ Überprüfung der Leselernvoraussetzungen bei Schülerinnen und Schülern, denen eine Leseförderung erteilt werden soll

Aus der Überlegung heraus, dass die Anbahnung und Grundlegung des Lesens bei Schülerinnen und Schülern mit einer geistigen Behinderung der umfangreichen Vorbereitungen bedarf und die Anfänge des Lesens bei dieser Zielgruppe am besten in weitgehend leistungshomogenen Gruppen gelehrt werden können, wurde die Leseförderung in der Schule X vor einigen Jahren – in Übereinstimmung mit den Empfehlungen für den Unterricht in der Schule für Geistigbehinderte in Nordrhein-Westfalen von 1980 – für den Anfangsbereich als fachdidaktischer Lehrgang konzipiert und klassenübergreifend organisiert.

Bei der Einrichtung der klassenübergreifenden Leseförderung wurden die Schüler, die aufgrund der Ergebnisse im SAV (siehe Bedingungsfeld) und der Beobachtungen im Unterricht für eine Leseförderung in Frage zu kommen schienen, einem zusätzlichen Test unterzogen: dem von K. MEIERS entwickelten und erprobten „Informellen Test zur Ermittlung der Leselernvoraussetzungen bei Schulanfängern" (Grundsatz 1). Der Test wurde 1972 in Reutlingen in 20 Klassen durchgeführt und 1981 überarbeitet. Er will laut eigenem Anspruch die „wichtigsten Komponenten, die die Voraussetzung zum Erwerb der Lesefähigkeit bilden, abprüfen" (Beiheft zum Lesetest von MEIERS, 3). Zum Text gehören 37 Aufgaben: 21 Aufgaben im visuellen und 16 Aufgaben im auditiven Bereich. 26 dieser Aufgaben sind als Gruppentest, sechs als Einzeltest und zwei Aufgaben fakultativ durchzuführen. Nicht im Test erfasst wird die Entwicklung der Sprachfähigkeit.

Gruppentest

Die Aufgaben 1-6 auf Seite 1 sollen die Fähigkeit überprüfen, gleiche Zeichen zu identifizieren. Die Aufgaben 7-12 auf Seite 2 überprüfen, ob das Kind in der Lage ist, gleiche komplexe visuelle Gestalten unter ähnlichen visuellen Gestalten zu diskriminieren. Durch die Aufgaben 13-16 auf Seite 3 soll festgestellt werden, ob die Kinder in der Lage sind, einen gegebenen Anlaut zu identifizieren. Mittels der Aufgaben 17-20 wird die Fähigkeit, einen gegebenen Endlaut zu identifizieren, festgestellt. Durch die Aufgaben 21-24 soll ermittelt werden, ob das Kind gleiche komplexere Gestalten in verschiedener Größe innerhalb einer Reihe andersartiger visueller Gestalten zu identifizieren vermag.

Einzeltest

Durch die Aufgaben 1 und 2 soll festgestellt werden, ob die Kinder in der Lage sind, eine vorgegebene Wortgestalt aus Einzelteilen wieder herzustellen. Mit Hilfe der Aufgaben 3-6 soll herausgefunden werden, ob die Kinder in der Lage sind, Wörter mit einem gleichen Anlaut aus einer Reihe von Wörtern herauszuhören.

Zusatzaufgabe

Die Bearbeitung der Zusatzaufgabe 1 soll die Buchstaben ergeben, die das Kind schon kennt. Zusatzaufgabe 2 soll zeigen, ob das Kind in der Lage ist, einfache Wörter zu lautieren.

Bedingungsfeld

Zu Beginn des Schuljahres 1992/93 wurde eine Lerngruppe aus sechs Schülern im Zusammenhang mit der Kooperation von drei Mittelstufenklassen der Schule für Geistigbehinderte x zusammengestellt. Stefan (9;2), Peter (10;4), Sascha (12;2), Anna (9;9), Thomas (9;5) und Michael (9;6).

Stefan ist ein 9;2 Jahre alter Schüler mit einer geistigen Behinderung ungeklärter Genese. Seine Leistungen liegen an der oberen Grenze der geistigen Behinderung (CMM-T 59; PPVT-T 60; BA-T 58). Die Sprache von Stefan ist verwaschen, oft undeutlich und dysgrammatisch.

Beispielaufgaben aus dem Lesetest

(Informeller Test zur Ermittlung von Leselernvoraussetzungen bei Schulanfängern 1976, überarbeitete Fassung 1981)

Peter (10;4) ist ein Kind mit Trisomie 21, dessen Ergebnisse in der TBGB um den Mittelwert der geistigen Behinderung liegen. Peters Sprache ist undeutlich und dysgrammatisch, oft sehr leise. Er ist noch sehr verspielt und spricht aus diesem Grunde dann besser auf Aufgaben an, wenn diese in spielerischer Form an ihn herangetragen werden.

Sascha (12;2) stammt aus dem Osten von Russland und ist erst seit kurzem in der Schule für Geistigbehinderte X. Nach den Ergebnissen der TBGB liegt Sascha eindeutig im Bereich der geistigen Behinderung. Sascha trägt seit kurzem ein Hörgerät.

Anna ist 9;9 Jahre alt und liegt nach den Ergebnissen der TBGB im Grenzbereich zur Lernbehinderung.

Thomas ist ein 9;5 Jahre alter Junge, dessen Behinderung vermutlich mit einem Autounfall im Alter von drei Jahren zusammenhängt. Nach den Ergebnissen der TBGB liegt Thomas im oberen Mittelfeld der geistigen Behinderung.

Michael ist ein 9;6 Jahre alter Schüler mit einer eindeutig geistigen Behinderung und erheblichen Verhaltensproblemen, der das gruppentypische Profil für Hirnorganiker nach Lüer/Steinhagen aufweist (Intelligenz und Sprachverständnis signifikant besser als Motorikleistungen).

Lernziele

Bei den beschriebenen Schülerinnen und Schülern wurden in der Stunde die folgenden Lernziele verfolgt:

Ziel der Stunde

Sicherung der Lautgebärde und Schreibweise von „R" sowie Erarbeitung und Festigung von „Rita".

Einzel-Ziele der Stunde

1. Gebärde „R" nach BLEIDICK (modifiziert) ausführen können (für alle Schüler)
3. Sicherung der Buchstaben-Lautgebärden-Korrespondenz beim Buchstaben „R" (für alle Schüler).
7. Kenntnis der Hilfszeichen beim Aufbau von „R"
8. weiteres motorisches Einprägen der Schreibweise von „R" (insbesondere durch Beachtung der Funktion der Hilfszeichen bzw. der Reihenfolge von langem Strich, Bogen, kurzem Strich)
9. kleinmotorisches Einprägen der Schreibweise von „R" (für alle Schüler mit Ausnahme von Thomas)
10. Üben der Umsetzung von Lautgebärden in Buchstabenzeichen (für alle Schüler)
11. Diskrimination der Synthesefähigkeit am Wort „Rita" (für alle Schüler)
12. Diskrimination der Wortgestalt „Rita" von der Wortgestalt „Ali"
13. Diskrimination der Wortgestalt „Rita" von der Wortgestalt „Ali" und „Limo" (1. Zusatzziel für leistungsstarke Schüler, sofern die Zeit ausreicht)
14. Zuordnung der entsprechenden Bildkarten zu den Wortbildern Ali, Rita und Limo (2. Zusatzziel für leistungsstärkere Schüler, sofern die Zeit ausreicht)

Spezielle Ziele für einzelne Schüler

2. Förderung der Anfangslautdiskrimination
4. Erlernen der Buchstaben-Lautgebärden-Korrespondenz bei sämtlichen Buchstaben (für Sascha und Anna)
5. Förderung einer genauen Artikulation (für Sascha und Anna)

6. Förderung einer genauen auditiven Rezeption (vorwiegend für Sascha, aber auch für Peter)

▶ Orientierung am Leselehrgang „Lesen mit Lo" (Grundsatz 2)

Für die Vermittlung des Lesens im engeren Sinne bei Kindern mit einer geistigen Behinderung gibt es bisher nur ein Lehrwerk, das als Grundlage und Orientierungsrahmen dienen kann: Lesen mit Lo.

Vorteile dieses Lehrganges sind:
1. Er entspricht dem aktuellen Stand der Lesemethodik (methodenintegriert)
2. Er ist klar strukturiert (orientiert am Schlüsselwortverfahren).
3. Er ist graphisch ansprechend gestaltet.
4. Am Ende von Teil 4 ist im Idealfall das Leseniveau erreicht, wie es am Ende der ersten Grundschulklasse in der Regel vorhanden ist.
5. Der Lehrgang arbeitet mit einer modifizierten Form der für Schüler mit einer geistigen Behinderung gut geeigneten Lautgebärden nach Bleidick (vgl. RITTMEYER 1993 d, 7).

„Lesen mit Lo" ermöglicht aber allenfalls eine Groborientierung im Aufbau des Leseunterrichts und die Verwendung einzelner Arbeitsblätter, da
1. Schreibübungen fehlen,
2. keine Medien mitgeliefert und nur wenige Medien vorgeschlagen werden,
3. Buchstaben z. T. über Wörter eingeführt werden, die zu schwierig sind.

▶ Rückgriff auf Lautgebärden (Grundsatz 3)

Die Vermittlung des Buchstabens (Laut-Buchstaben-Buchstabenzeichenkopplung) wird ganz erheblich durch den Rückgriff auf Lautgebärden erleichtert. Unter einer Lautgebärde versteht man die Ausführung einer Gebärde zusammen mit der Artikulation des korrespondierenden Lautes. Synonyme für Lautgebärden sind Phonomimik, Lautgestik, Handzeichenmethode, Gebärdenspiel und Ausdrucksgesten. Lautgebärden kann man nach den folgenden Kriterien einteilen:

1. fein- und großmotorisch
2. Anteil der dynamischen zum Anteil der statischen Zeichen
3. Ableitung
- nach der Form des Buchstabens,
- nach dem Artikulationsgebiet,
- nach der Mundstellung,
- nach dem Fibelbild auf der Basis einer assoziativen Bindung,
- nach emotionalen Momenten (in der Regel auf der Basis der Darstellung im Fibelbild).

Für Schülerinnen und Schüler mit einer geistigen Behinderung eignen sich nach meiner Erfahrung – wegen ihres großmotorischen Charakters und der leicht zu verstehenden und zu behaltenden Bewegung – die Gebärden von BLEIDICK und RADIGK; andere Systeme stellen eine Überforderung dar. Optimal wäre eine Mischung der Gebärden von BLEIDICK und RADIGK, da einige Lautgebärden von BLEIDICK nicht unproblematisch sind und durch geeignetere Lautgebärden von RADIGK ersetzt werden könnten. Um Probleme beim Lehrer- oder Schulwechsel zu reduzieren, werden in dieser Lerngruppe trotz eines an sich noch schüleradäquateren Mischsystems dennoch nur Gebärden nach BLEIDICK (in Übereinstimmung mit dem Leselehrgang) eingesetzt.

Die Wirksamkeit der Lautgebärden bei der Erarbeitung der Laut-Buchstabenzeichen-Korrespondenz liegt in folgenden Funktionen begründet:
1. Lautgebärden sind eine Brücke zwischen Sprache und Schrift.
2. Lautgebärden wirken als Gedächtnisstütze.

Daneben sind die Lautgebärden in der zugrundeliegenden Unterrichtsstunde aber auch noch wegen ihrer weiteren Funktionen eine adäquate Lern- und Lehrhilfe:
3. Lautgebärden fördern die deutliche Artikulation (wichtig vor allem für Sascha und Peter).
4. Lautgebärden sind eine Hilfe für unruhige, aber auch für wenig aktive Kinder (also in besonderer Weise für den sehr unruhigen Michael und den bisweilen extrem ruhigen Peter).
5. Lautgebärden sind eine Hilfe beim Zusammenschleifen.

▶ Gleichzeitiges Lernen von Lesen und Schreiben (Grundsatz 4)

In der Frage, ob Lesen und Schreiben verbunden werden sollen, vertrete ich den Ansatz, dass Lesen und Schreiben gleichzeitig gelernt werden sollen. Zur Festigung des Bewegungsablaufes von „R" erscheint es mir sinnvoll, zunächst die Einzelkomponenten des Buchstabens über das psychomotorische Übungsmaterial von Kiphard bewusst zu machen und dann die Aufeinanderfolge der Bewegungskomponenten zu lernen.

Da in der vorhergehenden Stunde ein aus Seilen gelegtes „R" nachgegangen worden ist, stellt der Einsatz des Materials von Kiphard auch einen guten Übergang vom großflächigen Nachgehen und Nachfahren zum kleinmotorischeren Arbeitsblatt (im Format DIN A 3) dar (Grundsatz 5: Von der großflächigen Gesamtbewegung zum feinmotorischen Nachfahren).

▶ Einsatz von vielfältigen – meist selbstgefertigten – Medien mit sich wiederholenden Teilelementen und der Möglichkeit zur Selbstkontrolle (Grundsatz 6)

Es ist festzustellen, dass es im Fachhandel kaum Medien gibt, die sich für den Einsatz im Leseanfangsunterricht bei Schülerinnen und Schülern mit einer geistigen Behinderung eignen. Ebenfalls dünn gesät sind Medienvorschläge in der Literatur. Im Anhang dieses Buches sowie in meinem Manuskript „Individualisierte Hilfen durch selbst hergestellte Lernmaterialien..." werden deshalb eine Reihe von Lernmaterialien vorgestellt, die zur Förderung des Lesens im engeren Sinne bei Schülerinnen und Schülern mit einer geistigen Behinderung geeignet sind und leicht nachgebaut werden können.

Zeit	Lehrerverhalten	Schülerverhalten	Intention	Lernziele	Medien
	L präsentiert zunächst einen der beiden durchgenommenen Buchstaben (Großbuchstaben)	Sch benennen die Buchstaben, führen die entsprechende Gebärde aus und befestigen die Gebärdenkarten samt dem dazugehörigen Großbuchstaben auf dem Tafelraster.	Festigung durch Wiederholung	Lernziel 10 (Üben der Umsetzung von Lautgebärden in Buchstabenzeichen)	Medium (Gebärdenkarten, Großbuchstaben auf Karten) Tafel mit aufgezeichnetem Raster
15'	L präsentiert die analogen Kleinbuchstaben	Sch heften die Kleinbuchstaben unter die entsprechende Gebärde.		parallel Zusatzziele 2, 5 und 6 für einzelne Sch	
	L präsentiert Karte mit der „R"-Gebärde	Sch benennen die Gebärde und führen sie aus.		Lernziel 3 (Sicherung der Buchstaben-Lautgebärden-Korrespondenz beim Buchstaben „R")	

Zeit	Lehrerverhalten	Schülerverhalten	Intention	Lernziele	Medien
25'	L weist Sch auf das Übungsmaterial von Kiphard hin und bittet eine Sch., daraus ein „R" zu bauen.	Sch. baut „R" aus Einzelteilen des psychomotorischen Übungsmaterials auf. Dann bauen alle Schüler ein großes „R", wobei sie zunächst ein „R" aus den großen Einzelteilen Gerade, Bogen, dann ein „R" aus den kleinen Einzelteilen Gerade und Bogen bauen können.			Psychomotorisches Übungsmaterial von Kiphard

	L verweist Sch darauf, dass sie den Buchstaben „R" benennen und die entsprechende Gebärde ausführen können. Sie weist dann auf das weitere Vorhaben der heutigen Stunde hin: Ein Wort mit dem neuen Buchstaben
	  - erlesen und
	  - schreiben können
	L präsentiert das				

Zeit	Lehrerverhalten	Schülerverhalten	Intention	Lernziele	Medien
	neue Wortkrokodil und langsam nacheinander die einzelnen Buchstaben des Wortes „Rita".				
		Sch lautieren die einzelnen Buchstaben von „Rita", synthetisieren die Silben „Ri" und „ta" und erlesen dann das Wort als Ganzes. Zwei Sch ziehen den Wortstreifen nacheinander langsam aus dem „Maul" des Krokodils, die übrigen Sch lesen.	Erarbeitung einer neuen Ganzheit	Lernziel 9 (kleinmotorisches Einprägen der Schreibweise von „R" und „Rita")	Wortkrokodil Schreibarbeitsblätter in zwei verschiedenen Versionen (Medium4 für leistungsstärkere, Medium 5 für leistungsschwächere Sch)
	L verteilt an Sch differenzierte Schreibarbeitsblätter.	Sch bearbeiten Schreibarbeitsblatt.		für die Arbeit mit dem Medium 2 Lernziel 4 (Erlernen der Buchstaben-Lautgebärden-Korrespondenz) für die Arbeit mit dem Medium 3 Lernziel 10	
35'	L händigt an Sch Legetafel aus.		Festigung des neuen Elementes und der		

Zeit	Lehrerverhalten	Schülerverhalten	Intention	Lernziele	Medien
40'		Sch arbeiten mit Legetafeln	neue Ganzheit - Festigung / Übung von alten und neuen Elementen (der neuen Ganzheit) - Festigung / Übung / Diskrimination der neuen Ganzheit	(Übung der Umsetzung von Lautgebärden in Buchstaben) Lernziel 11 (Synthese von „Rita") Lernziel 12 (Diskrimination der Wortgestalt „Rita" von der Wortgestalt „Ali" Lernziel 13 (... „Ali" von „Limo") Lernziel 14 (Zuordnung der entsprechenden Bildkarten zu den Wortbildern "Ali", "Rita" und "Limo")	

Der Beitrag von Werner Günther zur Leseförderung von Schülern mit einer geistigen Behinderung

Werner GÜNTHER hat 2000 eine verbesserte Auflage seines Buches „Lesen und Schreiben an der Schule für Geistigbehinderte" vorgelegt. Das Buch mit dem Untertitel „Grundlagen und Übungsvorschläge zum erweiterten Lese- und Schreibbegriff" umfasst 126 Seiten und ist in fünf Kapitel aufgeteilt:
- Lesen und Schreiben – eine Form der Kommunikation
- Der erweiterte Lesebegriff
- Analytisch-synthetisches Leselern-Verfahren
- Schreiben – ein Mittel der Kommunikation / Der erweiterte Schreibbegriff
- Das Eigenlesebuch in der Schule für Geistigbehinderte

Vergleicht man den Raum, der dem erweiterten Lesen, dem Lesen im engeren Sinne und dem Schreiben zugemessen wird, so fällt auf, dass ihnen annähernd gleichviel Platz zugeteilt worden ist.

Das Buch hat den Untertitel „Lesen und Schreiben an der Schule für Geistigbehinderte" und entsprechend diesem Titel werden einerseits, in komprimierter Form, theoretische Grundlagen, andererseits direkte praktische Anwendungen in Form von Medien und Aktivitäten dargestellt und vorgeschlagen.

Von welchen theoretischen Grundannahmen geht GÜNTHER aus? Zum einen von einem erweiterten Lesebegriff, wie er schon seit längerer Zeit in der Frage der Didaktik des Lesens bei Schülerinnen und Schülern mit einer geistigen Behinderung vertreten wird. Diesem erweiterten Lesebegriff zufolge ist Lesen nicht nur die Sinnentnahme aus Schrift, sondern auch aus grafischen Zeichen, Bildern und Bildzeichen (siehe dazu auch die Ausführungen zum erweiterten Lesebegriff weiter vorne).

Untersuchungen zu Kommunikations- und Interaktionsformen zufolge nimmt die Bedeutung dieses Sekundärsystems der Kommunikation gegenüber dem Primärsystem (gesprochene Sprache, Mimik, Gestik, Gebärden und Körpersprache) nach Einschätzung von GÜNTHER ständig zu. Darüber hinaus geht GÜNTHER - und dies ist ein neuer theoretischer Aspekt in der Diskussion des Themas „Lesen und Schreiben bei Schülerinnen und Schülern mit einer geistigen Behinderung" - auch von einem erweiterten Schreibbegriff aus. Den erweiterten Schreibbegriff definiert GÜNTHER wie folgt:

„Unter dem pragmatischen Kommunikationsaspekt bedeutet der erweiterte Schreibbegriff einerseits, dass wir den Kritzeleien, Bildern und Schriftzeichen der Kinder eine verstärkte Bedeutung beimessen, diese akzeptieren, fördern und eine Verständigungs- und Mitteilungsfunktion dieser Zeichen, die der Schüler selbst zu Papier bringt, erkennen müssen. Im Unterricht regen wir die Kinder immer wieder dazu an, sich über eigen produzierte grafische Zeichen mitzuteilen, sich auszudrücken. Andererseits bezieht sich Schreiben nicht nur auf das handschriftliche Setzen von Zeichen und Buchstaben, sondern umfasst die erweiterten Möglichkeiten mit vorgefertigten Bild- und Wortelementen – unter teilweisem Ausschluss der graphomotorischen Fertigkeiten – Bedeutungen, Inhalte materiell sichtbar zu machen und zu vermitteln" (GÜNTHER 2000, 83).

Worin liegt der besondere Wert dieses Buches? Das Buch von GÜNTHER ist zum Einen bedeutsam wegen der Vielzahl der praktischen Aktivitätsanregungen und Medienvorschläge. Von diesen sollen an dieser Stelle nur diejenigen beispielhaft genannt werden, die mich in besonderer Weise angesprochen haben und die ich entweder schon selbst nachgebaut habe oder über deren Nachbau ich derzeit Überlegungen anstelle:
- selbst hergestellte Bilderbücher mit Fotografien aus der Klasse, den einzelnen Schülern, der Schulumgebung, der Gemeinde, öffentlichen Gebäuden,

Tieren usw.
- Fotos von Lehrgängen anfertigen und die Bilderfolge ordnen lassen
- Foto-Klassenjahrbuch anfertigen als eine Form des Eigenlesebuches
- Bilderreihen alltäglicher lebenspraktischer Handlungen oder Bilder-Koch-Rezepte sammeln oder anfertigen
- Dalli-Klick-Spiel (bei dem sukzessive Bildteile aufgedeckt und unter den Bildern befindliche Teile erraten werden sollen)
- in der Umgebung nach Bildzeichen und Signalwörtern suchen, diese fotografieren und losgelöst vom Standort im Klassenzimmer verbalisieren
- aus Piktogrammen ein (einfaches) Puzzle (beispielsweise immer nur zwei zusammengehörende Teile) anfertigen
- Anfertigung eines Piktogramm-Lesebuches oder von Piktogrammkarten
- „Dalli-Klick" mit Piktogrammen
- von Fotos, Getränken, Gegenständen, Örtlichkeiten, Fahrzeugen usw. Fotos anfertigen und den Fotografien das jeweilige Signalwort zuordnen

Einen besonderen Wert stellen nach meiner Ansicht aber auch die Ausführungen von GÜNTHER zur Bildung von Lerngruppen auf den Seiten 48 und 49 dar. Hier führt GÜNTHER m. E. richtig aus, dass für das Signal- und Ganzwortlernen nach seiner Ansicht heterogene Lerngruppen gebildet werden sollten, während für Schüler, die zur Analyse, Synthese und Sinnentnahme in der Lage sind, homogene Lerngruppen zu bilden sind.

Literatur:

Grundlagenliteratur:

BINDER, Mareike/OIDTMANN, Frederike: Lesen und Schreiben (im weiteren Sinne) bei Schülerinnen und Schülern mit einer geistigen Behinderung. Schriftliche Hausarbeit im Rahmen des Seminars „Theoretische Grundlagen und praktische Herstellung sowie Erprobung von Unterrichtsmaterialien (Medien) bei Schülerinnen und Schülern mit einer geistigen Behinderung". Universität Oldenburg, SS 2002

DIRKS, Martina: Lesen im engeren Sinne bei geistiger Behinderung: Leselehrverfahren, Lesen mit Lo, Schreiblehrgang. Seminararbeit im Rahmen des Seminars „Medienherstellung für Schülerinnen und Schüler mit einer geistigen Behinderung". Universität Oldenburg, WS 2002/2003

GÜNTHER, Werner (1999): Lesen und Schreiben an der Schule für Geistigbehinderte. Grundlagen und Übungsvorschläge zum erweiterten Lese- und Schreibbegriff. Verlag modernes lernen Dortmund, 2., verbesserte Auflage 2000, 1. Auflage 1999

MÜHL, Heinz (1984): Einführung in die Geistigbehindertenpädagogik. Stuttgart 3. Auflage, 1. Auflage 1984, 95-96

KRUSE, Nils: Lesen und Schreiben an der Schule für Geistigbehinderte. Seminararbeit im Rahmen des Seminars: „Medien für grundlegende Bereiche des Unterrichts bei geistiger Behinderung: theoretische Begründung und praktische Aspekte. Universität Oldenburg, SS 2003

LOSANSKY-CHRISTIANSEN, Gabriele: Lesen bei Menschen mit geistiger Behinderung. Seminararbeit im Rahmen des Seminars „Aktuelle Fragen der Pädagogik bei geistiger Behinderung. Universität Oldenburg, SS 2001

SCHURAD, Heinz/SCHUMACHER, Werner/STABENAU, Iris/THAMM, Jürgen (1999): Lesen und Schreiben für den Unterricht an Schulen für Geistig- und Körperbehinderte. Zweite, überarbeitete Auflage, Oberhausen

RITTMEYER, Christel (1996): Lesenlernen bei geistigbehinderten Kindern. In: BAUDISCH, Winfried/ SCHMETZ, Ditmar (Hrsg.) (1996): Schriftspracherwerb und Sprachhandeln im Primar- und Sekundarbereich – Beispiele sonderpädagogischer Förderung - Band III der Sonderpädagogischen Beiträge. Verlag Moritz Diesterweg. Frankfurt am Main 1. Auflage, 170-196

weiterführende Literatur:

siehe das ausführliche Literaturverzeichnis in: RITTMEYER, Christel (1996): Lesenlernen bei geistigbehinderten Kindern. In: BAUDISCH, Winfried/ SCHMETZ, Ditmar (Hrsg.) (1996): Schriftspracherwerb und Sprachhandeln im Primar- und Sekundarbereich – Beispiele sonderpädagogischer Förderung - Band III der Sonderpädagogischen Beiträge. Verlag Moritz Diesterweg. Frankfurt am Main 1. Auflage, 195 f.

6. Mathematik bei geistiger Behinderung

6.1. Förderung der räumlichen und zeitlichen Orientierung

Orientierung in Raum und Zeit

Die Orientierung in Raum und Zeit ist eine grundlegende Voraussetzung im Bereich Mathematik. Zur Förderung der entsprechenden Voraussetzungen sind von den beiden Italienerinnen Stefania SALARI und Anna Maria TITTARELLI in der Zeitschrift „La Vita Scolastica" unter der Rubrik „Stützaktivitäten" Fördervorschläge gemacht worden und hier zusammengefasst worden, weil sie im deutschsprachigen Raum nach meinem Kenntnisstand nicht bekannt sind[1]. An dieser Stelle sei auch darauf hingewiesen, dass entsprechende Inhalte ebenfalls in dem Mathematiklehrgang von Christoph GRAFFWEG Gegenstand sind, der bis dato nicht publiziert wurde und ebenfalls in diesem Buch dargestellt wird.

Voraussetzungen räumlicher Orientierung

Selbstwahrnehmung und Kenntnis der Körperteile sowie der Struktur des eigenen Körpers sind nach Ansicht von SALARI und TITTARELLI unerlässliche und grundlegende Voraussetzungen zur Entwicklung einer guten räum-

---

[1] Entgegen der ansonsten in diesem Buch praktizierten Bibliographierweise (Quellenangabe im Fließtext) wird bei den von mir übersetzten Teilen aus Aufsätzen von Stefania SALARI und Anna Maria TITTARELLI die Quelle jeweils in einer Fußnote genannt, um auf diese Weise deutlich auf die Urheberinnen hinzuweisen.

lichen Koordination, d. h. Orientierung im Raum[1]. Um diese Kenntnis des eigenen Körpers zu entwickeln und in der Folge erste räumliche Begriffe (wie vor-hinter, über-unter, weit-fern, innerhalb-außerhalb sowie rechts und links) in bezug auf die eigene Person zu erwerben und anzuwenden, schlägt TITTARELLI die im Folgenden beschriebenen Aktivitäten vor.

Bewußtmachen der Körperteile

Diese Aktivitäten sollen zunächst darauf hinzielen, dass dem Kind die Elemente des eigenen Körpers bewusst werden. Um dies zu erreichen,
- wird das Kind dazu angeregt, den Körper zu beschreiben und
- werden die Elemente aufgeschrieben, die das Kind aufzählt.

Hierbei wird nur den hauptsächlichen Elementen (wie den Armen, Beinen, Händen, Füßen und dem Gesicht) Aufmerksamkeit geschenkt. Sind in der Beschreibung des Kindes Lücken vorhanden, so kann als Hilfe für eine bessere Wahrnehmung des eigenen Körpers ein Spiegel eingesetzt werden.

Die verschiedenen Körperteile in Beziehung setzen

Ist sich das Kind der verschiedenen Teile des Körpers bewusst geworden, so können in einem zweiten Schritt die verschiedenen Teile des Körpers in eine Beziehung gesetzt werden. Um dies zu erreichen, fragen wir das Kind z. B. danach,
- wo sich der Kopf befindet,
- ob sich der Kopf oberhalb der unterhalb vom Bauch befindet,
- wo sich die Beine befinden,
- ob sich die Beine oberhalb oder unterhalb vom Bauch befinden,
- aus welchen Elementen das Gesicht besteht,

---

[1] vgl. TITTARELLI, Anna Maria in La Vita Scolastica, Attività di sostegno, 1./16. Dezember 1990, 105

- wo die Arme befestigt sind,
- wo die Hände befestigt sind,
- wie viele Hände wir haben und
- wie viele Elemente es doppelt gibt.

<u>Bewusstmachen der Unterteilung des Körpers in zwei gleiche Seiten</u>

Mit Hilfe des Spiegels erarbeiten wir mit dem Kind,
- dass der Körper in zwei gleiche Teile unterteilt werden kann,
- dass die doppelten Elemente des Körpers symmetrisch sind (das eine Element befindet sich diesseits und das andere Element jenseits der vom Kopf zu den Füßen verlaufenden Körpermitte) und
- dass die einfach vorhandenen Körperteile (wie Nase und Mund) im Zentrum (auf der Symmetrieachse) angeordnet sind [1]

---

[1] vgl. TITTARELLI, Anna Maria in La Vita Scolastica, Attività di sostegno, 1./16. Dezember 1990, 105

Kind vor Spiegel[1]

Erarbeitung der Begriffe „rechts/links" in bezug auf den Körper

Die Unterscheidung der symmetrischen Elemente durch Verwendung der Begriffe „rechts" und „links" erarbeiten wir mit der Frage,
- wie wir eine Hand (einen Fuß) von der anderen (vom anderen Fuß) unterscheiden können[1].

---

[1] TITTARELLI, Anna Maria in La Vita Scolastica, Attività di sostegno, 1./16. Dezember 1990, 105

Grafische Darstellung des Körpers

Nach der Bewusstmachung der Elemente des Körpers und ihrer Anordnung kann der Körper des Kindes grafisch dargestellt werden. Diese grafische Darstellung kann in folgenden Handlungsschritten erfolgen:
- auf den Boden ein Blatt Papier legen, das größer als der Kind ist
- das Kind bitten, sich auf dem Papier auszustrecken
- mit einem Stift die Umrisse seines Körpers zeichnen
- auf vorbereiteten Blättern die Namen der Körperteile aufschreiben oder vom Kind notieren lassen.

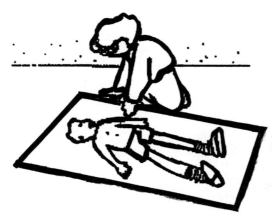

Kind auf Boden[1]

Im Anschluss daran
- lassen wir das Kind (sofern es lesen kann) die Kärtchen mit den Namen der Körperteile neben den entsprechenden Körperteil legen.

---

[1] SALARI, Stefania/ TITTARELLI, Anna Maria in La Vita Scolastica, Attività di sostegno, 1.3.1989, 116

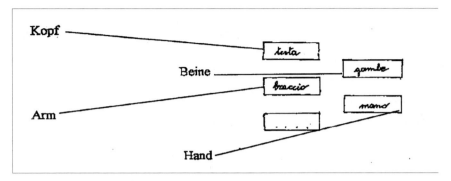

Kärtchen mit Namen der Körperteile[1]

Bewusstmachen der Gesichtsteile

Eine entsprechende Analyseübung kann auch für das Gesicht durchgeführt werden. Wir fragen das Kind z. B. danach,
- wie das Gesicht beschaffen ist,
- aus welchen Teilen das Gesicht besteht

und
- welche Teile des Gesichtes doppelt vorhanden sind.

Dann
- zeichnen wir das Gesicht mit seinen verschiedenen Teilen und
- ordnen Karten mit den Bezeichnungen der verschiedenen Gesichtsteile den gezeichneten Teilen zu (ebd.).

---

[1] vgl. SALARI, Stefania/ TITTARELLI, Anna Maria in La Vita Scolastica, Attività di sostegno, 1.3.1989, 116

Weitere Aktivitäten der Darstellung des Körpers

Auch die folgenden Aktivitäten beginnen wieder damit, dass zunächst der Umriss des auf der Erde ausgestreckten Kinderkörpers gezeichnet wird. Ziel dieser Übungen ist, dass in einer bildhaften Darstellung des Gesamtkörpers die verschiedenen Körperteile benannt werden können (SALARI/TITTARELLI, 1.3.1989, 116).

Nachdem das Kind die gezeichneten Linien betrachtet hat, wird es gebeten, die einzelnen Teile des Körpers zu benennen und fehlende Teile sowie Kleidungsstücke hinzuzufügen.

Angezogenes Kind (Ganzkörper, nicht unterteilt)[1]

Ein zusätzlicher sinnvoller Lernschritt ist es, die Umrisslinie ein zweites Mal zu zeichnen. Die Variation gegenüber dem ersten Zeichnen kann darin bestehen,

---

[1] SALARI, Stefania/ TITTARELLI, Anna Maria in La Vita Scolastica, Attività di sostegno, 1.3.1989, 116

- dass wir Pausen machen und das Kind die Teile benennen lassen, die wir gerade zeichnen

und

- dass wir das Kind auf die Beziehung des gezeichneten Körperteiles zu den anderen Körperteilen hinweisen.

Im Anschluss

- zerschneiden wir den gezeichneten Kinderkörper in sechs Rechtecke,

In sechs Rechtecke aufgeteilte Zeichnung des Kinderkörpers[1]

Wir lassen das Kind
- die Teile vermischen und
- sie dann wieder von ihm zusammensetzen

---

[1] vgl. SALARI, Stefania/TITTARELLI, Anna Maria in La Vita Scolastica, Attività di sostegno, 1.3.1989, 116

Festigung der Kenntnis der Körperteile

Im Anschluss

- präsentieren wir dem Kind Tafeln mit unvollständig aufgezeichneten Körpern (zur Festigung der Kenntnis der Körperteile)
- fragen das Kind nach den fehlenden Körperteilen und
- bitten es, die fehlenden Körperteile auf die Tafeln zu zeichnen[1].

Tafeln mit unvollständigen Zeichnungen des gesamten Körpers oder von Körperteilen (ebd.)

---

[1] SALARI, Stefania/ TITTARELLI, Anna Maria in La Vita Scolastica, Attività di sostegno, 1.3.1989, 116

Funktionen der verschiedenen Körperteile

Sind Struktur und Elemente des Körpers bekannt, so kann in weiteren Arbeitsschritten die Aufmerksamkeit auf die Teile des Körpers gerichtet werden, die Bewegung im Raum ermöglichen sowie auf die verschiedenen Arten möglicher Bewegung.
Die Aktivitäten, die der Erkundung verschiedener Bewegungsarten dienen, stellen nach Ansicht von TITTARELLI eine gute Gelegenheit zur Förderung der Sozialisation dar, da sie mit der ganzen Klasse oder mit einer Gruppe von Kindern durchgeführt werden können[1].

Zur Analyse der verschiedenen Funktionen der Körperteile sollen die Schüler über die verschiedenen Funktionen nachdenken.

Wir fragen die Schüler
- nach der Funktion der Augen
- der Funktion der Ohren
- der Funktion der Nase und
- der Funktion der Hände[2].

Hieran schließen sich Übungen an, aus denen die verschiedenen Arten der Benutzung der Körperteile abgeleitet werden können.

Aktivitäten der Schüler:

Benutzung der Hände
- einen Ball werfen
- einen einfachen Gegenstand zeichnen
- einen Gegenstand ergreifen

---

[1] vgl. TITTARELLI, Anna Maria in La Vita Scolastica, Attività di sostegno, 16. Mai 1991, 122
[2] vgl. TITTARELLI, Anna Maria in La Vita Scolastica, Attività di sostegno, 1./16. Dezember 1990, 106

Benutzung der Augen
- ein Auge ohne Hilfe der Hände schließen

Benutzung der Ohren
- Radio mit leisem Ton hören und das Radio allmählich zum Ohr führen

Benutzung der Füße
- einen Ball schießen
- auf einem Fuß springen

Weitere Lehreraktivitäten:
- dem Kind Anweisungen geben, ohne ihm zu zeigen, welche Hand oder welches Ohr es benutzen soll (zur Ermittlung des erreichten Grades der Lateralisation);
- Wiederholung der Übungen, wobei jeweils danach gefragt wird, ob der entsprechende rechte oder linke Körperteil verwendet wird;
- Durchführung der Übung mit dem normalerweise nicht dafür benutzten Körperteil und Reflexion der hierbei aufgetretenen Empfindungen und Probleme[1].

Zur Erarbeitung der verschiedenen Arten der Bewegung gibt es nach SALARI und TITTARELLI darüber hinaus noch eine Reihe von weiteren Möglichkeiten. So können wir z.B. die Schüler

---

[1] vgl. TITTARELLI, Anna Maria in La Vita Scolastica, Attività di sostegno, 1./16. Dezember 1990, 106

- fragen, auf welche Weisen wir von der Bank zur Tafel gelangen können,
- sie motivieren, entsprechende Versuche durchzuführen und
- sie sorgfältig bei diesen Versuchen beobachten (vor allem auch um festzustellen, ob ein Kind bei diesen Versuchen Schwierigkeiten hat[1])

Kinder bewegen sich zur Tafel[2]

In einem zweiten Schritt überprüfen wir, inwieweit die Schüler die erarbeiteten Bewegungen ausführen können, z. B.
- auf beiden Füßen, mit zusammengeschlossenen Beinen
- mit gespreizten Beinen
- ob sie einfach laufen oder auf den Spitzen der Füße laufen können
- oder ob sie auf den Fersen laufen können
- ob sie kriechen können und
- ob sie sich zusammenrollen können usw.

---

[1] vgl. TITTARELLI, Anna Maria in La Vita Scolastica, Attività di sostegno, 16. Mai 1991, 122

[2] TITTARELLI, Anna Maria in La Vita Scolastica, Attività di sostegno, 16. Mai 1991, 122

Junge, der auf einem Bein steht[1]

Bei jeder Bewegung
- fragen wir die Schüler nach den bei der entsprechenden Bewegung benutzten Körperteilen;
- lenken als Antworthilfe die Aufmerksamkeit verstärkt auf die zu überprüfenden Körperteile und
- lassen das Kind auch alle weiteren Bewegungen ausführen, die mit dem entsprechenden Körperteil ausgeführt werden können.

Weitere Arbeitsschritte:

---

[1] TITTARELLI, Anna Maria in La Vita Scolastica, Attività di sostegno, 16. Mai 1991, 122

- Anfertigung eines Plakates mit den möglichen Bewegungen unter Verwendung von Zeichnungen oder Fotos der Kinder [1].

Fortsetzung der Bewegungsanalyse

Daran anschließend können die Bewegungen der Beine und Füße analysiert werden. Wir
- bitten die Kinder, sich auf einfache Weise fort zu bewegen;
- lassen sie feststellen, dass sich nicht alle auf dieselbe Weise fortbewegen;
- erarbeiten die verschiedenen Arten der Fortbewegung:
  - Zurücklegung einer Strecke mit kleinen Schritten
  - Zurücklegung einer Strecke mit schnellen Schritten
  - Zurücklegung einer Strecke mit langsamen Schritten.

Dann bitten wir die Kinder, eine konkret bestimmte Strecke (z. B. von der Tür zum Fenster) auf die folgenden Arten zurückzulegen:
- mit sehr kleinen Schritten;
- mit sehr langen Schritten;
- mit sehr schnellen Schritten (hierbei richten wir die Aufmerksamkeit der Kinder auch darauf, wie sich die Geschwindigkeit in Abhängigkeit von der Größe der Schritte ändert) (ebd.).

Vorschlagen von Bewegungsverläufen

Im Anschluss schlagen wir Verläufe vor, die mit verschiedenen Arten der Bewegung zurückgelegt werden können. Dabei entsprechen
- die geraden Streckenteile z. B. großen Schritten und
- die gebogenen Streckenteile z. B. kleinen Schritten

---

[1] vgl. TITTARELLI, Anna Maria in La Vita Scolastica, Attività di sostegno, 16. Mai 1991, 123

oder
- die geraden Streckenteile kurzen und schnellen und
- die gebogenen Streckenteile langen und langsamen Schritten.

Ebenso kann auch zwischen Gehen und Springen variiert werden.

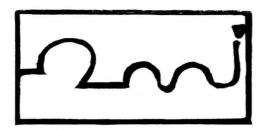

Bewegungsverlauf[1]

Dann lenken wir die Aufmerksamkeit der Kinder auf die verschiedenen Arten des Springens, die sie bereits kennen gelernt haben:
- mit einem einzelnen Fuß
- mit beiden Füßen
- mit geschlossenen Beinen
- mit gespreizten Beinen
  oder
- springen und dabei die Knie möglichst weit zur Brust bringen
- die Füße soweit wie möglich in Sitzposition bringen
- so hoch wie möglich kommen und sich dabei auf dem Boden zusammenkauern und dann wieder von neuem nach oben kommen.

---

[1] TITTARELLI, Anna Maria in La Vita Scolastica, Attività di sostegno, 16. Mai 1991, 123

Im Anschluss wird auch mit diesen Bewegungen wieder ein vorgezeichneter Weg zurückgelegt, dessen Streckenteile farbig gekennzeichnet sind und z. B. die folgenden Bedeutungen haben können:

rot = Sprung mit geschlossenen Füßen

grün = Sprung mit gespreizten Füßen

gelb = Sprung mit dem rechten Fuß[1]

Aktivitäten zur Überprüfung des Gelernten

Bei der Überprüfung der zuletzt beschriebenen Lernsequenz werden die Anweisungen w ä h r e n d der Bewegungen des Kindes erteilt.

Für das Zurücklegen des in der obigen Abbildung vorgeschriebenen Verlaufes gelten die folgenden Regeln:
- sich am Ausgangspunkt (◁) aufstellen,
- mit kleinen Schritten auf der geraden Linie gehen,
- die gebogene Linie auf beiden Füßen springend zurücklegen,
- die gezackte Linie auf allen vieren kriechend zurücklegen,
- ist das Kind an dem schwarzen Punkt angekommen, so soll es sich laufend nach rechts bewegen,
- die gebogene Linie auf den Zehenspitzen zurücklegen,
- die gerade Linie kriechend zurücklegen[1].

---

[1] TITTARELLI, Anna Maria in La Vita Scolastica, Attività di sostegno, 16. Mai 1991, 123

Durch das Zurücklegen dieses Verlaufes können die folgenden Fähigkeiten überprüft werden:
- Erkennen der verschiedenen Linienarten,
- Orientierung im Raum und Kenntnis von rechts und links in bezug auf sich selbst,
- Entwicklung der motorischen Koordination.

Bewegungsverlauf[1]

Weitere grundlegende räumliche Beziehungen (vor, hinter und seitlich) in bezug auf die eigene Person

Der erste Lernschritt zur Einführung der räumlichen Beziehungen vor, hinter und seitlich besteht nach SALARI und TITTARELLI im Bewusstmachen der vier Seiten des Körpers. Zur bewussten Wahrnehmung und Unterscheidung der vier Körperseiten lassen wir

---

[1] TITTARELLI, Anna Maria in La Vita Scolastica, Attività di sostegno, 16. Mai 1991, 123

unsere Hand vom Gesicht über den Bauch bis zu den Füßen des Kindes entlang laufen. Eine entsprechende Übung wird für den hinteren Körperteil und die Körperseiten durchgeführt. Dann stellen wir räumliche Situationen her, in denen das Kind auf die folgende Art zwischen vier Gegenständen steht:

Vor Ball stehender Junge[1]

Wir fragen das Kind danach,
- welcher Gegenstand sich vor ihm befindet (zeigt das Kind hierbei Unsicherheit, so wird es an der betreffenden Körperseite berührt).

---

[1] TITTARELLI, Anna Maria in La Vita Scolastica, Attività di sostegno, 1./16. Dezember 1990, 106

- welcher sich hinter ihm befindet und
- welche Gegenstände sich an der Seite befinden.

Dann richten wir durch entsprechende Fragen und Impulse die Aufmerksamkeit des Kindes darauf, dass es
- zwei unterschiedliche Seiten gibt: eine rechte und eine linke Seite und lassen es die entsprechende Seite zeigen und identifizieren.

„Über-unter" und „innerhalb-außerhalb"

Um das Verständnis der räumlichen Beziehungen „über" und „unter" anzubahnen und zu entwickeln, lassen wir zunächst
- „über" dem entsprechen, was das Kind greifen oder mit dem in die Höhe ausgestrecktem Arm greifen kann und
- „unter" dem, was unter seinen Füßen ist.

Damit das Kind mit dem Begriff „unter" eine Erfahrung verbinden kann,
- nehmen wir eine große Schachtel, legen ein Kissen in die Schachtel, lassen dann das Kind in die Schachtel hineingehen und sich auf das Kissen stellen.

Hieran anschließend bedecken wir den Kopf des Kindes mit einem Tuch oder Bettuch.

Wir fragen dann das Kind danach,
- was sich unter seinen Füßen befindet
- was sich über seinem Kopf befindet und
- wo es sich befindet[1].

Danach bitten wir das Kind, die Hand auszustrecken und
- machen ihm bewusst, dass es sich innerhalb einer Schachtel befindet.

Wir bitten dann das Kind, aus der Schachtel hinauszugehen und fragen es,
- ob es sich innerhalb oder außerhalb der Schachtel befindet.

---

[1] vgl. TITTARELLI, Anna Maria in La Vita Scolastica, Attività di sostegno, 1./16. Dezember 1990, 107

Diese Übung sollte mehrfach und mit veränderten Gegenständen wiederholt werden. Mögliche Variationen sind z.B..:
- Kissen durch Teppich ersetzen
- Bettuch durch Decke ersetzen
- Wechsel der Anordnung (Decke unter die Füße oder Teppich auf den Kopf)
- Schachtel durch eine Rolle, einen Stuhl oder einen Reifen (wie er in der Sporthalle verwendet wird) ersetzen.

Vertiefung der Begriff „über" und „unter"

Hieran können sich die folgenden Übungen zur Vertiefung der bislang erarbeiteten Begriffe anschließen:
- wir legen ein Kissen in eine Schachtel und lassen sich das Kind dann in die Schachtel auf das Kissen stellen; über die Schachtel breiten wir eine Decke aus.

Kind in der Schachtel[1]

---

[1] SALARI, Stefania/TITTARELLI, Anna Maria in La Vita Scolastica, Attività di sostegno, 1./16. Dezember 1989, 112

Weitere Handlungsschritte:
- Wir fragen das Kind, wo es sich befindet
- weisen es darauf hin, dass es sich im Karton befindet
- bitten es, die Hand auszustrecken und
- weisen es darauf hin, dass der Karton ganz dicht um es herum ist
- fragen das Kind, was unter ihm ist
- bitten es das, was unter ihm ist, mit den Füßen zu berühren und
- weisen es darauf hin/machen ihm bewusst, dass unter seinen Füßen das Kissen ist.

In ähnlicher Weise verfahren wir bei der Vertiefung des Begriffes „über". Wir
- fragen das Kind, was sich über ihm befindet:
- bitten es, die Hand in die Höhe zu halten und
- fragen es, was es berührt
- dann weisen wir das Kind darauf hin, dass sich über ihm die Decke befindet (ebd.).

Übungsvariationen

Diese Übung wird mehrmals unter Variation der Gegenstände (Decke, Bank) und der Position (über, unter) wiederholt.

Nah-fern

Auch die Anbahnung des Verständnisses der räumlichen Bezeichnungen „nah" und „fern" beginnt mit sehr einfachen Übungen. Bei diesen Übungen wird als „nah" das betrachtet,
- was berührt oder mit ausgestrecktem Arm genommen werden kann und als „fern" das,
- was nicht erreicht werden kann, ohne dass man sich dabei von der Stelle bewegt.

Damit das Kind mit den Begriffen „nah" und „fern" Erfahrungen verbinden kann, stellen wir räumliche Situationen der folgenden Art dar:

- ein sitzendes Kind mit einem Ball nahe einem Bein und einem kleinen Zug in zwei oder drei Metern Entfernung.

Vor Ball sitzender Junge[1]

Wir fragen das Kind danach,
- welche Gegenstände sich um es herum befinden
- welche Gegenstände es nehmen kann, ohne aufzustehen und ein Stück zu gehen
- welche Gegenstände es nicht erreichen kann, wenn es sitzen bleibt
- welche Gegenstände sich nahe bei ihm befinden
- welche Gegenstände sich fern von ihm befinden.

Diese Erfahrung wird mit
- weiteren Gegenständen und
- wechselnder Anordnung wiederholt (z. B. wird der Zug nahe dem Kind und der Ball fern vom Kind angeordnet)[2].

---

[1] TITTARELLI, Anna Maria in La Vita Scolastica, Attività di sostegno 1./16. Dezember 1990, 107
[2] vgl. TITTARELLI, Anna Maria in La Vita Scolastica, Attività di sostegno 1./16. Dezember 1990, 107

Überprüfung des Gelernten

TITTARELLI schlägt zur Überprüfung der grundlegenden Kenntnisse vom eigenen Körper und der einfachsten räumlichen Beziehungen die im folgenden beschriebenen Aktivitäten vor.

Vervollständigung einer Körperabbildung:

- dem Kind wird die folgende unvollständige Abbildung eines Körpers präsentiert und
- es wird um Vervollständigung der Abbildung durch Aufkleben der fehlenden Elemente gebeten.

Zu vervollständigende Körperzeichnung[1]

Arbeitsanweisung:
Schneide die Teile aus und vervollständige den Körper, indem du die Teile dort aufklebst, wo sie fehlen.

---

[1] TITTARELLI, A nna Maria in La Vita Scolastica, Attività di sostegno 1./16. Dezember 1990, 107

Zu vervollständigende Gesichtszeichnung[1]

Text zu obiger Abbildung

Schneide die Teile aus und vervollständige das Gesicht, indem du die Teile dort aufklebst, wo sie fehlen.

Um den Erwerb der erarbeiteten räumlichen Begriffe zu überprüfen, bitten wir das Kind, die folgenden Anweisungen zu befolgen:

- auf ein Trampolin springen
- sich auf die Bank stellen

---

[1] TITTARELLI, Anna Maria in La Vita Scolastica, Attività di sostegno 1./16. Dezember 1990, 107

- sich in eine Schachtel stellen
- aus der Schachtel herauskommen[1] (ebd.)

Kind vor Tisch[2]

- den Gegenstand neben sich nehmen
- seine rechte Hand zeigen
- seine linke Hand zeigen

---

[1] TITTARELLI, Anna Maria in La Vita Scolastica, Attività di sostegno 1./16. Dezember 1990, 107

[2] TITTARELLI, Anna Maria in La Vita Scolastica, Attività di sostegno 1./16. Dezember 1990, 107

- den Stift mit der linken Hand nehmen
- dem Ball mit dem rechten Fuß einen Stoß geben.

Im Anschluss können schwierigere räumliche Situationen vorgeschlagen werden, wenn die Entwicklung des Kindes dies zulässt.

Wesentliche Aspekte der räumlichen Orientierung sind weiterhin das Bewusstsein,
- dass die Gegenstände einen Standort im Raum haben
- dass dieser Standort veränderlich und veränderbar ist und
- dass der Standort benannt und beschrieben werden kann, indem man ihn in bezug auf sich selbst und/oder andere beschreibt.

<u>Die Position von mehreren Gegenständen in bezug zur eigenen Person</u>

Wie bereits weiter vorne angemerkt, setzt die Bestimmung der Position von Gegenständen (in bezug auf die eigene Person) die Kenntnis der vier Körperseiten voraus. Um diese Fähigkeit zur Bestimmung der Position von Gegenständen weiterzuentwickeln,
- bitten wir das Kind, sich zwischen vier Stühlen oder zwischen vier Bänken aufzustellen,
- zeigen auf die Vorderseite des Kindes (wobei wir sie gleichzeitig berühren) und bitten das Kind zu sagen, welcher Stuhl vor ihm ist und
- wiederholen dieselbe Art von Übung für die anderen räumlichen Beziehungen.

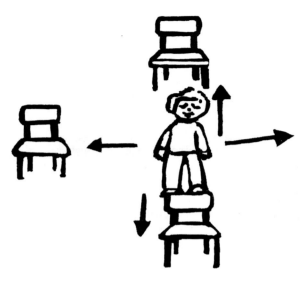

Kind zwischen drei Stühlen[1]

Weitere Handlungsschritte:
- das Kind zwischen vier verschiedene Gegenstände stellen,
- das Kind um Angabe des Gegenstandes bitten, der sich vor ihm, hinter ihm usw. befindet.

In ähnlicher Weise verfahren wir bei der Vertiefung des Begriffes „über". Wir
- fragen das Kind, was sich über ihm befindet,
- bitten es, die Hand in die Höhe zu halten und
- fragen es, was es berührt
- dann weisen wir das Kind darauf hin, dass sich über ihm die Decke befindet.

---

[1] SALARI, Stefania/TITTARELLI, Anna Maria in La Vita Scolastica, Attività di sostegno 1./16. Dezember 1989, 112).

Übertragung einfacher räumlicher Begriffe auf einen größeren Raum

Die erarbeiteten räumlichen Begriffe werden im Folgenden auf einen größeren Raum, den Klassenraum, bezogen. Dazu stellen wir dem in der Mitte der Klasse stehenden Kind Fragen, die auf Gegenstände oder Teile des Klassenraumes mit einer festen räumlichen Anordnung bezogen sind.

In der Klasse stehendes Kind[1]

Wir fragen das Kind.
- ob sich das Fenster vor oder hinter ihm befindet und
- wo sich die Tür befindet (vor ihm, hinter ihm oder seitlich von ihm) (ebd.).

---

[1] SALARI, Stefania/TITTARELLI, Anna Maria in La Vita Scolastica, Attività di sostegno 1./16. Dezember 1989, 112

Beobachtung und Beschreibung einfacher räumlicher Situationen aus dem Schüleralltag

Beobachtung des Klassenraumes

Um die Beobachtung des Klassenraumes als eine dem Kind vertraute Umgebung anzuregen,
- fragen wir den Schüler nach den im Klassenraum vorhandenen Gegenständen
- lassen es die Gegenstände aufzählen
- fragen es (sofern es zählen kann) nach der Anzahl der Bänke und Fenster
- fragen es, ob Gegenstände vorhanden sind, die verschoben werden können
- fragen es, ob Gegenstände da sind, die nicht verschoben werden können
  und
- fragen es, welche Gegenstände nicht verschoben werden können.

Beobachtung der Gegenstände

Im Anschluss hieran regen wir den Schüler zur Beobachtung der Gegenstände an, wobei wir auch die räumliche Position des Schülers berücksichtigen.

Beobachtung der unbeweglichen Gegenstände

Kind vor Tür[1]

Zur Anregung der Beobachtung der unbeweglichen Dinge im Raum fragen wir den Schüler:
- ob sich die Tür vor ihm oder hinter ihm befindet
- ob sich das Fenster vor ihm oder hinter ihm befindet
- ob sich die Tür (das Fenster)
  - an der Seite
  - rechts oder
  - links von ihm befindet.

---

[1] TITTARELLI, Anna Maria in La Vita Scolastica, Attività di sostegno, 16. Januar 1991, 123

Beschreibung des Raumes, nachdem die eigene Position verändert wurde

Kind vor Fenster[1]

Dann bitten wir das Kind, sich so im Raum zu bewegen, dass es seine räumliche Beziehung zu den oben erwähnten Gegenständen verändert und fragen es,
- ob sich die Tür (bzw. das Fenster)
  - vor ihm,
  - hinter ihm oder
  - seitlich von ihm befindet und
- ob die Veränderung dadurch zustande gekommen ist, dass sich Tür und Fenster bewegt haben.

---

[1] TITTARELLI, Anna Maria in La Vita Scolastica, Attività di sostegno, 16. Januar 1991, 123

Um die Bestimmung der eigenen Position im Raum zu üben,
- lassen wir den Schüler verschiedene Positionen im Raum einnehmen und
- motivieren den Schüler, über die Tatsache nachzudenken, dass die eigene Position im Raum die Bestimmung der räumlichen Umgebung beeinflusst (ebd.).

<u>Übertragung räumlicher Begriffe auf andere Personen</u>

Ist das Kind in der Lage, die Umwelt unter Bezugnahme auf sich selbst zu beschreiben, so kann in einem nächsten Schritt die Beschreibung der Umgebung mit Bezugnahme auf eine andere Person aufgebaut werden. Bei dieser Übung wird ähnlich wie bei den vorhergehenden vorgegangen. Es werden jedoch auch einige <u>Variationen</u> vorgenommen:
- die Vorderseite wird als die Seite bestimmt, die dem Gesicht oder dem Bauch des Mitschülers entspricht und
- die Hinterseite als die Seite, die dem Rücken entspricht.

Auch bei diesen Übungen wird jedes Mal, wenn eine räumliche Bezeichnung verwendet wird, der entsprechende Körperteil berührt.

Hat der Schüler eine innere räumliche Orientierung erworben, so können wir zur Betrachtung von Bezugspunkten außerhalb seiner selbst übergehen. D. h., dass z. B. Mitschüler zu Bezugspunkten gemacht werden können. Nicht ratsam ist es jedoch, in dieser Phase die Begriffe rechts und links zu behandeln, da hierdurch die Verwendung dieser Begriffe in bezug auf die eigene Person gestört werden könnte. Um die Verwendung von Bezugspunkten außerhalb von sich selbst anzubahnen, schaffen wir räumliche Situationen der folgenden Art:

Kind vor Tafel[1]

Wir fragen den Schüler,
- ob sich sein Mitschüler nahe der Tafel oder nahe der Tür befindet
- ob die Bank vor seinem Mitschüler steht und
- was hinter dem Mitschüler steht.

Wir schaffen dann räumliche Situationen von der folgenden Art:

---

[1] TITTARELLI, Anna Maria in La Vita Scolastica, Attività di sostegno, 16. Januar 1991, 124

Kind zwischen Stuhl und Tisch[1]

und fragen den Schüler.
- Steht die Bank vor deinem Mitschüler Andrea?
- Was steht hinter Andrea?

Im Zusammenhang mit diesen Fragen weisen wir darauf hin, dass „vor" „im Gesicht" und „hinter" „im Rücken" entspricht.

Darstellung räumlicher Beziehungen auf Bildern

Bilder und Gegenstände

Nachdem die räumliche Umgebung vermittels der oben genannten räumlichen Parameter beschrieben worden ist, kann in einem weiteren Schritt die Realität auf Bildern dargestellt werden. Dazu zeigen wir dem Kind zunächst ein sehr einfaches Bild wie z. B. das folgende:

---

[1] TITTARELLI, Anna Maria in La Vita Scolastica, Attività di sostegno, 16. Januar 1991, 124

Eimer, Ball, Schachtel[1]

Das Kind wird dann dazu angeregt, die auf dem Bild dargestellte Situation in der Realität zu reproduzieren.

Im Anschluss zeigen wir dem Kind Bilder,
- die die drei Gegenstände zunächst auf einer Ebene/Linie nebeneinander,
- dann auf verschiedenen Ebenen angeordnet zeigen.

---

[1] SALARI, Stefania/TITTARELLI, Anna Maria in La Vita Scolastica, Attività di sostegno, 1./16. Dezember 1989, 112

Zwei Bilder [1]

Eine ähnliche Übung besteht darin, dass der Schüler das auf den folgenden Bildern Dargestellte real nachvollzieht.

---

[1] SALARI, Stefania/TITTARELLI, Anna Maria in La Vita Scolastica, Attività di sostegno, 1./16. Dezember 1989, 112

3 Karten mit Heft und Stift[1]

Das reale Nachvollziehen des auf den Karten Dargestellten soll vom Schüler unter Verwendung räumlicher Begriffe versprachlicht werden und kann, falls erforderlich, mit Leitfragen unterstützt werden. Im Anschluss erteilen wir dem Kind Anweisungen, die sich auf das auf den Bildern Dargestellte als Ausgangsposition beziehen:
- Lege den Stift auf das Buch und
- lege den Radiergummi zwischen das Federmäppchen und den Bleistift.

In einem abschließenden Schritt soll die Realität vom Schüler bildlich dargestellt werden. Für die zeichnerische Darstellung sollten zunächst sehr einfache Gegenstände, z. B. geometrische Figuren aus Karton, verwendet werden. Die geometrischen Figuren

---

[1] TITTARELLI, Anna Maria in La Vita Scolastica, Attività di sostegno, 16. Januar 1991, 124

- werden in einem ersten Schritt auf das Blatt gelegt und vom Kind gezeichnet,
- in einem zweiten Schritt werden sie auf die Bank gelegt und vom Schüler gemäß den gegebenen Anweisungen gezeichnet.

Bilder mit Personen

In einem weiteren Übungsschritt, der sich an die reale Anordnung der auf Bildern dargestellten Anordnung von Gegenständen anschließen kann, ist auf einem Bild neben Gegenständen auch eine Person abgebildet.

Junge, Eimer und Stuhl[1]

---

[1] TITTARELLI, Anna Maria in La Vita Scolastica, Attività di sostegno, 16. Januar 1991, 125

Kind an Pult[1]

Beim Nachvollziehen dieser Übung kann zunächst auf einen Mitschüler zurückgegriffen werden und erst in einem zweiten Schritt das Kind selbst in die zu reproduzierende Situation eingefügt werden. Auch hierbei sollte wieder darauf geachtet werden, dass die reale Position des Kindes dem auf dem Bild Dargestellten entspricht.

Darstellung des Klassenraumes

Bei der Darstellung des Klassenraumes auf einem Stück Pappkarton
- erklären wir den Schülern, dass wir die Klasse viel kleiner malen müssen, als sie in der Realität ist, weil wir keinen Karton verwenden können, der so groß wie die Klasse ist und erklären beim Zeichnen der Seiten des Rechteckes,
- dass die Linien die Wände der Klasse darstellen und
- die sich vereinigenden Linien die Ecken des Klassenraumes.
Dann zeichnen wir

---

[1] TITTARELLI, Anna Maria in La Vita Scolastica, Attività di sostegno, 16. Januar 1991, 125

- auf vier Kartonkarten die Figuren von vier Kindern und
- versehen die Kartonkarten mit Standfüßen

Karten mit Standfuß[1]

Im Anschluss
- bitten wir vier Schüler, sich in der Mitte des Klassenraumes aufzustellen,
- geben einem weiteren Schüler die Standkarten und
- teilen ihm mit, dass jede Standkarte einen Mitschüler darstellt
- den Schüler mit den Standkarten fragen wir,
- ob sich die Kameraden nahe der Wand, den Ecken oder der Klassenmitte befinden und welche Standkarte sich in der Klassenmitte befindet.

Dann bitten wir den Schüler mit den Standkarten,
- die Standkarten so zu platzieren, wie seine Mitschüler stehen

---

[1] TITTARELLI, Anna Maria in La Vita Scolastica, Attività di sostegno, 16. Januar 1991, 125

- fordern dann die Mitschüler auf, sich in einer Ecke aufzustellen und
- fragen dann den Schüler mit den Standkarten, wo die Mitschüler jetzt stehen und
- bitten ihn, die Standkarten entsprechend der neuen Position der Mitschüler aufzustellen.

Überprüfung

Zur Überprüfung des Gelernten präsentieren wir die im Folgenden gezeigten Karten, die der Schüler entsprechend ergänzen oder deren Anweisungen gemäß er handeln soll. Kann der Schüler nicht lesen, so liest die Lehrkraft das vor, was auf der Karte steht.

Der Hund ist nahe am...[1]

---

[1] TITTARELLI, Anna Maria in La Vita Scolastica, Attività di sostegno, 16. Januar 1991, 125

Das Buch ist auf dem...
Das Buch ist unter... [1]

Oben links ist . . .[1]
Oben rechts ist . . .

---

[1] TITTARELLI, Anna Maria in La Vita Scolastica, Attività di sostegno, 16. Januar 1991, 125

Unten links ist[1]

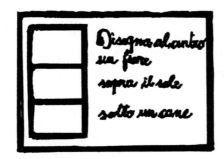

Zeichne in die Mitte eine Blume[2]

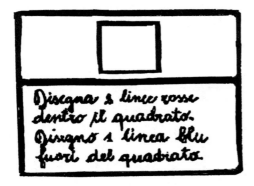

Zeichne innerhalb des Quadrates zwei rote Linien. Zeichne eine blaue Linie außerhalb des Quadrates (ebd.)

---

[1] TITTARELLI, Anna Maria in La Vita Scolastica, Attività di sostegno, 16. Januar 1991, 125

[2] TITTARELLI, Anna Maria in La Vita Scolastica, Attività di sostegno, 16. Januar 1991, 125

Spiele zur Festigung der räumlichen Orientierung

Spiel 1

Das erste von TITTARELLI vorgeschlagene Spiel zur Festigung der räumlichen Orientierung beruht wesentlich auf (zunächst nur zwei) verbalen Anweisungen, wobei die Anzahl der verbalen Anweisungen im Laufe der Zeit allmählich (bis hin zu vier Anweisungen) gesteigert wird. Durch diesen Rückgriff auf verbale Anweisungen dient das Spiel außer zur Festigung der räumlichen Orientierung auch der Verbesserung des Gedächtnisses. Grundlage dieses Spiels ist ein in neun kleinere Quadrate unterteiltes großes Quadrat. Auf die einzelnen Quadrate werden Karten mit unterschiedlichen Früchten gelegt, das Quadrat in der Mitte bleibt frei.

Quadrate mit Früchte-Abbildungen [1]

---

[1] TITTARELLI, Anna Maria in La Vita Scolastica, Attività di sostegno, 16. Januar 1991, 124

Spielvorschlag 1

Der Schüler stellt sich zu Beginn des Spieles auf dem leeren Quadrat auf und beantwortet im Spiel Fragen der folgenden Art:
- Wenn du nach rechts gehst, welche Frucht findest du?
- Wenn du nach vorwärts und dann nach links gehst, welche Frucht findest du?
- Und wenn du rückwärts und dann nach rechts gehst?

Spielvorschlag 2

Bei einer anderen, ähnlichen Spielvariante wird auf dem Boden mit Kreide oder Klebestreifen eine Markierung angebracht.

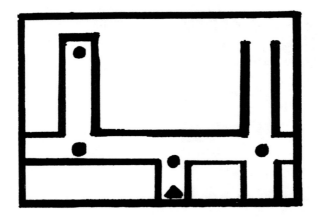

Verlauf mit Punkten [1]

---

[1] TITTARELLI, Anna Maria in La Vita Scolastica, Attività di sostegno, 16. Januar 1991, 124

Das Kind soll jedes Mal, wenn es auf einen Punkt stößt, stehen bleiben. Beim Voranschreiten werden dem Kind langsam Anweisungen der folgenden Art gegeben:

- Geh nach vorn
- dreh dich nach links
- dreh dich nach rechts
- kehre zurück
- dreh dich nach rechts.

Spielvorschlag 3

Auch bei einer weiteren Spielvariante wird mit Kreide oder Klebestreifen ein Verlauf auf dem Boden eingezeichnet. Der Schüler soll bei dieser Spielvariante der durch Fähnchen vorgezeichneten Strecke folgen und die gemachten Bewegungen z. B. wie folgt versprachlichen:
- ich drehe mich nach rechts
- ich drehe mich nach links
- ich gehe geradeaus.

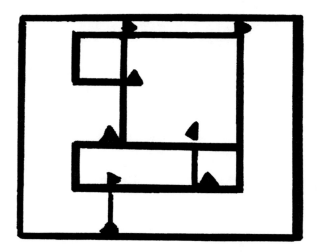

Verlauf mit Fähnchen [1]

Unterrichtsbeispiele zur Förderung der zeitlichen Orientierung

Die Rekonstruktion der persönlichen Geschichte des Kindes ist nach Ansicht von Stefania SALARI ein wichtiger Schritt für die Entwicklung des Zeitbegriffs.
Das Arbeiten an der persönlichen Geschichte des Kindes
- fördert die Entwicklung eines Bewusstseins von der vorübergehenden Zeit
- die Rekonstruktion der verschiedenen Phasen des persönlichen Lebens und
- die Untersuchung der Elemente, die die verschiedenen Phasen des persönlichen Lebens kennzeichnen.

Die Rekonstruktion der persönlichen Geschichte ermöglicht weiterhin, die Begriffe
- der Aufeinanderfolge
- der Gleichzeitigkeit und
- der Verbindung von Ereignissen

---

[1] TITTARELLI, Anna Maria in La Vita Scolastica, Attività di sostegno, 16. Januar 1991, 124

zum Lerngegenstand zu machen [1]

Wie ich jetzt bin

Vor der Rekonstruktion der vergangenen Geschichte sollte das Kind sich dessen bewusst werden, wie es jetzt ist. Erst wenn das Kind sich dessen bewusst ist, wie es jetzt ist, kann dahin zurückgegangen werden, wie es vor einigen Jahren war.

Beschreibung der eigenen Person

Um das Kind zu einer genauen Beobachtung der eigenen Person anzuregen, nehmen wir vom Kind mit einer Polaroid-Kamera ein Sofortbild auf.

Wir zeigen dem Kind das Bild und bitten es, seine Figur (von oben nach unten voranschreitend) mündlich zu beschreiben:
- die Haare,
- die Augen,
- die Nase und
- den Mund.

Hat das Kind hierbei Schwierigkeiten, so unterstützen wir die Beschreibung mit Fragen wie z. B.:
- Schau' die Haare an!
- Welche Farbe haben sie?
- Wie sind sie?
- Lockig oder glatt?
- Blond, braun, schwarz?

---

[1] vgl. SALARI, Stefania in La Vita Scolastica, Attività di sostegno, 1. März 1992, 109

- Sind sie lang, kurz oder hast du einen Stufenschnitt?
- Schau die Augen an!
- Welche Farbe haben sie?

Text im Bild: Meine Haare sind...

Junge mit Spiegel in der Hand [1]

Im Anschluss versuchen wir, genauere Angaben zu bekommen, z. B.:
- die Größe zu messen

---

[1] SALARI, Stefania in La Vita Scolastica, Attività di sostegno, 1.03.1992, 109

- das Gewicht zu ermitteln
- die Schuhgröße nachzuschauen
- die Größe des Hemdes und der Hosen usw..

Es ist sinnvoll, die entsprechenden mündlichen Beschreibungen so festzuhalten, dass sie später im Gesamtzusammenhang angehört und auf ein Blatt übertragen werden können. Diese schriftliche Beschreibung übertragen wir zusammen mit der Fotografie auf einen großen Pappkarton.

Steckbrief

Text im Bild:

Ich heiße Marco. Ich bin sieben Jahre alt. Ich habe glattes, braunes Haar. Ich wiege 25 Kilo; ich bin 1,20 Meter groß[1].

---

[1] SALARI, Stefania in La Vita Scolastica, Attività di sostegno, 1.März 1992, 109

Wie ich war, als ich geboren wurde

Um sich der vorübergehenden Zeit bewusst zu werden, muss das Kind die Veränderungen feststellen, die sein Köper im Laufe der Zeit erfahren hat.

Zur Feststellung der seit der Geburt erfolgten Veränderungen bitten wir das Kind, Fotos aus der Zeit als Neugeborenes in die Klasse mitzubringen. Anhand der Fotos von einst und jetzt lassen sich durch Fragen die Veränderungen erarbeiten, die der Körper des Kindes im Laufe der Zeit erfahren hat.

Fragen zur Ermittlung der körperlichen Merkmale als Neugeborenes

Gemeinsam mit dem Kind stellen wir die Fragen zusammen, die es den Eltern stellen soll, um Aussagen über seine körperlichen Merkmale als Neugeborenes zu erhalten. Z. B. kann das Kind seine Eltern danach fragen

- wie groß es bei der Geburt gewesen ist
- wie schwer es bei der Geburt gewesen ist
- ob es Haare hatte
- wie die Haare beschaffen waren
- welche Farbe die Haare hatten
- ob die Haare gewellt, gelockt, lang oder kurz waren
- ob es wenige oder viele Haare hatte und
- welche Farbe die Augen hatten.

Die Antworten, die das Kind auf diese Fragen erhält, geben wir auf einem Plakat wieder, auf dem wir auch ein Foto aus seiner Zeit als Neugeborenes anbringen.

Steckbrief des Neugeborenen [1]

Text im Bild:
Als ich geboren wurde, wog ich 3 kg und 300 Gramm. Ich war 50 cm groß. Ich hatte wenige glatte, schwarze Haare.

---

[1] SALARI, Stefania in La Vita Scolastica, Attività di sostegno, 1.03.1992, 109

Vergleich der gegenwärtigen Verhaltensweisen und der Verhaltensweisen als Neugeborenes

Nachdem die Veränderungen der körperlichen Merkmale seit der Zeit als Neugeborenes erarbeitet worden sind, können die Veränderungen der Gewohnheiten und des Verhaltens erarbeitet werden.

1. Schritt

Wir rekonstruieren mit dem Kind einen Tagesablauf (auf den Tagesablauf wird noch im weiteren Verlauf der Ausführung ausführlicher eingegangen) und tragen auf einem Kreis die Aktivitäten ein, die das Kind normalerweise im Verlaufe eines Tages ausführt.

Aktivitäten eines Tages [1]

---

[1] TITTARELLI, Anna Maria in La Vita Scolastica, Attività di sostegno, 1. Februar 1991, 110

Text in der Abbildung:

22.00 - 7.00 Uhr: Ich schlafe
7.00 - 8.00 Uhr: Ich mache mich zurecht
8.00 - 12.30 Uhr: Ich bin in der Schule
12.30 - 14.00 Uhr: Mittagessen
17.00 - 18.00 Uhr: Ich mache die Hausaufgaben
18.00 - 19.00 Uhr: Ich gehe auf den Sportplatz
19.00 - 20.00 Uhr: Abendessen
20.00 - 21.30 Uhr: Ich gucke Fernsehen

2. Schritt

Im Anschluss versuchen wir einen typischen Tagesablauf aus der Neugeborenenzeit zu rekonstruieren.
Wir stellen die Gegenwart und die Neugeborenenzeit gegenüber um festzustellen, welche Unterschiede es gibt und was fast unverändert geblieben ist. Wir helfen dem Kind z. B. festzustellen, dass es sowohl jetzt wie in der Neugeborenenzeit gegessen hat und fragen es danach,
- was es als Neugeborenes gegessen hat und
- in welchem Rhythmus es gegessen hat.
Durch diese Gegenüberstellung
- treten die Unterschiede zwischen der Zeit als Neugeborenes und der Gegenwart
- die im Laufe der Zeit aufgetretenen Veränderungen und
- die Art der Veränderungen im Laufe der Zeit hervor[1].

---

[1] TITTARELLI, Anna Maria in La Vita Scolastica, Attività di sostegno, 16.Februar 1991, 110

Erarbeitung dessen, was im Laufe der Zeit gelernt wurde

Durch die oben beschriebene Gegenüberstellung wird sich das Kind bewusst, dass es im Laufe der Zeit Dinge gelernt hat, die es vorher nicht tun konnte. Sich dieser eigenen Lernprozesse bewusst zu werden hilft beim Abbau von Vermeidungsverhalten, baut Vertrauen in sich selbst auf und stärkt die Zuversicht des Schülers der Zukunft gegenüber.

Präzisierung des Bildes von der Zeit als Neugeborenes und Kleinkind

Eine Präzisierung des eigenen Bildes von der Zeit als Neugeborenes kann durch weitere Informationen der Eltern erfolgen:
- Erzählungen über seine Zeit als Neugeborenes und Kleinkind (z. B. über bedeutsame Ereignisse wie das erste Zähnchen; das erste Wort; den Zeitpunkt, als es allein gegessen hat; wann es allein gehen konnte und unterhaltsame Episoden, in denen das Kind die Hauptrolle gespielt hat)
- gemeinsames Durchblättern eines Albums
- gemeinsames Ansehen eines kleinen Filmes, der die verschiedenen Momente aus dem Leben des Schülers festhält.

Aufeinanderfolge von zwei Handlungen

Um die Begriffe „zuerst" und „dann/danach" einzuführen, sollte man nach Tittarelli[1] von sehr einfachen Handlungen wie der folgenden ausgehen.

---

[1] TITTARELLI, Anna Maria in La Vita Scolastica, Attività di sostegno, 16. Februar 1991, 110

Lehrerin mit Stift in der Hand und Kind, das der Lehrerin gegenübersitzt [1]

Das Kind beobachtet die Lehrerin. Die Lehrerin teilt dem Kind mit, dass sie zuerst den Stift nimmt. Die Lehrerin teilt dem Kind mit, dass sie danach in das Heft schreibt.
Weitere Beispiele sind.
- Zuerst öffne ich die Tür.
- Dann gehe ich aus der Klasse hinaus.

---

[1] TITTARELLI, Anna Maria in La Vita Scolastica, Attività di sostegno, 16. Februar 1991, 110

- Zuerst nehme ich die Schultasche. Danach suche ich das Buch.
- Zuerst nehme ich das Taschentuch. Danach säubere ich meine Hände.

Nach einer jeden Handlungsreihe fragen wir das Kind,

---

[1] TITTARELLI, Anna Maria in La Vita Scolastica, Attività di sostegno, 16. Februar 1991, 110

- was es zuerst gemacht und
- was es dann gemacht hat.

Beginnt das Kind, vorhergehende Handlungen von den darauffolgenden zu unterscheiden, so halten wir es an, selbst zwei Handlungen auszuführen und zu beschreiben.

Zur Festigung der Begriffe „zuerst/danach, dann" schlagen wir Aufeinanderfolgen vor, bei denen andere Erfahrungsmodalitäten angesprochen sind: Töne, Bewegungen und Bilder.

Sequenzen von Tönen

Ausführen von zunächst sehr einfachen rhythmischen Aufeinanderfolgen:
- ein Klatschen der Hände, das von einmal „ba" begleitet wird
- zweimal Klatschen der Hände, das von einmal „ba" begleitet wird
- zweimal Klatschen der Hände, das von zweimal „ba" begleitet wird.

Bewegungsfolgen

Wir schlagen dem Kind zunächst Sequenzen von Bewegungen der folgenden Art vor, bevor wir es bitten, sich selbst Aufeinanderfolgen auszudenken:
- Zuerst hebe ich den rechten Arm. Dann hebe ich den linken Arm.

Junge, der rechten Arm hebt und Junge, der linken Arm hebt [1]

- Zuerst mache ich zwei Schritte. Dann mache ich zwei Sprünge.

Folge von Tönen und Bewegungen

- Ein Sprung, zwei Töne „la".
- Zweimal mit den Händen klatschen, ein Schritt.

---

[1] TITTARELLI, Anna Maria in La Vita Scolastica, Attività di sostegno, 16. Februar 1991,111

Bilderreihen

Wir suchen Bilder aus, bei deren Beschreibung die Begriffe „zuerst/dann (danach)" verwendet werden können. Außerdem sollten sich diese Bilder dazu eignen, die Unterscheidung von Ursache und Wirkung anzubahnen und zu festigen.

Arbeitsschritte:
- Präsentation von Bildern

Bilderabfolge zuerst / dann (danach)[1]

- ggf. Leitfragen zu den Bildern (die auf die Reihenfolge bezogen sind)
- Beschreibung der Bilder

---

[1] TITTARELLI, Anna Maria in La Vita Scolastica, Attività di sostegno, 16.02.1991, 111

- Anordnen der Bilder
- Begründung der Anordnung

Zeitliche Aufeinanderfolge von Handlungen

Einer der ersten Begriffe, an denen bei Kindern mit Lernschwierigkeiten und Behinderungen gearbeitet werden sollte, ist nach SALARI und TITTARELLI das Bewusstsein von dem,
- was das Kind im Moment macht
- was es vorher gemacht hat und
- was es danach machen wird[1]

Auch wenn bei Kindern mit Lernschwierigkeiten und Behinderungen bereits ein Bewusstsein von der vorübergehenden Zeit vorhanden ist, sind sie dennoch oft nicht in der Lage, ihre Erfahrungen zu strukturieren.
Grundlegende Begriffe, die für die Gliederung der Zeit erforderlich sind, müssen deshalb bei ihnen zum Gegenstand des Lehrens gemacht werden[2].

Erwerb der Begriffe zuerst/danach (dann)

Will man dem Kind ein Bewusstsein vom „Jetzt", von der Gegenwart vermitteln, so sollte man nach SALARI und TITTARELLI von seiner unmittelbaren Erfahrung ausgehen. D. h. es sollte das zum Gegenstand der Betrachtung gemacht werden, was es gerade tut und alltägliche Aktivitäten. Es ist deshalb nicht erforderlich, spezifische Aktivitäten vorzuschlagen, sondern es reicht aus, die momentane Aktivität des Kindes zu unterstreichen, z. B. wenn es gerade malt.

---

[1] vgl. SALARI, Stefania/TITTARELLI, Anna Maria in La Vita Scolastica, Attività di sostegno, 16. November 1990, 112
[2] vgl. SALARI, Stefania/TITTARELLI, Anna Maria in La Vita Scolastica, Attività di sostegno, 16. November 1990, 112

Im Folgenden wird eine Handlungssequenz in Fotos festgehalten. Dazu bereiten wir alle für das Malen notwendigen Utensilien (ein weißes Blatt Papier, Filzstifte, Radiergummi und Spitzer) vor dem Kind aus und bitten es, diese Utensilien auf seinem Arbeitstisch auszubreiten und sich auf die Bank zu setzen. Mit einer Sofortbildkamera nehmen wir ein Bild vom Schüler auf, bevor er mit der Arbeit begonnen hat.

Dann machen wir ein Bild von dem Kind, wie es nachdenklich vor seinem weißen Blatt sitzt.

Kind, bevor es mit der Arbeit beginnt[1]

Im Anschluss machen wir weitere Fotografien vom Kind bei der Arbeit. Auf diesen Fotos sollte das vom Kind Gemalte deutlich erkennbar sein. Werden die Fotos in deutlichem zeitlichen Abstand voneinander aufgenommen, so kann durch Anordnung der Fotos auf einer horizontalen Achse nachher die zeitliche Abfolge bei der Produktion der Zeichnung rekonstruiert werden.

---

[1] SALARI, Stefania in La Vita Scolastica, Attività di sostegno, 16. November 1990, 113

Foto von Kind bei der Arbeit[1]

An anderer Stelle schlagen SALARI und TITTARELLI folgende Schritte zur Erarbeitung der Begriffe „vorher/jetzt/danach" vor. Zunächst werden Anweisungen gegeben, die auf einfachste Erfahrungen des Kindes bezogen sind, wie z. B.:
- Setze dich auf den Stuhl!
- Stehe auf!

Hat das Kind die beiden Handlungen ausgeführt, so fügen wir sie in einem Satz zusammen, wobei wir die Parameter „zuerst (vorher)" und „jetzt" benutzen.

---

[1] SALARI, Stefania in La Vita Scolastica, Attività di sostegno, 16. November 1990, 113

- Zuerst hast du auf dem Stuhl gesessen, jetzt stehst du.

Bildliche Darstellung eigener Handlungen

Um obige Handlungssequenz in Bilder umzusetzen, stellen wir die beiden Teilhandlungen auf Abbildungen dar.

1

Wir zeichnen dann auf ein weißes Blatt eine Linie und unterteilen sie in zwei Abschnitte, die „zuerst (vorher)" und „danach/dann" entsprechen. Hierbei ist es zweckmäßig, für die verschiedenen Abschnitte unterschiedliche Farben zu verwenden.

---

[1] SALARI, Stefania/TITTARELLI, Anna Maria in La Vita Scolastica, Attività di sostegno, 16. Februar 1990, 114

Zeitachse: „zuerst/dann"

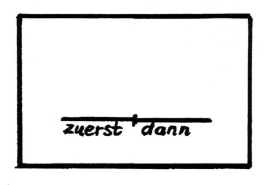

Ist diese Zeitachse fertiggestellt, so bitten wir den Schüler, die Bilder auf der richtigen Stelle aufzukleben. Zur Einführung des dritten Parameters machen wir dem Kind zunächst seine erste Handlung (siehe oben) bewusst und wiederholen dann die Aufforderung, die sich daran anschloss:

- Du hast dich auf den Stuhl gesetzt.
- Stehe auf!

Diese beiden Handlungen, die das Kind bereits ausgeführt hat, fügen wir in einem Satz zusammen und führen dann die dritte Handlung ein, die das Kind befolgen soll:

- Jetzt stehst du, vorher saßest du.
- Danach wirst du zur Tafel gehen.

Auch im Anschluss hieran zeigen wir den Kindern wieder Bilder, die die Handlungen darstellen.

---

[1] SALARI, Stefania/TITTARELLI, Anna Maria in La Vita Scolastica, Attività di sostegno, 16. Februar 1990, 114

Wir präsentieren dann eine in drei Abschnitte unterteilte Zeitachse und bitten das Kind, die drei Bilder entsprechend der zeitlichen Aufeinanderfolge aufzukleben.

[1] SALARI, Stefania/TITTARELLI, Anna Maria in La Vita Scolastica, Attività di sostegno, 16. Februar 1990, 114

Zeitachse „zuerst/jetzt/dann"

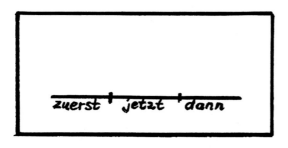

1

Entsprechende Übungen sollten nach SALARI und TITTARELLI solange wiederholt werden, bis das Kind die zeitlichen Abschnitte sicher unterscheidet.

Handlungssequenzen anderer Personen

An Übungen, die auf Handlungen des Schülers bezogen sind, können sich Übungen anschließen, bei denen eine dritte Person handelt. Hierbei ist es angebracht, vor dem Übergang zu einer „nicht realen" Person mit einem Klassenkameraden zu arbeiten.
Wie bei den anderen Übungen gibt auch hier die Lehrkraft wieder die Anweisungen, wobei sie vom Schüler beobachtet wird. Im Anschluss hieran wird der Schüler gebeten, die Bilder der zeitlichen Reihenfolge nach zu ordnen.

---

[1] SALARI, Stefania/TITTARELLI, Anna Maria in La Vita Scolastica, Attività di sostegno, 16. Februar 1990, 114

Erzähle mir eine Geschichte

Ein sinnvoller weiterer Schritt ist die Präsentation der Zeitparameter zuerst/jetzt/danach (dann)" im Zusammenhang einer Geschichte. Eine solche Geschichte kann dem Kind entweder vollständig oder zum Teil vorgelesen und dann von ihm fortgesetzt werden.

Beispielgeschichte

Jetzt bereitet Theo das Essen für seine Enkel Anna, Lucia und Francesca zu. Daher hat er Einkäufe gemacht. Nach dem Essen wird Theo sich vor dem Fernseher ausruhen.
Dem Kind werden dann drei Abbildungen in ungeordneter Reihenfolge gezeigt, die den Inhalt der Geschichte darstellen.

3 Abbildungen

1. Opa Theo auf dem Weg zum Lebensmittelladen
2. Opa Theo vor dem Fernseher
3. Opa Theo serviert den Enkeln das Abendessen

Bilder zur Geschichte Einkaufen, Essen, Ausruhen [1]

Das Kind wird dann gebeten, die drei Aktivitäten auf der Zeitachse in der richtigen Reihenfolge anzubringen.

In einer weiteren Geschichte werden zwei Zeitparameter explizit verwendet. Der dritte Zeitparameter ist in der Geschichte nur implizit vorhanden und muss daher logisch abgeleitet werden.

Beispielgeschichte

Jetzt geht Lucca aus dem Haus hinaus.
Vorher aber hat er alle Hausaufgaben gemacht.

---

[1] SALARI, Stefania/TITTARELLI, Anna Maria in La Vita Scolastica, Attività di sostegno, 16. Februar 1990, 114

Er wird mit Andrea Fußball spielen.

Einführung bedeutungsähnlicher linguistischer Termini

Wenn das Kind die Parameter „vorher/jetzt/danach" mit Sicherheit verwendet, so können ihm andere bedeutungsähnliche Zeitparameter wie „nun, in diesem Moment, dann, viel später" präsentiert werden.

Die Zeitparameter gestern, heute und morgen

Zur Erarbeitung der Zeitparameter „gestern, heute, morgen" können kleine Geschichten wie z. B. die folgende erzählt werden:

Beispielgeschichte

Gestern ist der kleine Luigi mit seinem Vater eine Angel kaufen gegangen.
Heute ist der kleine Luigi mit seinem Vater zum See gegangen und hat 6 Fische geangelt.
Morgen wird die Mutter des kleinen Luigi die Fische zubereiten.

Mit der Präsentation der Geschichte werden zwei Ziele angestrebt:

- Das Kind soll den Inhalt der Geschichte verstehen.
- Das Kind soll die in der Geschichte vorhandenen Zeitabschnitte unterscheiden und verstehen.

Treten beim Verstehen der Geschichte und der Unterscheidung der drei Zeitparameter Schwierigkeiten auf, so empfehlen SALARI und TITTARELLI, Leitfragen zu stellen. Hat das Kind die Geschichte verstanden, dann können wir ihm einfache und evidente Bilder zeigen, die den Inhalt der Geschichte darstellen. Eine andere Möglichkeit des Vorgehens an dieser Stelle ist, den Inhalt der Geschichte vom Kind malen zu lassen.

gestern
heute
morgen

Zeitachse gestern, heute, morgen[1]

Nach der Präsentation der Bilder bitten wir das Kind, sie an der richtigen Stelle der Zeitachse aufzukleben.

Überprüfung

Mit einem Fragebogen kann überprüft werden, ob das Kind die angestrebten Lernziele erreicht hat.

---

[1] SALARI, Stefania/TITTARELLI, Anna Maria in La Vita Scolastica, Attività di sostegno, 1. März 1990, 110

> Wohin ist der kleine Luigi gestern gegangen?
>
> ----
>
> Und was hat er heute gemacht?
>
> ----
>
> Was wird die Mutter des kleinen Luigi morgen machen?

Fragebogen zur Überprüfung der Zeitparameter gestern, heute, morgen[1]

Hat der Schüler beim Lesen Schwierigkeiten, so präsentieren wir ihm bereits fertige Antworten auf Kartonstreifen.

Die Handlungen des Kindes

Sind mehrfach Geschichten bearbeitet worden, in denen andere Personen eine Hauptrolle spielen, so können in einem weiteren Schritt Aktionen analysiert werden, die das Kind selbst ausführt. In diesem Fall können wir ihm z. B. Fragen der folgenden Art stellen:

> Was hast du gestern gemacht?
> (die verschiedenen Aktivitäten werden aufgelistet)
>
> ----
>
> Was machst du heute?
>
> ----
>
> Was wirst du morgen machen?

Tabelle mit Fragen zu den Handlungen des Kindes[2]

---

[1] SALARI, Stefania/TITTARELLI, Anna Maria in La Vita Scolastica, Attività di sostegno, 1. März 1990, 110
[2] SALARI, Stefania/TITTARELLI, Anna Maria in La Vita Scolastica, Attività di sostegno, 1. März 1990, 110

Die Handlungen der Mitschüler

Im Anschluss können wir dieselben Fragen im Hinblick auf die Mitschüler stellen und auf einem Plakat zusammen gefasst darstellen.

gestern	heute	morgen
hat gemacht	macht	wird machen
	Luca	
	Albertina	
	Luisa	

Plakat zum Eintragen der Handlungen von Mitschülern[1]

Erarbeitung des Tagesablaufes

Die Zusammenstellung seiner Aktivitäten an einem Tag ermöglicht es dem Kind,
- die verschiedenen Teile des Tagesablaufes zu erkennen und
- ein Bewusstsein vom Tag als zeitlicher Einheit zu erwerben.

---

[1] SALARI, Stefania/TITTARELLI, Anna Maria in La Vita Scolastica, Attività di sostegno, 1. März 1990, 110

Aktivitäten

- mit dem Kind über die sich wiederholenden Tätigkeiten nachdenken, die es jeden Tag ausführt
- Darstellung jeder Tätigkeit (auf Pappe zeichnen oder fertige Bilder verwenden)
- den Anfang des Tagesablaufes mit dem Aufstehen und das Ende des Tagesablaufes mit dem Zubettgehen zusammenfallen lassen
- die Begriffe „Morgen" und „Abend" festigen durch Verbindung mit dem Vorhandensein bzw. Fehlen von Licht auf einer Zeitachse, die den Tag darstellt, an einem Ende die erste morgendliche Aktivität (Aufwachen) und am anderen Ende die letzte abendliche Aktivität (Einschlafen) befestigen
- die anderen vorher erarbeiteten Aktivitäten dazwischen - entsprechend ihrer zeitlichen Aufeinanderfolge - befestigen (entsprechende Fragen sind z. B. in diesem Zusammenhang: „Was machst du, nachdem du aufgestanden bist?" und „Welches ist das Bild von dieser Aktion? Nimm es!").

Aktivitäten während des Tages[1]
- wir nehmen die Mahlzeiten (Frühstück, Mittagessen und Abendessen) als ein weiteres Mittel zur Gliederung des Tages und des Erkennens seiner einzelnen Teile

---

[1] SALARI, Stefania/TITTARELLI, Anna Maria in La Vita Scolastica, Attività di sostegno, 1. März 1990, 110

- wir schreiben die Namen der Tagesabschnitte in einer jeweils anderen Farbe auf einen Streifen und befestigen diesen Streifen an dem bebilderten Tagesablauf
- wir nehmen die Bilder von der Tagesablauf-Zeitachse herunter und lassen sie vom Kind wieder in der richtigen Reihefolge anbringen
- wir lesen eine Geschichte, die den Tagesablauf eines Kindes beschreibt und in der die Begriffe, die auf die Teile des Tages bezogen sind, mit Genauigkeit verwendet werden
- wir zeigen dem Kind Bilder, die die vorgelesene Geschichte erläutern und bitten es, die Bilder auf der Tagesablauf-Zeitachse anzubringen.

Ablauf des Schultages

Bei der Erarbeitung des Ablaufes eines Schultages empfiehlt es sich, die Aufmerksamkeit des Kindes auf sich wiederholende Ereignisse zu lenken, die wir als Bezugspunkte benutzen können:
- z. B. Ankunft in der Schule
- Zeiten der Erholung und Ende des Schultages
- mit Hilfe von Leitfragen die verschiedenen Aktivitäten der Schüler und – davon unterschieden – der Lehrkräfte rekonstruieren (z. B.: Was hat die Lehrerin nach der Ankunft gemacht? Was hast du nach der Ankunft gemacht? Was hat die Lehrerin nach der Pause gemacht? Was hast du dann gemacht?
- die verschiedenen Aktivitäten lassen wir – sofern die Schülerin/der Schüler schreiben kann - aufschreiben
- die Kartonstreifen mit den verschiedenen Aktivitäten fügen wir in eine Tabelle ein
- kann die Schülerin/der Schüler nicht oder nur mit Schwierigkeiten lesen, so werden in die Tabelle Streifen eingefügt, auf denen die Aktivitäten aufgezeichnet sind.

Tagesablauf in der Schule in Bildern[1]

---

[1] SALARI, Stefania/TITTARELLI, Anna Maria in La Vita Scolastica, Attività di sostegno, 16 Februar 1991, 112

- die vervollständigte Tabelle der Schüleraktivitäten wird vertikal gelesen (durch entsprechende Fragen wie z. B.: „Was hat Luca nach der Pause gemacht" und „Was hat Luca gemacht, bevor er nach Hause gegangen ist?" lenken wir die Aufmerksamkeit auf die zeitliche Beziehung „zuerst/dann, danach")
- im Anschluss werden die Lehreraktivitäten vertikal gelesen
- zur Einführung des Begriffes der Gleichzeitigkeit („während") wird anschließend versucht, die Tabelle horizontal zu lesen (zur Erleichterung dieser Aufgabe werden für die verschiedenen Aktivitäten einer Säule verschiedene Farben benutzt und für die gleichzeitigen Aktivitäten gleiche Farben).

Die Aufeinanderfolge der Wochentage

Zum Erlernen der Aufeinanderfolge der Wochentage schlagen SALARI und TITTARELLI[1] die folgenden Lernschritte vor:

| Montag |
| Dienstag |
| Mittwoch |
| Donnerstag |
| Freitag |
| Samstag |
| Sonntag |

Präsentation der Wochentagenamen im Heft oder auf der Tafel

---

[1] SALARI, Stefania/TITTARELLI, Anna Maria in La Vita Scolastica, Attività di sostegno, 16. März 1990, 113

Zur Einprägung soll das Kind die Aufeinanderfolge mehrfach lesend wiederholen, wobei das Gedächtnis durch die Verwendung bestimmter Reime unterstützt werden kann.
Um das Gelernte zu überprüfen, kann beispielsweise eine Abbildung der folgenden Art verwendet werden:

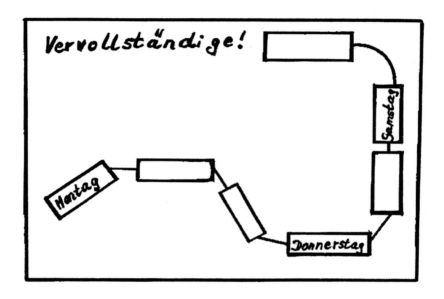

Reihenfolge der Wochentage vervollständigen[1]

---

[1] SALARI, Stefania/TITTARELLI, Anna Maria in La Vita Scolastica, Attività di sostegno, 16. März 1990, 113

Vervollständige:

Vor Donnerstag kommt

Nach Dienstag kommt

Nach Samstag kommt

Vor Freitag kommt

Richtige Wochentage eintragen[1]

Anfertigung eines Wochenkalenders

- Es werden zunächst die Wochentage auf Kartonstreifen aufgeschrieben und untereinander auf der linken Seite einer großen Fläche befestigt
- sodann werden rechts daneben Karten mit Symbolen für das Wetter am jeweiligen Tag untereinander aufgehängt und
- rechts davon Karten angebracht mit den Aktivitäten, die das Kind am jeweiligen Tag ausgeführt hat.

---

[1] SALARI, Stefania/TITTARELLI, Anna Maria in La Vita Scolastica, Attività di sostegno, 16. März 1990, 113

	welches Wetter	Was gemacht wurde/ Aktivitäten
Montag	☁ ☁	Wir haben einen kleinen Film geplant.
Dienstag	☀	Wir sind in den Garten spielen gegangen
Mittwoch	☁	. . . .
Donnerstag		. . . .

Karte mit Wetter und Aktivitäten der Woche[1]

Nach der Erstellung des Wochenkalenders mit Angabe des Wetters und der Aktivitäten können wir dem Kind eine Tafel von der folgenden Art präsentieren:

---

[1] SALARI, Stefania/TITTARELLI, Anna Maria in La Vita Scolastica, Attività di sostegno, 16. März 1990, 113

```
┌─────────────────────────────────────────────────┐
│ Heute ist                                       │
│ _____                │
│                                                 │
│ Das Wetter ist                                  │
│ _____                │
│                                                 │
│ Wir machen                                      │
│ _____                │
│                                                 │
│ Gestern war                                     │
│ _____                │
│                                                 │
│ Das Wetter war                                  │
│ _____                │
│                                                 │
│ Wir haben gemacht                               │
│ _____                │
│                                                 │
│ Morgen wird sein                                │
│ _____                │
│                                                 │
│ Und wir werden machen                           │
│ _____                │
└─────────────────────────────────────────────────┘
```

Plakat, auf dem Aktivitäten und Wetter in Textform einzutragen sind [1]

Monate und Jahreszeiten

An das Lernen der Wochentage schließt sich als nächster sinnvoller Schritt nach SALARI und TITTARELLI das Lernen der Monate und der Aufeinanderfolge der Jahreszeiten an.

---

[1] SALARI, Stefania/TITTARELLI, Anna Maria in La Vita Scolastica, Attività di sostegno, 16. März 1990, 113

Aufeinanderfolge der Monate

Als erster Schritt werden dem Kind die Monate des Jahres in ihrer Aufeinanderfolge (im Heft oder auf der Tafel) präsentiert:

Januar
Februar
März
April
Mai
Juni
Juli
August
September
Oktober
November
Dezember

Plakat mit Monatsabfolge [1]

Ähnlich wie bei den Wochentagen lesen wir dem Kind die Monatsnamen zunächst vor und wiederholen sie dann mehrfach zusammen mit dem Kind. Auch in diesem Zusammenhang können Reime wieder als Gedächtnisstütze fungieren.

---

[1] SALARI, Stefania/TITTARELLI, Anna Maria in La Vita Scolastica, Attività di sostegno, 16. März 1990, 113

Überprüfung des Gelernten

Zur Überprüfung des Gelernten lassen wir das Kind Aufgaben wie z. B. von der folgenden Art vervollständigen:

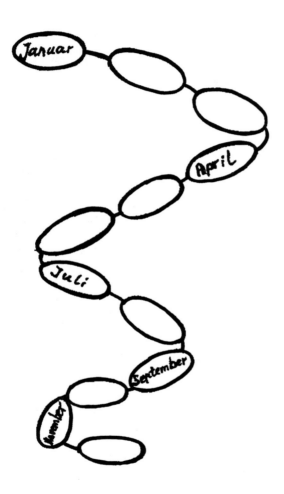

Nach April kommt..............................
Vor dem März kommt..........................
Vor Dezember kommt..........................
Nach Juni kommt................................
Vor April kommt..................................

<u>Kalender der Geburtsmonate</u>

Wenn die Schüler die Aufeinanderfolge der Monate beherrschen, können wir auf einem Kalender eintragen, in welchem Monat die jeweiligen Schüler geboren sind.

6. 2. Beginn der Mathematik

Mit SCHMITZ/SCHARLAU ist davon auszugehen, dass schon das Erlernen der Beständigkeit der Sachumwelt die ersten Grundlagen für Mathematik darstellt. Wesentliche weitere Aspekte sind Erfahrungen im Raum und ein Verstehen des Raumes und der Zeit, in der die Bewegungen im Raum geschehen (vgl. SCHMITZ/SCHARLAU 1985, 32). Insbesondere zur Förderung der letztgenannten Aspekte sind die gerade aufgeführten Übungen und Spiele von SALARI und TITTARELLI hilfreich.

Als Lernschrittfolgen im Bereich der Mathematik können mit SPECK angesehen werden:

„1. In und mit Räumen handeln
2. Mengen durch Begrenzungen herstellen
3. Mengen ordnen
4. Mengen vergleichen
5. Mengen verändern
6. Der numerischen Sprache begegnen
7. Mengen bewusst erfassen (Mächtigkeit, Kardinalzahlen)
8. Zahlbeziehungen bewusst erfassen (Anzahl/Ordinalzahl)
9. Zahlen lesen und schreiben
10. Mit Mengen, Zahlen und Ziffern im Zehner umgehen
11. Den erweiterten Zahlenraum verstehen
12. Mit Geld umgehen
13. Mit Maßen umgehen" (vgl. SPECK 1999, 283)

Kenntnisstand zu den Lernausgangsbedingungen im numerischen Denken

Zur Vorgeschichte des Schriftspracherwerbs ist seit den 80er Jahren nach Ansicht von PROBST und WANIEK so viel bekannt geworden, dass dazu gute Theorien (der Schreib- und Leseentwicklung) und gute Diagnostika und Fördermethoden (für linguistische und phonologische Bewusstheit) vorliegen. Über die Vorgeschichte ungünstiger Lernausgangsbedingungen im numerischen Denken ist dagegen weniger bekannt. Das Vorfeld des numerischen Denkens ist nach PROBST/WANIEK einem Niemandsland vergleichbar, in dem nach ihrer Einschätzung „schillernde" Begriffe wie Dyskalkulie gedeihen konnten und in das Vorstöße der Vererbungstheorie leicht fallen (vgl. PROBST/WANIEK 2003, 70 f.).

FRITZ (2003, 287f.) beschreibt den Kenntnisstand der Lernausgangsbedingungen numerischen Denkens wie folgt:

„Anders als beim Schriftspracherwerb existiert für den Rechenerwerb kein allgemein gültiges Entwicklungsmodell für die Stufen der Aneignung. In einigen Ausschnitten blicken wir auf empirische Befunde (zum Beispiel zur Entwicklung des Ordinalzahl- und Kardinalzahlbegriffs...) oder auf Entwicklungstheorien für eng umschriebene Aspekte des Rechenerwerbs zurück (Entwicklung der Zahlwortreihe nach Fuson 1988, der Zählprinzipien nach Gelmann/Gallistel 1978, der Additionsstrategien nach Carpenter/Moser/ Romberg 1982 etc. ....). Wir wissen insgesamt, welche kognitiven Voraussetzungen (zum Beispiel protoquantitative Schemata, Klassifikation, Seriation, Invarianz...) für das Rechnenlernen von Bedeutung sind, aber nicht unbedingt, in welcher Abfolge die Kenntnisse erworben werden oder inwiefern die verzögerte Entwicklung einzelner Aspekte tatsächlich den Rechenerwerb behindert" (FRITZ 2003, 288).

Pränumerische Elemente mit Ordnungs- und Vergleichsfunktion

Zahlen haben die Funktion, zu ordnen und zu vergleichen. Entsprechend beinhalten nach den Angaben des Münchener Staatsinstitutes für Schulpädagogik und Bildungsforschung auch die pränumerischen Elemente, die in die Zahlbegriffsentwicklung eingehen, Ordnungs- und Vergleichsaspekte.

Pränumerische Elemente, die in die Zahlbegriffsentwicklung eingehen, sind danach:

- **Klassifikation**
  die Fähigkeit, Gleichheiten, Ähnlichkeiten und Verschiedenheiten zwischen Gegenständen zu erkennen und sie entsprechend zu ordnen

- **Seriation**

  die Fähigkeit, Gegenstände gemäß einer spezifischen Regel in eine Reihe zu bringen

- **Stück-für-Stück-Zuordnung**

  das paarweise Zuordnen jedes Elementes einer Menge (zum Beispiel rote Steine) zu je einem Element einer anderen Menge (zum Beispiel blaue Steine)

- **Invarianz**

  die Konstanz der Anzahlen bei nur qualitativen Veränderungen (vgl. SCHULZ 2003, 360 f.)

Nach KUTZER und PROBST (in SCHULZ 2003, 362) hat die von ihnen empirisch ermittelte Lernvoraussetzungsstruktur für den Zahlbegriff und für Zahloperationen die folgenden Komponenten:

▶ Benennen von Eigenschaften von Elementen

▶ dichotomisches Entscheiden nach mehr oder weniger von Mengen

▶ Konjunktion, also das Verknüpfen von Eigenschaften

▶ Stück-für-Stück-Zuordnung von Mengen

Grundsätzliche Aspekte und Prinzipien des Zahlgebrauchs

Nach WEMBER bedeutet Rechnen, gedanklich mit Zahlen zu operieren. Beim Rechnen lernen kommt den Zahlvorstellungen der Kinder eine große Bedeutung bei. Der Zahlbegriff ist als das Ergebnis eines Zählaktes zu verstehen. WEMBER führt 5 Prinzipien als notwendige Voraussetzungen für den Zahlgebrauch auf. Diese Prinzipien entlehnt WEMBER Gelmann und Gallistel.

5 Prinzipien als Voraussetzung für den Zahlgebrauch

1. Prinzip der stabilen Ordnung
   Zahlwörter liegen in einer festgelegten Ordnung vor.

2. Prinzip der eindeutigen Zuordnung
   Jedem Element entspricht genau ein Zahlwort.

3. Prinzip der Anzahlbestimmung
   Das letzte Zahlwort gibt die Mächtigkeit der Menge an.

4. Prinzip der Abstraktion von qualitativen Eigenschaften
   Alle Prinzipien sind auf beliebige Objekte anwendbar.

5. Prinzip der Abstraktion von räumlichen Anordnungen
Alle Prinzipien sind unabhängig von der räumlichen Anordnung (vgl. WEMBER 2003, 49).

Theorien zur Entwicklung des Zahlbegriffs

Es gibt zwei unterschiedliche Theorien, die die ontogenetische Entwicklung des Zahlbegriffes erklären:
- Kardinale Zahlentheorie

Die kardinale Zahlentheorie geht auf Gottlob Frege und Bertrand Russell um die Wende zum 20. Jahrhundert zurück. Diese Theorie betont den Mengenaspekt natürlicher Zahlen gegenüber dem Ordnungsaspekt.

Da Freges Ausführungen schwer verständlich waren, hat vor allem Russell die kardinale Zahlentheorie weltweit bekannt gemacht. Die erste grundlegende Definition von Russell lautet:

„Die Kardinalzahl ist die Klasse aller gleich mächtigen Mengen" (a. a. O., 52)

Eine zweite grundlegende Definition der kardinalen Zahlentheorie lautet:

„Zwei Mengen heißen gleich mächtig, wenn es möglich ist, die Elemente der einen Menge auf die Elemente der anderen Menge umkehrbar eindeutig abzubilden" (a. a. O., 53)

■ Ordinale Zahlentheorie

Die zweite, nämlich die ordinale Zahlentheorie geht auf die beiden Mathematiker Richard Dedekind und Guiseppe Peano aus dem 19. Jahrhundert zurück. Von diesen beiden Mathematikern war es Peano, der sich am verständlichsten ausdrückte und fünf Axiome zur ordinalen Zahlentheorie entwickelte.

Der Inhalt dieser Axiome lässt sich vereinfacht wie folgt umschreiben:

„• Zu jeder natürlichen Zahl gibt es eine Zahl, die ihr Nachfolger ist.
• Es gibt genau eine natürliche Zahl 1, die kein Nachfolger ist.
• Ausgehend von dieser Zahl, kann man durch wiederholte Nachfolgerbildung jede natürliche Zahl bilden" (a. a. O., 52)

Im Zusammenhang mit den beiden Zahlentheorien ist der Name und die Arbeit von Piaget von großer Bedeutung. Anliegen der Untersuchungen von Piaget und Szeminska war es herauszufinden, welche Zahlentheorie die bessere sei.

Versuch einer empirischen Klärung des Zahlbegriffs durch Piaget

Da sich die Frage nach der Fundierung des Zahlbegriffs theoretisch nicht zufrieden stellend beantworten lässt, schlug der Entwicklungspsychologe Jean Piaget bereits 1942 vor, diese Frage empirisch zu klären. Er wollte systematisch studieren, wie Kinder ontogenetisch den Begriff der natürlichen Zahl erwerben. Zu diesem Zwecke müsse lediglich in einer für Kinder geeigneten Weise untersucht werden, welche Vorstellungen sie spontan im Verlauf ihrer Entwicklung erwerben.

Notwendige Lernschritte bei der Entwicklung des Zahlbegriffs

Nach Piaget muss das Kind bei der Entwicklung des Zahlbegriffs drei Leistungen vollbringen:

1. Es muss lernen, die Dimensionen D i c h t e und L ä n g e gleichzeitig zu beachten.
2. Das Kind muss lernen, dass die Mächtigkeit der Mengen unverändert bleibt, so lange kein Objekt hinzugefügt oder weggenommen wird.
3. Das Kind muss lernen, die beobachteten Transformationen gedanklich in umgekehrter Richtung auszuführen (vgl. a. a. O., 55)

Aufbau der Untersuchungen von Piaget

Bei den Untersuchungen von Piaget handelte es sich um eine systematische, auf konkretes Material gestützte klinisch-explorative Untersuchung, in deren Verlauf Kinder in teilstandardisierter Weise mit bestimmten Problemen konfrontiert wurden. Einer der bekanntesten Versuche von Piaget ist der zur sogenannten Zahlinvarianz. An diesem Versuch lässt sich auch die Eins-zu-eins-Zuordnung prüfen sowie die mathematische Operation zur Feststellung von Äquivalenzklassen.
Im Folgenden wird dieser von Piaget eingeführte Versuch zur Zahlinvarianz beschrieben.

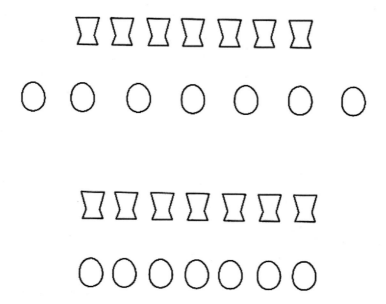

„*Zahlbegriff*: Der VL stellt eine Anzahl Eierbecher auf den Tisch und bittet das Kind, ebenso viele Eier dazuzulegen (oben). Wenn sicher ist, dass das Kind überzeugt ist, dass beide Reihen äquivalent sind, schiebt er die Eier auseinander und evtl. zusätzlich die Eierbecher ein wenig näher zusammen (unten): »Sind jetzt hier genauso viele Eierbecher wie Eier, oder sind es mehr Eierbecher, oder sind es mehr Eier?«

Kardinale Zuordnung: Falls ein Kind den obigen Versuch korrekt löst, kann der VL versuchen festzustellen, ob das Kind seine Antwort auch sachgerecht begründen kann. Von besonderem Interesse ist, ob das Kind die Gleichmächtigkeit beider Mengen durch Eins-zu-Eins-Zuordnung demonstrieren kann: «Kannst du mir zeigen, warum es genauso viele Eier sind wie Eierbecher?» (WEMBER 2003, 53)

Piagets Untersuchungsergebnisse

Piaget und Szeminska untersuchten Kinder verschiedenen Lebensalters mit Aufgaben vom Typ der als Beispiel vorgestellten Aufgabe zur Zahleninvarianz um die Streitfrage zu klären, welche Zahlentheorie die bessere sei. Sie kamen zu dem Ergebnis, dass der Ordinalzahlbegriff und der Kardinalzahlbegriff parallel von heranwachsenden Kindern erworben und im frühen Primarschulalter zum Begriff der natürlichen Zahl integriert würden (vgl. WEMBER 2003, 56).

Bedeutung der Forschungsergebnisse von Piaget

Die von Piaget 1942 veröffentlichten Forschungsergebnisse wurden in Pädagogik und Entwicklungspsychologie fast 40 Jahre lang kaum hinterfragt. U. a. waren sie die Legitimationsgrundlage für die Einführung der Mengenlehre in den „neuen Mathematikunterricht" der Grundschule.

Gegen die Position von Piaget lassen sich jedoch nicht nur mathematische Argumente vorbringen (vgl. Brainerd nach WEMBER 2003, 56). Auch aus Sicht der empirischen Methodenlehre ist es keineswegs klar, ob diese Position überhaupt empirisch gestützt wird, da Piaget und Szeminska zwar einzelne Versuchsprotokolle und viele aufschlussreiche Interpretationen, aber keine nachprüfbaren Daten und nur sehr globale Altersangaben berichtet haben.

Kritik an Piaget

Nach WEMBER (ebd.) sind schon sehr früh kritische Stimmen laut geworden, die auf methodische Mängel in den Piagetschen Befragungsverfahren hinwiesen.

Ein erster Kritikpunkt an Piaget, der durch die Ergebnisse zahlreicher empirischer Experimente belegt wird, ist seine Unterschätzung der Zahlkenntnisse von Kindern.

Ebenso ist das Hauptergebnis von Piaget in die Kritik geraten, wonach Kinder im Vorschulalter Kardinal- und Ordinalzahlaspekt parallel und synchron zu verstehen und zu verwenden lernen und im Primarschulalter zum Begriff der natürlichen Zahl integrieren.

Insgesamt deutet WEMBER (vgl. PROBST/WANIEK 2003, 69 f.) die empirischen Untersuchungen in der Tradition der kritischen Piaget-Rezeption der USA als Belege für den Vorsprung des ordinalen Zahlbegriffs und der Zählkompetenz. Nach der Zählmethode trainierte Kinder erbrachten später mehr richtige Lösungen in elementaren arithmetischen Aufgaben. Training im Zählen transferiert stärker auf Rechenaufgaben als ein Training kardinaler Begriffsaspekte (vgl. PROBST/WANIEK 2003, 68 f.).

Bedeutung der neueren empirischen Befunde für den Unterricht

Von neueren empirischen Untersuchungen sind Teile der Theorie von Piaget somit insofern widerlegt worden, als eine Entwicklungspriorität der ordinalen Reihenbildung nachgewiesen wurde.

Dieser Befund ist zunächst von hoher didaktisch-methodischer Relevanz im Hinblick auf die Mengenlehre der 60er Jahre, die fast ausschließlich kardinale Zugänge zur Zahl favorisierte. Bedeutet nun die insbesondere von Brainerd nachgewiesene Entwicklungspriorität der ordinalen Reihenbildung vor dem kardinalen Mengenvergleich, im Unterricht am besten genau die Reihenfolge einzuhalten, die sich in der spontanen Entwicklung zeigt (vgl. WEMBER 2003, 60)?

Allein eine Entwicklungspriorität legitimiert keine Handlungsempfehlungen, weil sich aus deskriptiven Befunden nicht logisch Handlungsempfehlungen ableiten lassen. Zu überprüfen ist vielmehr:

- Lassen sich ordinale Reihenbildung und kardinaler Mengenvergleich überhaupt erfolgreich trainieren? (1)
- Korrelieren ordinale und kardinale Leistungen mit den späteren Leistungen im Rechnen? (2)

Zu 1 fällt die Antwort sowohl für die ordinale Reihenbildung als auch den kardinalen Mengenvergleich positiv aus.

Zu 2 kann gesagt werden, dass ein ordinales Training sich weitaus stärker als ein kardinales Training auf das spätere Rechnen auswirkt.

Ingesamt sprechen neuere Befunde dafür, dass der ordinale Zugang den einfacheren Weg in das Reich der Zahlen und des Rechnens darstellt, weil nur hier ein beträchtlicher spontaner Lerntransfer auf nicht geübte Rechenaufgaben zu beobachten war.

Empfehlungen von WEMBER für den Unterricht

Aus entwicklungspsychologischer Sicht scheinen ordinale Zugänge zur Zahl und zum Zahlenrechnen zwar die besonders einfachen zu sein, weil sich vor allem durch das von allen Kindern spontan erworbene Zählen beide Zahlaspekte verbinden lassen.

Zählen und zählendes Rechnen darf im Unterricht jedoch nicht stabilisiert werden, sondern muss kultiviert und zum planvollen Rechnen weiterentwickelt werden (WEMBER 2003, 62).

Die Empfehlungen von WEMBER für den ersten Unterricht im Lernbereich Mathematik lassen sich in den folgenden drei Punkten zusammenfassen.

- beide Zahlaspekte aufgreifen

- Vorangehen der Ordinalzahl (keine Diffamierung der Kardinalzahl)

- mit dem Zahlenrechnen nicht warten, bis die Zahlbegriffsbildung abgeschlossen ist

Und auch wenn SCHULZ (2003, 365) die Förderung von Zähl- und Abzählfertigkeiten als wesentliches Lernziel in der Zahlbegriffsentwicklung begreift, so darf doch die Warnung von PROBST und WANIEK (vgl. a. a. O., 72 f.) vor einer Fixierung auf das zählende Rechnen nicht missachtet werden.

Es sollen deshalb zum Abschluss dieser Ausführungen die Vor- und Nachteile der Zählstrategie, wie sie von PROBST und WANIEK aufgeführt werden, wiedergegeben werden:

„• Die Zählstrategie führt im niedrigen Zahlbereich zu richtigen und gegebenenfalls auch früheren Ergebnissen...
- In der Zählstrategie sind bei korrekter Ausführung Elemente des kardinalen Zahlbegriffs enthalten.
- Der ordinale Zahlbegriff erfordert einen bewussten Rückschluss vom Rangplatz eines Elementes auf die Mächtigkeit der Menge.
- In zählmethodisch zentrierten Ansätzen kommen Kinder – nur – auf eigene Faust (und damit unterrichtlich unkontrolliert) zu kardinalen Einsichten.
- Der Übergang vom anfangs willkommenen Zählen und später (unerwünschten) zählenden Rechnen zu effektiveren und abstrakten Operationen ist didaktisch nicht

befriedigend gestaltet, sondern wird dem spontanen Einsehen der Kinder überlassen" (PROBST/WANIEK 2003, 77)

Der handlungsorientierte Ansatz von Christoph GRAFFWEG

Von dem lange Zeit in Essen und jetzt in Wattenscheid tätigen Sonderschulrektor Christoph GRAFFWEG wurde ein vielfach in Fortbildungsveranstaltungen für Lehrerinnen und Lehrer vorgestellter Mathematik-Lehrgang entwickelt, der durch folgende Merkmale gekennzeichnet ist:

- Er baut auf einer hilfreichen theoretischen Grundlage auf.
- Er setzt ganz grundlegend, nämlich bei der Förderung der Orientierung in Raum und Zeit, an.
- Er misst dem Aspekt der Handlungsorientierung eine große Bedeutung bei.
- Er wurde sowohl an Schulen für Lernbehinderte, Schulen für Geistigbehinderte als auch an Grundschulen erfolgreich umgesetzt. Von daher ist anzunehmen, dass er sich auch für integrative Praxisfelder (z. B. für Schülerinnen und Schüler mit einer geistigen Behinderung in Grundschulen) eignet.
- Er stößt bei Praktikern auf gute Resonanz.

Insbesondere die Akzentuierung der Förderung des Zeit- und Raumbegriffs erscheint mir als sehr wesentlich, da andere für diesen Bereich grundlegende Werke, wie z. B. die von Franziska REICH, z. T. auf einem höheren Niveau ansetzen.

Die Ausführungen von GRAFFWEG sind zwar nicht veröffentlicht, aber als CD beim Autor (Anschrift siehe Literaturverzeichnis) erhältlich. GRAFFWEG geht in seinen Ausführungen von Bruner aus, dessen didaktisches Modell wiederum auf den Erkenntnissen Piagets beruht (vgl. GRAFFWEG o. J., 4 ff.). Piaget hat drei Stadien der Denkentwicklung unterschieden, deren Bedeutung mit GRAFFWEG darin zu sehen ist, dass sie unterschiedliche Denk- und Verarbeitungsniveaus unterscheiden.

Ungefähres Alter	Stadium	Denkleistung
2-6 Jahre	Präoperatorisch	an konkrete Handlungen und unmittelbare Anschauung gebunden, nicht kompositionsfähig, nicht reversibel
7-11 Jahre	konkrete Operationen	an konkrete Vorstellungen gebunden, kompositionsfähig, reversibel
Ab 12 Jahre	formale Operationen	nicht mehr an konkrete Operationen gebunden, formal-abstrakt, deduktiv, hypothetisch

Stadien der Denkentwicklung nach Piaget
(ZECH 1981 nach GRAFFWEG o. J., 5)

Im Folgenden werden die theoretischen Annahmen von Piaget im Hinblick auf den Bereich Menge/Zahl in kurzer Form zusammengefasst wiedergegeben. Piaget geht von drei Entwicklungsphasen des Kindes aus: der sensomotorischen Phase, der präoperationalen Phase und der konkret-operationalen Phase (vgl. die Ausführungen in WEINERT/GRAUMANN/HECKHAUSEN/ HOFER 1974, 234-247)

Die sensomotorische Phase

Im Umgang mit konkreten Dingen und Materialien koordiniert das Kind in der sensomotorischen Phase die Wahrnehmung und sammelt grundlegende Erkenntnisse.
Schon in dieser Zeit werden erste mathematische Kategorien, nämlich die Grundstrukturen von Raum und Zeit, erworben.

Während dieser Phase erwirbt das Kind den Begriff der Objektpermanenz (Gegenstände existieren weiter unabhängig davon, ob sie in der augenblicklichen Wahrnehmung vorhanden sind) und Symbolfunktion (Erkanntes kann durch Symbole repräsentiert werden).
Viele Schüler der Schule für Geistigbehinderte in Anfangsklassen, aber auch mit schwerer geistiger Behinderung in späteren Klassen befinden sich auf diesem Entwicklungsniveau.

Die präoperationale Phase

Am Anfang der sensomotorischen Phase hatte das Kind noch keine Vorstellung von der Objektpermanenz. Es entwickelt vielmehr erst im Verlauf der sensomotorischen Phase die Vorstellung, dass Dinge auch dann weiter existieren, wenn sie sich nicht mehr in seinem Gesichtsfeld befinden.
In der präoperationalen Phase erwirbt das Kind den Begriff der Mengen- und Zahlinvarianz. Das Kind lernt in dieser Phase, seine Handlungen sprachlich

nachzuvollziehen. Sein Denken ist jedoch stark an die direkte **Anschauung** gebunden und kann deshalb nicht gedanklich umgekehrt werden.

Es kann davon ausgegangen werden, dass sich die meisten Schülerinnen und Schüler der Schule für Geistigbehinderte auf diesem Entwicklungsniveau befinden.

konkret-operationale Phase

In dieser Phase kann das Kind am Ende mehrere Aspekte beachten und es ist in der Lage, einen Ablauf gedanklich umzukehren.

Das Stufensystem von Bruner ist im Gegensatz zu Piaget nicht mehr an bestimmte Lebensaltersstufen gebunden.

Bruner nimmt drei Darstellungsebenen an, auf denen sich der Mensch die Struktur seiner Umwelt erschließt.

Stufen	Bedeutungsträger des Inhalts
1. enaktive Stufe	Erfassung der Struktur eines Inhalts durch die Erfahrung der eigenen Handlung
2. ikonische Stufe	Erfassung der Struktur eines Inhalts durch Bilder oder Graphiken
3. symbolische Stufe	Erfassung der Struktur eines Inhalts durch Sprache oder symbolische Zeichensysteme

Darstellungsebenen der Umwelterschließung nach Bruner
(BRUNER 1974 nach GRAFFWEG o. J., 5)

Die Übergänge zwischen den einzelnen Ebenen bedürfen der besonderen Erarbeitung und haben dann Aussicht auf Erfolg, wenn die Art des Darstellungsmodells (mediale Ausgestaltung) erhalten bleibt. Erfolgte die ursprüngliche Handlung z. B. mit Setzsteinen, so sollte auch die auf den Bildern dargestellte Handlung mit Setzsteinen erfolgen. Gerade Schüler mit einer geistigen Behinderung bedürfen für den Übergang von einer Ebene zur anderen der gründlichen Hilfen. Beim Übergang in die zweite Darstellungsebene vollzieht das Kind einen *Abstraktionsprozess.* „Denn der zu erlernende Inhalt wird nur noch bildlich dargestellt. Das bedeutet, dass das Kind die Handlung, die ursprünglich die Bedeutung darstellte, verinnerlicht haben muss. Es muss sich an die grundlegenden Strukturen und Wirkungszusammenhänge der Handlung erinnern, um in dem verkürzten Bildausschnitt die Gesamtheit erkennen zu können. Das hat zur Folge, dass die Bilder, die auf dieser Stufe dem Kind als Lernreiz präsentiert werden, identisch mit den Erfahrungen der Handlung sein müssen. Denn das Kind muss im Sinne Piagets die Handlung in weiten Bezügen gedanklich vorstellend vollziehen können."

Auf allen drei Stufen hat die Sprache eine entscheidende, jedoch jeweils andere Funktion.

Stufe	Bedeutungsträger	Funktion der Sprache
1. enaktive Stufe	die Handlung	Das Kind lernt die Verwendung sprachlicher Muster, wenn die Handlung gleichzeitig verbalisiert wird.
2. ikonische Stufe	das Bild Durch Erinnerung an die Handlung wird eine Interpretation möglich. Das Bild leitet und stützt die Denktätigkeit.	Einsatz von Sprachmustern, um die nicht im Bild dargestellte Prozessabfolge zu verdeutlichen; die eigentliche Bedeutung geht vom Bild aus; Integration aus der Erinnerung an die Handlung
3. symbolische Stufe	die Sprache	Auf dieser Ebene versteht das Kind die Bedeutung, ohne die Handlungsvollzüge real oder bildlich als Anregung zur Verfügung zu haben.

Bedeutung der Sprache auf den Entwicklungsstufen nach BRUNER
(erstellt auf der Grundlage von GRAFFWEG o. J., 6)

Die sprachliche Begleitung kann sich am Anfang auf Begrifflichkeiten beschränken, die die jeweilige Situation kennzeichnen. Verfügen die Kinder später über diese Begrifflichkeiten, so können Satzbaumuster eingeübt werden.

Seine folgenden Ausführungen subsumiert GRAFFWEG zwar unter „Praxisteil"; sie enthalten jedoch grundlegende theoretische Überlegungen, so dass sie aus meiner Sicht auch eine Erweiterung seiner theoretischen Ausführungen darstellen.

Das Vergleichen

Ein *grundlegendes Element* der Mathematik ist das *Gleichheitszeichen,* weil ohne Gleichheitszeichen keine mathematische Operation darstellbar ist. Das Vergleichen ist jedoch als relativ schwierig anzusehen, weil ein Vergleich nicht absolut gilt.

Vergleichende Grunderfahrungen – Körperschema
Grundlage für den Erwerb originärer Vergleichserfahrungen sind *Begriffe über den Körper* (z. B. Kopf, Haar, Mund, Ohr, Nase, Hals, Hand, Bauch, Rücken, Bein, Fuß/Füße) (vgl. hierzu auch die zum Eingang des Kapitels von SALARI und TITTARELLI gemachten Vorschläge). Bezogen auf diese Begriffe lernen die Kinder als erstes beschreibendes Satzmuster: „Das ist mein..." „Das sind meine...". Beherrschen die Kinder dieses Satzmuster, so sind sie in der Lage, sich selbst mit anderen zu vergleichen. Sie stellen fest, dass ihre verschiedenen Körperteile auch bei anderen zu finden sind. Hierbei sollten Satzmuster nach dem folgenden Muster erworben und ausschließend Zeit für ihre Einübung gelassen werden:

„Ich habe Haare. Sascha hat Haare. Das ist bei uns gleich." Dabei zeigen die Schüler auf das eigene und den Körperteil des anderen Kindes, um den 1:1 Vergleich vorzubereiten. Können die Schüler sicher sich selbst mit anderen vergleichen, so steht als nächster Lernschritt der Vergleich von zwei Mitschülern an. Dieser Lernschritt unterscheidet sich von dem vorhergehenden dadurch, dass der eigene Körper als Bezugspunkt wegfällt. Ein weiterer Unterschied zur vorhergehenden Situation liegt darin, dass die Kinder bei diesem Vergleich sowohl die rechte als auch die linke Hand einsetzen, während sie vorher nur eine Hand benutzten" (a. a. O., 9 f.).

Erweiterung der Grunderfahrungen

Ein weiterer Lernschritt besteht darin, die Grunderfahrungen dadurch zu strukturieren, dass die zu vergleichenden Körperteile mit Hilfe von weiteren Kriterien wie z. B. der Farbe beschrieben werden.

Die Schüler stellen fest, dass beide Schüler Haare besitzen: Dies ist gleich. Die Haare haben jedoch eine unterschiedliche Farbe: Das ist nicht gleich. Dieser Schritt bereitet nach den Erfahrungen von Graffweg meist große Mühe, weil die Verneinung ein neues Denkmuster erfordert (vgl. a. a. O., 10).

Übertragung auf die bildliche Ebene

Ausgangspunkt der Übertragung auf die bildliche Eben ist *die 1: 1 Abbildung*. Bei diesem Arbeitsschritt legen sich die Schüler auf ein großes Papier und die Körperumrisse werden dann mit einem Stift übertragen. Anschließend werden die Körperteile benannt (vgl. hierzu ebenfalls die Ausführungen von SALARI und TITTARELLI zu Anfang dieses Kapitels).

In einem nächsten Lernschritt wird der Maßstab des Bildes verkleinert. Hierbei ist darauf zu achten, die Verkleinerung nur kleinschrittig vorzunehmen, da die Schüler ansonsten das abgebildete Kind u. U. nicht erkennen (vgl. a. a. O., 10 f.).

Erweiterung der bildlichen Ebene

Bei dieser Übung geht es darum, Vorlagen entsprechend den in der Farbgestaltung vorgegebenen Bildern auszumalen. Während und im Anschluss an dieses Tun können die Schüler relativ sicher wiedergeben, in welchen Punkten eine Ähnlichkeit besteht.

Veränderung des Materials – Steckwürfel

Bei den folgenden Übungen mit verändertem Übungsmaterial handelt es sich um komplexere und abstraktere Aufgaben, da nunmehr u.a. mehr Merkmale beachtet werden müssen.

Beispiele für entsprechende Aufgabenstellungen sind:
- zu vorgegebenen Türmen den gleichen Turm nachbauen
- einen bildlich vorgegebenen, stark verkleinerten Turm nachbauen (vgl. a. a. O., 11).

Raumlagebegriffe

Raumlagebegriffe können nach GRAFFWEG durch folgende Kriterien inhaltlich strukturiert werden:
- Zusammenfassung zu Begriffspaaren
- Unterscheidung von einfachen und komplexen Strukturen
- Herausstellen von Zusammenhängen zwischen einfachen und komplexen Begriffspaaren (vgl. TITTARELLI „Weitere grundlegende räumliche Beziehungen ... in bezug auf die eigene Person).

einfache Struktur	komplexe Struktur
innen – außen	
oben – unten	über – unter
vorne – hinten	vor – hinter
rechte – linke	rechts - links

Neben Raumlagebegriffen, die sich auf solche Weise ordnen lassen, gibt es aber auch solche, die sich nicht zu Begriffspaaren zusammenfassen lassen wie auf, neben, zwischen, in der Mitte.

Prinzipien der Vermittlung im Unterricht

Nach GRAFFWEG sollten folgende Prinzipien im Unterricht handlungsleitend sein:
- Kind und seine Körpererfahrungen als Ausgangspunkt jeden Lernens
- Grundlegung von Begriffen durch Eigenerfahrung
- nach Eigenerfahrung Zuordnung in Situationen, in denen das Kind Beobachter ist
- Verwendung von Begriffen in einem statischen und einem dynamischen Kontext
- stärkere Berücksichtigung der dynamischen Begriffe im Unterricht

Die Raumlage-Begriffe

Innen – außen
Kennzeichen des Begriffspaares innen – außen ist eine geschlossene Grenze. Ausgangspunkt des Lernens ist die Haut des Kindes. Danach können die Kinder an verschiedenen Räumen innen und außen erfahren:
- dem Klassenraum
- dem Klassennebenraum
- der Toilette
- der Turnhalle
- dem Schulbus
- der Schule (vgl. TITTARELLI „Übertragung einfacher räumlicher Begriffe auf einen größeren Raum")

Bei der Erfahrung unterschiedlicher Räume sollte vom Kleinen zum Großen vorangeschritten werden. Der anschließende Schritt ist die Erfahrung der Fläche, für die sich insbesondere verschiedene Spielmöglichkeiten in der Turnhalle anbieten:
- die Form eines Schiffes mit einem langen Seil nachlegen
- eine geschlossene Fläche (Wiese für Pferde) aus Bänken bilden
- Umdrehen kleiner Kästen (zu kleinen Booten, Höhlen)

Oben – unten

Auch bei diesen Begriffen beginnt der Lernweg bei den Kindern. Als „unten" wird der Teil bezeichnet, der der Erde zugewandt ist, als „oben" der von der Erde entferntere Teil.

Befindet sich ein Mensch in einer ungewohnten Position, so erfolgt die Zuordnung dieser Begriffe nicht mehr über die Person, sondern über die Erde und die Schwerkraft.

Hat das Kind die Begriffe „oben" und „unten" an sich selbst erlernt, so können diese wie bei den Begriffen „innen" und „außen" auf Räume übertragen werden: den Klassenraum, das Treppenhaus und die Turnhalle (vgl. a. a. O., 15 f.).

Vorne – hinten

Die Zuordnung dieser Begriffe ist bei Personen und Gegenständen dann eindeutig und einfach, wenn diese sich bewegen. Die entsprechende Zuordnung ist bei nicht beweglichen Gegenständen schwieriger und nur anhand weiterer Kriterien möglich (z. B. vorne ist dort, wo der Eingang liegt).

Auch bei diesen Begriffen sind wieder die Schüler selbst Ausgangspunkt der Lernhandlungen: Sie können an sich beschreiben, welche Körperteile vorne sind und diese (z. B. mit Klebepunkten) kennzeichnen. Im darauffolgenden Lernschritt werden diese Kenntnisse an anderen Kindern gefestigt (vgl. a. a. O., 16 f.).

Rechts – Links
Zwischen diesen Begriffe und den Begriffen vorne – hinten besteht eine enge Verbindung. Für Gegenstände, die sich nicht bewegen, gilt: ihre rechte Seite liegt an der rechten Seite des Beobachters.
Bei diesen Begriffen kann das Lernen der Kinder durch ein farbiges Band an ihrem rechten Handgelenk unterstützt werden.
Übungsmöglichkeiten zum Erlernen dieser Begriffe sind:
- das rechte Bein heben
- das linke Auge zuhalten
- ans rechte Ohr fassen
- den linken Arm heben
- das Seil in die linke Hand nehmen
- das rechte Bein auf den Kasten stellen

Weitere Lernschritte sind auch hier wieder die Zuordnung der Begriffe zu anderen Kindern sowie der sogenannte „Statuenbau", bei dem man sich selbst so hinstellen muss wie andere. Den Kindern können Fotos von anderen Kindern präsentiert werden, die sie nachstellen und beschreiben sollen. Hinweise zur Nachahmung von Positionen enthält u.a. das Buch „Kinder erleben große Bildhauer" von Jakobine WIERZ, München 2001.

Veränderung des Materials

Stapelsteine

War *bislang* die *Reihe Orientierungspunkt*, so müssen sich die Schüler bei den *im Folgenden* vorgeschlagenen Aufgaben *in einer Fläche orientieren*. Bei diesen Aufgaben müssen die Schüler Bilder mit Stapelsteinen nachbauen, die ihnen auf Karten vorgegeben werden.

Hierbei sind folgende Varianten in steigendem Schwierigkeitsgrad möglich:
1. Jedes farbige Feld ist farblich belegt.
2. Es gibt keine angrenzenden Felder in gleicher Farbe.
3. Einige Felder bleiben leer.

Linien

Für die Einübung des Linienzeichnens enthält der Lehrgang von GRAFFWEG insgesamt 6 Arbeitsblätter, mit denen geübt werden:
- gerade Striche
- Querstriche
- Längs- und Querstriche abwechselnd
- Wellenlinien innerhalb der Linien
- Wellenlinien um eine Linie
- gegenläufige Wellenlinien

Für die Bearbeitung dieser Arbeitsblätter empfiehlt Graffweg eine schrittweise Aneignung:

1. mit dem Finger die vorgegebenen Linie nachspuren
2. mit dem Stift die vorgegebenen Linien nachmalen
3. mit dem Stift die fehlenden Teile einzeichnen.

Formen

Der Lehrgang von GRAFFWEG enthält Übungen zu folgenden Formen:
- Schaukel
- Rad
- liegende Acht
- Fisch
- Bonbon

Diese Formen sollen nach den Vorschlägen von Graffweg gemäß den folgenden Prinzipien erarbeitet werden:
- von groß nach klein
- unter wechselnden Vorgaben (schwarze Linie / Umriss) üben
- zum Abschluss freies Zeichnen der Formen auf weißem Papier ohne Hilfe

Mengenvergleiche

Nach der Theorie von Piaget ist die Mengeninvarianz die Voraussetzung für den Zahlbegriff. Mengenvergleiche sollten nach GRAFFWEG mit dem Vergleich *nicht abzählbarer* Mengen beginnen. Eine der ersten Aufgaben besteht darin, in ein zweites Glas (geeignet sind insbesondere Altbiergläser wegen des unten fehlenden Randes) gleich viel Flüssigkeit wie in das zweite Glas zu gießen. Um die Versprachlichung zu erleichtern, empfiehlt sich die Verwendung von Flüssigkeit unterschiedlicher Farbe. Da farbiges Wasser für manche Kinder zu abstrakt ist, kann Saft als eine Vorform gewählt werden (vgl. a. a. O., 25).

Herstellen von Gleichmächtigkeit

Herstellen von Gleichmächtigkeit kann bei Flüssigkeiten durch Dazuschütten oder Wegschütten erreicht werden. Die Schüler erlernen beim Ausführen dieser Handlungen die zugehörigen Worte, die wiederum Grundlage zum Verständnis der Addition und Subtraktion darstellen.

Der Einstieg in die bildliche Ebene kann nur schrittweise erfolgen. Haben die Kinder verstanden, dass Realität im Bild nachgestellt werden kann und Bilder wiederum in Realität übersetzt werden können, so lassen sich weitere, komplexere Übungen anschließen.

In diesem Zusammenhang müssen schrittweise Fragen der folgenden Art bearbeitet werden:

„- Wie zeichne ich die Gläser? Wie viele Rechenkästchen brauche ich dafür?
- Wie zeichne ich das Wasser in die Gläser? Wie muss gleich viel Wasser aussehen?
- Wie viel Wasser ist im Glas? Muss ich ein, zwei oder drei Rechenkästchen hoch einzeichnen?
- Wenn das Wasser nebeneinander steht, wo muss ich dann die Gläser auf einer Linie nebeneinander malen?" (a. a. O., 26):

GRAFFWEG setzte für das Zuschütten lange Zeit eine rote haushaltsübliche Plastikkanne ein, die zum Bedeutungsträger für den Zugang des Hinzuschüttens/der Addition wurde. Als Medien für die realen Handlungen des Zu- und Wegschüttens benutzte GRAFFWEG zusätzlich zu dieser roten Plastikkanne Altbiergläser und Saft. Des weiteren stellte er aus seinen Arbeitsblättern eine

Reihe von Spielen und Spielkarten her, die er mit einem Laminiergerät dauerhaft schützte. Beispiele für derartige Spiele sind:

Medienvorschlag 1:
Auf einer Arbeitskarte wird ein Anfangszustand und ein Endzustand formuliert. Es wird gefragt: „Was ist gemacht worden" und die Kinder müssen aus einer Reihe von vorgegebenen Karten die entsprechende heraussuchen.

Medienvorschlag 2:
Auf einer Arbeitskarte werden die Art der Veränderung und der Endzustand eingezeichnet. Es wird gefragt: „Wie sah der Anfangszustand aus?"

Medienvorschlag 3:
Die Schüler erhalten sechs Karten, die zusammen zwei Handlungsabläufe darstellen (Anfangszustand, Veränderung und Endzustand). Aufgabe der Schüler ist es, die Karten in zwei Reihenfolgen zu legen, so dass die beiden Handlungsabläufe erkennbar werden.

Invarianz von nicht abzählbaren Mengen
Es werden zunächst gleichmächtige Mengen horizontal in ihrer Lage verändert. Z. B. werden zwei nebeneinanderstehende Gläser zunächst nur ganz wenig, beispielsweise 1 cm, auseinandergeschoben. In einem späteren Lernschritt werden die gleichmächtigen Mengen vertikal in ihrer Lage verändert, indem z. B. ein Glas auf einen Holzklotz gesetzt wird. In einem dritten Lernschritt wird schließlich die Form einer Wassermenge verändert, indem z. B.

ein Glas Wasser in ein wesentlich schmaleres Glas umgeschüttet wird.

Vergleichen von abzählbaren Mengen
Bei diesem Lernschritt werden Mengen hinsichtlich ihrer Mächtigkeit verglichen. Ausgangspunkt sind Paare, z. B.
- Teller – Tasse
- Messer – Gabel
- Kind – Hose
- Kind – Schulranzen

Herstellen von Gleichmächtigkeit abzählbarer Mengen
Bei diesem Lernschritt kann auf die Termini „zuschütten" und „wegschütten" zurückverwiesen werden und diese durch „zutun" oder „wegnehmen" ersetzt werden. Während das Dazutun für Schüler nicht schwer zu verstehen ist, da man die fehlenden Elemente hinzuzeichnen kann, ist die (bildliche) Umsetzung der Subtraktion wesentlich schwieriger (vgl. a. a. O., 32).
GRAFFWEG empfiehlt hier, die weggenommenen Elemente durchzustreichen und die Ikone Durchstreichen mit der Bedeutung „wegnehmen" zu verbinden.

Seriation
Um Seriationen umzusetzen, gibt es die Möglichkeit, mit konkretem Material Treppen oder Türme zu bauen.

Der Zahlraum 0-9

GRAFFWEG arbeitet mit seinen Schülern zunächst im Zahlraum 0-9 unter Ausklammerung der 10. Die 10 wird von ihm zu einem späteren Zeitraum als erste Zahl behandelt, an der die Bündelung von jeweils 10 Elementen zu einer neuen Einheit, dem Zehner, vollzogen wird.

Das Euro-Spiel

Seit Anfang 2002 ist der Euro in der Bundesrepublik Deutschland offizielles Zahlungsmittel.

Fast jeder weiß, dass der Euro annähernd, aber nicht ganz 2 DM wert ist. Die meisten kennen auch den ungefähren Kurs von 1,9. Aber wer kann schon die weiteren Stelle hinter dem Komma aus dem Kopf benennen? Das ist ja auch gar nicht so wichtig, werden Sie vielleicht sagen, denn dafür haben wir die Computer und den Umrechnungsfaktor kann man sich ja aufschreiben. Ich stimme Ihnen hierin zu. Aber was wissen wir eigentlich sonst noch über den Euro? Können Sie z. B. auf Anhieb sagen, welche drei Staaten der Europäischen Union noch nicht an der Euro-Währungsunion teilnehmen? Oder wissen Sie, nach welchen Prinzipien die Vorder- und Rückseiten der Euro- und Cent-Münzen gestaltet sind?

Wenn Sie schon nicht alle hier beispielhaft aufgeführten Fragen beantworten können oder doch zumindest länger überlegen müssen – wie viel weniger vertraut wird dann der Euro unseren Schülern sein? Umgang mit Geld ist jedoch sowohl für Schülerinnen und Schüler mit einer Lernbehinderung als auch für einen Teil der Schülerinnen und Schüler wie auch Erwachsenen mit einer geistigen Behinderung ein wichtiger Unterrichts- bzw. Lerngegenstand.

Für meine Lehrveranstaltung „Konzepte und Medien für Schülerinnen und Schüler mit einer geistigen Behinderung" an der Universität Oldenburg habe ich deshalb im Wintersemester 2001/2002 das vorliegende Eurospiel entwickelt. Wer dieses Spiel ausprobiert, der erfährt eine ganze Menge über den Euro und schaut sich die Geldscheine und Münzen vielleicht demnächst etwas bewusster an.

Material, Geräte, Werkzeuge

Das Eurospiel ist vergleichsweise einfach herzustellen. Sie benötigen an Material Fotokarton im Format DIN A 3 für den Spielplan und noch einmal mindestens die gleiche Fläche für die Spielkarten. Die Farbe des Fotokartons können Sie nach Ihrem Geschmack auswählen, ich habe mich bei den von mir angefertigten Spieleplänen für gelb entschieden.

Außerdem benötigen Sie einen schwarzen Filzstift, 1 Laminierfolie im DIN A-3 Format und (am besten 4) Laminierfolien im Format DIN A 4 oder statt des DIN A-4 Formates ein kleineres Format in entsprechender Menge sowie einen sogenannten „Carrier" zum Einlegen der Folie und des zu laminierenden Gegenstandes. Außerdem benötigen Sie einen Bleistift, einen Radiergummi sowie dickeres Papier oder Pappe für die Anfertigung der Schablone zur Zeichnung des Spieleparcours und die Herstellung einer Schablone für die Karten und ggf. dünnes Papier zum Durchpausen des Spieleparcours. Und schließlich benötigen Sie noch Klebstoff, vorzugsweise Flüssigkleber, vier Mensch-ärgere-Dich-nicht Figuren und einen Spielewürfel.

An Werkzeugen benötigen Sie ein Lineal, eine normale Haushalts- oder Papierschere, eine (vorzugsweise ausgediente) Nagelschere sowie ein Laminiergerät, mit dem das Format DIN A 3 laminiert werden kann. Entsprechende Geräte sind im Handel zwischen 150 bis 200 Euro erhältlich.

Außerdem benötigen Sie eine hinreichende Menge Euro-Kinderspielgeld (zum Beispiel drei Hefte „Euro-Kindergeld zum Spielen und Lernen" der Stadtsparkasse Düsseldorf, Blum Verlag GmBHJ, 56567 Neuwied, Tel.: 02631 / 97 40 – 0, Nachdruck verboten). Ein nach meiner Erfahrung hervorragendes Medium zur Einarbeitung in die Materie und zur unterrichtlichen Vorbereitung ist das Heft „Informationen zur politischen Bildung 273, 4. Quartal 2001, Polen. Dieses Heft ist von der Bundeszentrale für politische Bildung, Berliner Freiheit 7, 53111 Bonn, Fax: 0 18 88 / 515 - 309 herausgegeben worden.

Hinweise zur Anfertigung:

Es ist zu empfehlen, zunächst eine Schablone bzw. zwei Schablonen für das Zeichnen des Innenparcours anzufertigen. Hierdurch können Sie vermeiden, dass Sie später auf dem Fotokarton Korrekturen anbringen müssen, die dann eventuell auch nach dem Ausradieren noch sichtbar bleiben.

Je nach persönlicher Geschicklichkeit können Sie den Spieleparcours freihand auf das dicke Papier oder den Karton zeichnen oder mit dünnem Papier durchpausen.

Schneiden Sie dann den Spieleparcours und anschließend die Spielgeld-Scheine aus, drücken Sie die (perforierten) Münzen aus und entfernen Sie die kleinen überstehenden Papierstücke (am besten mit der Nagelschere). Legen Sie dann die Scheine, das Geld und den Spieleparcours entweder wie auf dem Plan auf den Fotokarton oder in der Anordnung, die Ihnen am besten gefällt. Fahren Sie dann mit einem Bleistift an den Außenrändern des Spieleparcours entlang. Überprüfen Sie, ob die Linien gleichmäßig sind und fahren Sie sie mit dem Filzstift nach. Bringen Sie dann wie auf dem abgebildeten Plan die K im Spielfeld an oder andere Zeichen, wie z. B. Sterne. Den Start können Sie mit einem Pfeil markieren oder aber durch vier Spielfelder, die Sie eventuell auch mit runden weißen Klebeetiketten gestalten können. Positionieren Sie jetzt die Scheine und Münzen wie vorgegeben oder in der Anordnung, die Ihnen am besten gefällt, auf dem Fotokarton. Kleben Sie die Münzen und die Scheine (vorzugsweise mit Flüssigkleber) auf. Die Aufteilung der Felder des Spieleparcours kann selbstverständlich auch anders gestaltet werden. Der vorliegende Parcours ist nur e i n e Möglichkeit.

Legen Sie dann den Spieleplan so in die Laminierfolie, dass an allen vier Seiten ein gleichmäßiger Folienrand (von etwa 3 mm) übersteht. Legen Sie die Laminierfolie vorsichtig in den Carrier und positionieren Sie die obere Seite des Carriers so vor dem Einführungsschacht des Gerätes, dass rechts und links ein in etwa gleichgroßer, freier Bereich bleibt. Schieben Sie den Carrier vorsichtig ein und verstärken Sie den Druck, wenn der Carrier sich am Anfang nicht von selbst weiterbewegt. Nach Überwindung dieser „Anfangsblockade" bewegt sich der Carrier quasi von selbst weiter. Ist der Carrier durchgelaufen, so heben Sie das obere Carrierblatt hoch und holen Sie den laminierten Spieleplan heraus.

Überlegen sie sich Fragen, die für Ihre Zielgruppe in Frage kommen. Tippen Sie diese Fragen, drucken Sie sie aus und kleben Sie sie dann auf kleine gelbe Karten. Vorschläge für Fragen wie auch eine Pappschablone für die Karten und eine Umrisszeichnung für den Spieleparcours enthält mein Artikel zum Euro-Spiel aus dem Förderschulmagazin (siehe Literaturverzeichnis)

Legen Sie dann jeweils sechs bis acht Karten in ausreichendem Abstand auf die Laminierfolie im DIN A-4 Format und dann die Laminierfolie vorsichtig in den Carrier. Der Abstand der Karten sollte mindestens 1 cm, besser noch 1,5 cm sein, da auch bei vorsichtigem Einführen der Laminierfolie in den Carrier und ebensolchem Einführen des Carriers in das Laminiergerät die Karten (geringfügig) verrutschen und ggf. teilweise übereinander rutschen können. Nehmen Sie die Folie aus dem Carrier heraus und schneiden Sie die Karten zunächst mit einer normalen Haushaltsschere aus. Runden Sie dann die Kanten der Karten mit der Nagelschere ab, weil dies das spätere Halten der Karten angenehmer macht.

Spielregeln

Beim Eurospiel soll insbesondere auch (mehr) Sicherheit im Umgang mit den neuen Scheinen und Münzen erworben werden. Eine Möglichkeit ist, jedem Schüler das gleiche Ausgangskapital zu geben, dessen Höhe von dem Zahlenraum abhängig ist, den die Schüler beherrschen. Je nach gezogener Karte oder richtiger/falscher Antwort vermehrt sich das Guthaben. Sieger ist, wer nach dem ersten/zweiten/dritten Durchgang das meiste Geld hat.

Dabei kann auch ein Schüler die Rolle des Geldausteilers übernehmen. Je nach angestrebtem Lernziel kann eine Liste angefertigt werden, die nach dem Schwierigkeitsgrad differenziert: von Cent- bzw. Euro-Münzen bis zum 500 Euro-Schein.

Um festzustellen, wer der Sieger ist, muss das Geld gezählt werden. Hierbei kann der Auftrag erteilt werden, den angesammelten Endbetrag in möglichst viele „große" Scheine und Münzen umzutauschen.

Ein weiteres Medienbeispiel zum Thema Geld

Im Internet finden sich auf der Sonderpädagogischen Hörnchenseite Arbeitsblätter, die zu weiteren Medien für den Bereich „Umgang mit Geld" verarbeitet werden können (z. B. Legetafeln, Puzzles usw.)(vgl. http://www.sonderpaed.de).

Ein von mir entwickeltes Medium sind laminierte Karten, auf denen ein Lebensmittel (ehemalige Verpackung des betreffenden Lebensmittels) und darunter der Preis abgebildet ist. Dieser Preis soll (ebenfalls mit laminiertem Spielgeld) in verschiedenen vorgegebenen Variationen nachgelegt werden.

Vom Material her ist dieses Medium wenig aufwendig: ausgediente Verpackung, einfarbiger dünner Karton und Euro-Spielgeld, das man kostenlos bei Banken erhält. Das Einzige, was finanziell ins Gewicht fällt, sind die Laminierfolien, die in mittlerer Stärke bei einem Preis von ca. 18 Cent für das Format DIN A 4 liegen (vgl. Abbildung in Kapitel 14).

Medien zum Bereich Menge/Zahl

Zum Abschluss dieses Kapitels einige Medien, die zum Teil mit Steckbrief am Ende dieses Buches, zum Teil in meinem Manuskript „Individualisierte Hilfen durch selbst hergestellte Lernmaterialien bei Lernschwächen und (geistiger) Behinderung" abgebildet und beschrieben sind.

Medien zum pränumerischen und grundlegenden numerischen Bereich

1. Zuordnung von Mengenbildern und Ziffern auf Deckeln

Wenig aufwendig in Zeit und Material sind Deckel, auf deren Außen- oder Innenseite eine Menge in Punkten und dazu korrespondierend in Ziffern dargestellt sind. Auf der gegenüberliegenden Seite des Deckels sind jeweils Kontrollabbildungen (z. B. ist jeweils ein Apfel aufgemalt). Die Materialkosten für dieses Medium sind äußerst gering. Es werden lediglich etwa 1 cm große kreisrunde Aufkleber der Firma Zweckform benötigt.

2. Puzzles zur Zuordnung von Mengenbildern und Ziffern

Ebenfalls vergleichsweise wenig aufwendig im Material ist dieses Medium. Hier wird ein Pappkarton in geometrische Formen aufgeteilt und auf jedem Feld eine Menge in Punkten dargestellt (ebenfalls wieder Verwendung von Aufklebern der Firma Zweckform, die jeweils bunt angemalt werden). Dann wird ein Kalenderblatt mit kindgerechten Motiven in gleicher Weise aufgeteilt und zerschnitten. Auf jedes Bildteil wird ein weißer Punkt aufgeklebt und darauf die Ziffer geklebt, die der Punktmenge im Flächenteil gleicher Form entspricht.

Auf die Punktmengen ist dann das Puzzleteil mit der Ziffer zu legen, die der Punktmenge entspricht. Sind die Aufgaben richtig gelöst, so ergibt sich ein stimmiges Bild. Um die Haltbarkeit des Mediums zu erhöhen, können die Grundplatte und die Puzzleteile laminiert werden.

Es ist ebenfalls möglich, die Grundplatten und Puzzleteile aus dickem Karton anzufertigen und jeweils zwei Lagen Pappkarton für einen Teil zu verwenden.

Auf diese Weise kann die Schülerin/der Schüler mit motorischen Schwierigkeiten das Puzzleteil besser greifen. Noch haltbarer wird das Ganze, wenn statt Pappe Sperrholz oder Weichholz verwendet wird, auf das man die laminierten Teile mit Klettband befestigt. Wird Sperrholz verwendet, so benötigt man eine Laubsäge (einfaches Set ca. 15 Euro). Für das Aussägen von Weichholz benötigt man eine vergleichsweise einfach zu bedienende Decoupiersäge, die in Baumärkten (bisweilen auch Supermärkten als Angebot) für ca. 50 Euro erhältlich ist.

3. Rechnen im Zehnerraum
Sehr einfach herzustellen und hilfreich für die Unterrichtspraxis ist ein Medium, das bis auf die Klebeetiketten vollständig aus Abfallmaterialien herzustellen ist: Rechenkästen aus Eierkartons.

Für dieses Medium benötigt man den unteren Teil eines Eierkartons und 18 Schraubverschlüsse von Sprudelflaschen z. B. in grün oder blau sowie zwei Schaubverschlüsse in rot. Es werden jeweils zwei Schraubverschlüsse aneinandergeklebt. Die grünen bzw. blauen Doppelverschlüsse werden mit Klebeetiketten mit den Ziffern von 1-9 versehen; die roten mit der 10. Er ist auch möglich, den Zahlenraum bis 20 oder sogar bis 100 auszuweiten. Der Vorteil dieses Mediums ist insbesondere, dass die jeweiligen Zahlenrepräsentanten angefasst werden können (vgl. Abbildung in Kapitel 14).

4. Käfer-Legeplatte[1]

Ein vielseitig zu verwendendes Medium ist die Käfer-Legeplatte. Aus Pappe werden (am besten unter Verwendung einer Schablone) jeweils ovale Formen im Format ca. 7 x 10 cm ausgeschnitten. Jeweils drei dieser Pappstücke werden übereinander gelegt. Auf die Pappschablone, die oben zu liegen kommt, wird schematisch der Körper eines Käfers aufgemalt. Auf den beiden Feldern des Rückens können einfache Punktmengen, Additions- sowie Subtraktionsaufgaben aufgezeichnet bzw. aufgeschrieben werden. Aufgabe ist es, jeweils die Käfer nebeneinander zu legen, deren rechtes Feld dem linken Feld des anderen Käfers entspricht. Zur besseren Positionierung kann eine runde Legetafel angefertigt werden.

Variationen:

Dieses Medium kann entweder aus dünnen Pappschablonen, die laminiert werden, aus Holz oder aus dicker Pappe, von der drei Stücke übereinandergeklebt werden, hergestellt werden.

Beim Schneiden dicker Pappe kam ich am besten voran, wenn ich (unter Verwendung einer Unterlage aus Sperrholz) mit dem Cutter die Umrisse ausschnitt. Hierbei ist darauf zu achten, die Klinge höchstens bis zur zweiten Einkerbung aus der Halterung herauszulassen, da die Klinge ansonsten leicht bricht. Schneidet man dann im Abstand von 1 cm bis 1,5 cm die Pappe seitlich ein, so lässt sich die Form leicht aus dem großen Pappstück herausschneiden. Sehr zweckmäßig für dieses Schneiden ist eine Vielzweckschere, die man im Baumarkt kaufen kann.

---

[1] Die Käfer-Legeplatte ist in „Individualisierte Hilfen durch selbst hergestellte Lernmaterialien" abgebildet und ausführlicher beschrieben.

Literatur:

Grundlagenliteratur:

BAUERSFELD, Heinrich (2003): Rechnenlernen im System. In: FRITZ, Annemarie/RICKEN, Gabi/SCHMIDT, Siegbert (Hrsg.): Rechenschwäche. Lernwege, Schwieirigkeiten und Hilfen bei Dyskalkulie. Weinheim: Beltz Verlag, 12-24

Bundeszentrale für politische Bildung (Hrsg.): Polen. Heft 273, 4. Quartal 2001, Berliner Freiheit 7, 53111 Bonn, Fax: 0 18 88 / 515 - 309

FRITZ, Annemarie (2003): Bedingungsvariation und Fehleranalysen als Beobachtungszugänge zur Diagnostik arithmetischer Kompetenz. In: FRITZ, Annemarie/RICKEN, Gabi/SCHMIDT, Siegbert (Hrsg.): Rechenschwäche. Lernwege, Schwierigkeiten und Hilfen bei Dyskalkulie. Weinheim: Beltz Verlag 283-308

GRAFFWEG, Christoph (o. J.): Aufbau des Grundverständnisses mathematischer Operationen. Text auf unveröffentlichter CD. Kontaktadresse: Fröbelschule, Sommerdellenstraße 23, 44866 Bochum, E-mail: 157685@schule.nrw.de

HEIDJANN, Sabine (1995): Geistigbehinderte lernen Möglichkeiten Freier Arbeit im Bereich Umgang mit Mengen, Zahlen und Größen kennen. verlag modernes lernen, Dortmund 2. Auflage 1995, 1. Auflage 1993

http://www.sonderaped.de/ (Sonderpädagogische Hörnchenseite)

KRETSCHMANN, Rudolf/DOBRINDT, Yvonne (2003): Handlungssteuernde Prozesse und ihre Bedeutung für das Rechnenlernen. In: FRITZ, Annemarie/RICKEN, Gabi/SCHMIDT, Siegbert (Hrsg.): Rechenschwäche.

Lernwege, Schwierigkeiten und Hilfen bei Dyskalkulie. Weinheim: Beltz Verlag, 400-414

MÜHL, Heinz (1984): Einführung in die Geistigbehindertenpädagogik. Stuttgart 3. Auflage 1994, 1. Auflage 1984, 95-96

PROBST, Holger/WANIEK, Dorothea (2003): Kommentar: Erste numerische Kenntnisse von Kindern und ihre didaktische Bedeutung. In: FRITZ, Annemarie/RICKEN, Gabi/SCHMIDT, Siegbert (Hrsg.): Rechenschwäche. Lernwege, Schwierigkeiten und Hilfen bei Dyskalkulie. Weinheim: Beltz Verlag, 65-78

RITTMEYER, Christel: Die Euro-Währung. Wir lernen Euromünzen und Euroscheine mit einem Spiel kennen. Förderschulmagazin 25 (2003), 7-8, 40-42

SACHTLEBER, Melanie: Beschreibung und didaktische Analyse der selbst konzipierten Medien: 1) Das Murmelspiel „Lustige Schnecke" und 2) Das Rechenpuzzle. Seminararbeit im Rahmen des Seminars „Theoretische Grundlagen und praktische Herstellung sowie Erprobung von Unterrichtsmaterialien (Medien) bei Schülern und Schülerinnen mit geistiger Behinderung. Universität Oldenburg, SS 2002

SALARI, Stefania: Attività di sostegno: La Vita Scolastica,

- 1.9.1991, 149-151

- 16.9.1991, 149-151

- 16.1.1992, 116-118

- 1.3.1992, 108-110

SALARI, Stefania/TITTARELLI, Anna Maria: Attività di sostegno: La Vita Scolastica,

- 1.9.1988, 115-116

- 1.10.1988, 113-115
- 1.11.1988, 112-115
- 1.3.1989, 114-116
- 16.4.1989, 113-115
- 16.5.1989, 117-120
- 1.9.1989, 127-131
- 1./16.12.1989, 111-113
- 1.3.1990, 110-112
- 16.3.1990, 112-114
- 1.9.1990, 135-138
- 1.10.1990, 101-104
- 16.4.1991, 114-116
- 16.2.1992, 108-110
- 1.5.1992, 114-116

SCHMIDT, Siegbert (2003): Arithmetische Kenntnisse am Schulanfang – Befunde aus mathematik-didaktischer Sicht. In: FRITZ, Annemarie/RICKEN, Gabi/SCHMIDT, Siegbert (Hrsg.): Rechenschwäche. Lernwege, Schwierigkeiten und Hilfen bei Dyskalkulie. Weinheim: Beltz Verlag, 283-308

SCHMITZ, Gudrun/SCHARLAU, Rudolf (1985): Mathematik als Welterfahung. Neues Lernen mit Geistigbehinderten. Bonn Bad Godesberg: Dürrsche Buchhandlung

SCHULZ, Andreas (2003): Zahlen begreifen lernen. In: FRITZ, Annemarie/RICKEN, Gabi/SCHMIDT, Siegbert (Hrsg.): Rechenschwäche. Lernwege, Schwierigkeiten und Hilfen bei Dyskalkulie. Weinheim: Beltz Verlag, 26-47

SPECK, Otto (1999): Menschen mit geistiger Behinderung und ihre Erziehung. Ein heilpädagogisches Lehrbuch. München: Ernst Reinhardt

TITTARELLI, Anna Maria: Attività di sostegno: La Vita Scolastica:
- 1./16.12.1990, 105-107
- 16.2.1991, 123-125
- 16.2.1991, 110-112
- 16.3.1991, 122-123
- 16.5.1991, 122-123

WEINERT, Franz E./GRAUMANN, Carl Friedrich/HECKHAUSEN, Heinz/HOFER, Manfred(1974): Pädagogische Psychologie 1. Frankfurt a. M.: Fischer Taschenbuch Verlag

WEMBER, Franz B. (2003): Die Entwicklung des Zahlbegriffs aus psychologischer Sicht. In: FRITZ, Annemarie/RICKEN, Gabi/SCHMIDT, Siegbert (Hrsg.): Rechenschwäche. Lernwege, Schwierigkeiten und Hilfen bei Dyskalkulie. Weinheim: Beltz Verlag, 48-64

WIERZ, Jakobine (2001): Kinder erleben große Bildhauer. München: Don Bosco Verlag

7. Musikunterricht bei geistiger Behinderung

Es besteht kein Zweifel, dass die Musik therapeutische Wirkungen bei Menschen mit einer Behinderung zeigen kann. Musikunterricht bei Schülerinnen und Schülern mit einer geistigen Behinderung ist zwar keine (Musik-)Therapie im engeren Sinne, hat aber bzw. sollte (musik)therapeutische Valenzen haben.

Didaktische Grundlagen und methodische Prinzipien

Die Durchsicht der einschlägigen Literatur zeigt, dass es kein geschlossenes Unterrichtswerk im Fach Musik für Schülerinnen und Schüler mit einer geistigen Behinderung gibt.
Die Lehrerin/der Lehrer muss deshalb – so die Position von Peter HAHNEN, der ich mich anschließe – auf allgemeine Didaktiken und Unterrichtswerke zurückgreifen (HAHNEN 1986, 1).
HAHNEN unterscheidet drei Bereiche des Musikunterrichts:
- Musik machen
- Musik hören
- Musik umsetzen

MOOG unterteilt den Musikunterricht in vier Funktionsfelder:
- Singen
- Musikübung und Instrumentalunterricht
- Hören von Musik
- Musik und Bewegung (vgl. MOOG nach LAUFER 1987, 188 f.).

Was aber bedeutet dies nun konkret? Die erste Schwierigkeit ergibt sich, wenn man an Kinder mit einer schweren geistigen Behinderung denkt.

Musikunterricht bei Schülerinnen und Schülern mit schwerer geistiger Behinderung

Das Orff-Instrumentarium, das für Schülerinnen und Schüler mit einer leichten bis mittleren Form der geistigen Behinderung zum Musikmachen (um in der Terminologie von HAHNEN zu bleiben) gut geeignet ist, kann von Kindern mit einer schweren geistigen Behinderung wegen der bei ihnen durchweg vorhandenen motorischen Schwierigkeiten nicht benutzt werden. Welche Möglichkeiten der musikalischen Aktivierung gibt es für diese Kinder?
Mit dieser Frage hat sich insbesondere RUOFF auseinandergesetzt. Nach Ansicht von RUOFF ist das übergeordnete Ziel des Musikunterrichts bei Schülerinnen und Schülern mit einer schweren geistigen Behinderung, Musik als Motivation zur Kommunikation einzusetzen und Kinder mit Hilfe musikalischer Signale für akustische Ereignisse zu sensibilisieren.
RUOFF diskutiert drei Wege, die in der Literatur zur Erreichung dieses Zieles angegeben werden:
1. Fütterung mit Höreindrücken
2. Konfrontation mit plötzlichen Schallereignissen sowie
3. in behutsamen Schritten herausfinden, welche Schallereignisse dem Kind angenehme Höreindrücke vermitteln und welche Klangqualitäten es bevorzugt.

Bei der „Fütterung" mit Höreindrücken liegt nach Ansicht von RUOFF die Gefahr einer Überflutung nahe, die beim Kind Verwirrung hervorrufen könnte. Diese Schwierigkeiten können jedoch (so die Einschätzung von Schneider nach RUOFF) durch einen systematischen Aufbau und die methodisch durchstrukturierte Durchführung des Programms verhindert werden.

Die Konfrontation mit plötzlichen Schallereignissen erscheint RUOFF demgegenüber höchst problematisch, weil eine Geräuscheangst die Folge sein könnte. RUOFF schreibt in diesem Zusammenhang:

„Die zu erwartenden Reaktionen hätten reflexartigen Charakter; sie kämen einem Erschrecken gleich. Es gibt in der Tat kein Gewöhnen oder Anpassen an solche Schallereignisse. Gerade deshalb aber besteht die Gefahr, dass das Kind eine Geräuschangst entwickeln könnte. Es würde dann nicht nur die erhoffte Wirkung ausbleiben, sondern das Kind könnte möglicherweise überhaupt eine Barriere gegenüber Höreindrücken aufbauen" (RUOFF 1980, 28)

Als angemessenes Vorgehen erscheint RUOFF der von der anthroposophischen Heilpädagogik vorgeschlagene Weg,

„das Gehör... durch zarte, leise Töne, kleine Melodien, durch Anrufen des Kindes mit seinem Namen, durch Erüben des Hinhörens (anzuregen). Alles zu Laute, Eintönige, Undifferenzierte (Platte, Radio etc.) stört hier" (ebd.).

Im Anschluss erörtert RUOFF die Frage der Schallquellen und Klangerzeuger, deren Einsatz bei Personen mit schwerer geistiger Behinderung in Erwägung gezogen werden kann. Das nach ihrer Einschätzung modulationsfähigste Instrument mit einer fast unbegrenzten Variationsbreite ist die Stimme. Ihre Möglichkeiten sind fast unbegrenzt.

„- vom Summ- bzw. Brummton über das Aneinanderreihen von unterschiedlichen
gefärbten Vokalen und Vokalisen bis zur Bildung von Lauten und Lautgruppierungen
im Sprechen, im Sprechgesang und im Singen;

- von Qualitäten des Schrillen, Durchdringenden, harten bis zu Stimmqualitäten, die als weich, warm, rund zu charakterisieren sind;
- die Varianz der Stimmhöhe im Sprechen und Singen; hierzu gehört auch die Stimmlage: die Stimme eines Mannes, einer Frau, eines Kindes; die Sprechweise im Blick auf Sprachmelodie, Artikulation, Geschwindigkeit und Kontinuität;
- Spiele mit den „Sprechwerkzeugen" wie Zungenschnalzen, Lippenprusten, mit Ton begleitete Zungenbewegungsspiele" (ebd.).

Das Orff-Instrumentarium an der Schule für Geistigbehinderte

Vorbemerkungen

Je länger ich an der Schule für Geistigbehinderte unter anderem das Fach Musik unterrichtete, desto mehr lernte ich das Orff-Instrumentarium für den Einsatz bei Schülerinnen und Schüler mit leichter bis mittlerer geistiger Behinderung schätzen. Ich werde deshalb das Instrumentarium zunächst darstellen, seine Vorzüge aufzeigen, aber auch Kritik nicht unerwähnt lassen, die am Orff-Instrumentarium geübt worden ist.

In einem praktischen Unterrichtsbeitrag werde ich aufzeigen, wie das Material eingeführt werden kann. Da diese Einführung im Rahmen von Liedern geschieht, werde ich auch auf konkretes Liedmaterial eingehen, das nach meiner Ansicht in der Anfangsphase des Musikunterrichts geeignet ist. Weiterhin werden Unterrichtsbeispiele (Verklanglichung, szenische Darstellungen) vorgestellt, die vorwiegend im Rahmen einer Musikgruppe aus Oberstufenschülern mehrerer Klassen realisiert wurden.

Darstellung des Orff-Instrumentariums

Das, was man heute unter Orff-Schulwerk oder Orff-Instrumentarium versteht, war ursprünglich nicht für den Einsatz in der Heilpädagogik konzipiert, erwies sich jedoch bald als sehr geeignet für den Einsatz im sonderpädagogischen Bereich (vgl. STROBEL/HUPPMANN 1978, 133).

Unterteilung des Orff-Instrumentariums

Das Orff-Instrumentarium lässt sich in drei Untergruppen einteilen:
 I. Stabinstrumente,
 II. Fellinstrumente ,
 III. rhythmische Kleininstrumente.

Vorteile des Orff-Instrumentariums

KOFFER-ULLRICH nennt als Vorteile des Orff-Instrumentariums:
- die Instrumente sind leicht spielbar
- die Instrumente sind stets reich gestimmt
- die Instrumente sind von farbenfroher Klangschönheit.

Darüber hinaus hat das Orff-Instrumentarium für Menschen mit einer geistigen Behinderung nach Ansicht von KOFFER-ULLRICH die folgenden Vorteile:
- es aktiviert körpereigene Kräfte
- es vermittelt geistige Ordnung
- es fördert zwischenmenschliche Beziehungen (vgl. KOFFER-ULLRICH 1978).

Wirksamkeit und Kritik des Orff-Instrumentariums

Die Effektivität des Orff-Instrumentariums bzw. der Orff-Musik wurde erstmals 1966/67 in Bellflower/Kalifornien überprüft. Die Ergebnisse dieser Untersuchung fasst OBERBORBECK wie folgt zusammen:

Das Schulwerk

„1. increased pupils enthusiasm for music activities;
2. increased the individual participation of pupils in playing instruments, moving rhythmically and responding to choral stimulation and
3. increased the spontaneous and creative expression in the use of instruments, rhythmic movement and dance, choral response and song" (OBERBORBECK 1978, 51).

DANTLGRABER kam in der ersten deutschen Untersuchung über die Wirkung der Orff-Musik zu folgenden Ergebnissen:

- „Der Einfluss der Schulwerkarbeit auf die Förderung der Kreativität lässt sich signifikant nachweisen.
- Auch bei Beeinträchtigungen durch Neurotizismen macht sich der Einfluss des Schulwerks bemerkbar, so dass der Schluss erlaubt ist, dass selbst bei ungünstigeren Voraussetzungen eine bessere Förderung und Entwicklung der Kreativität erreicht wird. Die Schulwerkarbeit wirkt sich nicht nur fördernd auf die Kreativität, sondern auch hemmend auf Neurotisierungen aus...
- Bei labilisierten Kindern wird eine Stabilisierung der Affekte erreicht...
- Bei den Schulwerkgruppen lässt sich ein tieferer und intensiverer Bezug zum Gefühlsleben feststellen...Frustrationen und Triebstauungen wurden bei den Schulwerkgruppen in geringerem Maße festgestellt, was darauf hinweist, dass es diesen besser gelingt, die Belastungen in fantasievollem Erleben und Gestalten auszuagieren und dadurch ihren inneren Ausgleich zu finden" (a. a. O., 52. f).

Es soll nicht verschwiegen werden, dass, wie alles, auch das Orff-Instrumentarium kritisiert wird.

Ein äußerst heftiger Kritiker ist GECK. Er bemängelt den aus seiner Sicht sterilen, monotonen, wenig differenzierten und deshalb mit der Zeit langweilig werdenden Klang. Außerdem befürchtet er, dass die einfach zu bedienenden, wegen der meist aufliegenden diatonischen Skala immer mehr oder weniger richtig klingenden Instrumente dem Patienten das Gefühl vermitteln, nichts geleistet zu haben und damit auch nicht ernst genommen zu werden.

GECK moniert zudem, das Orff-Instrumentarium berge wegen seiner dominierenden Rolle in der Musiktherapie die Gefahr in sich, den Eindruck zu vermitteln, allein schon mit den Instrumenten ein Therapeutikum in Händen zu halten (vgl. STROBEL/HUPPMANN 1978, 74). Nun ist zwar diese Kritik von GECK aus der Perspektive der Musiktherapie geschrieben worden. Es muss aber hier auf sie eingegangen werden, da sie sich gegen das Orff-Instrumentarium prinzipiell richtet.

Nach meiner Erfahrung werden die Orff-Instrumente Schülerinnen und Schüler mit einer geistigen Behinderung nicht langweilig, wenn sie in eine aufbauende, abwechslungsreiche Lernreihe eingebettet sind. Außerdem trifft es nicht zu, dass die Instrumente immer mehr oder weniger richtig klingen: ihr Einsatz muss vielmehr wohlüberlegt sein. Richtig angewandt vermitteln sie den Schülern jedoch ein echtes Erfolgserlebnis.

Einführung des Orff-Instrumentariums in der Schule für Geistigbehinderte

Im Folgenden wird eine Möglichkeit der unterrichtspraktischen Einführung des Orff-Instrumentariums in der Schule für Geistigbehinderte, Klasse 5-9, aufgezeigt.

Erste Lieder für Kinder mit einer geistigen Behinderung

Ein Kriterium für die Liedauswahl bei Kindern mit einer geistigen Behinderung in Vor- und Unterstufen sollte die Möglichkeit sein, den Inhalt motorisch umzusetzen. Diese Voraussetzungen erfüllen in besonderer Weise die Lieder-Sammlungen von Rolf KRENZER, z. B. in der „spieltherapeutischen Liederfibel" (vgl. KRENZER 1981). In diesem Buch hat KRENZER insgesamt 32 Lieder zu den Jahreszeiten, zur Umwelt und zum „Staunen und Lachen" zusammengestellt. Unter jedem Lied hat KRENZER aufgeschrieben, wie das Lied in Spiel und Bewegung umgesetzt werden kann.

Diese Vorschläge kann die Lehrerin/der Lehrer entweder unverändert oder nur teilweise bzw. modifiziert übernehmen.

So baute ich in das Lied „Aufstehn, es ist höchste Zeit" eine Variation ein, die von allen Schülern sehr gern erlebt wurde:

Wir spielen nicht nur, wie ein Kind aufstehen muss und sich dann anzieht, sondern verbinden diesen Spielinhalt mit einer wesentlich lustvolleren Tätigkeit, dem Schlafen und Träumen. Dazu legt sich ein Kind auf ein Knautschi (sackartiges Sitz-/Liegekissen) und stellt sich schlafend. Dann träumt es vom Meer, vom Himmel, von einem Flugzeug und Ähnlichem, das ich auf dem Synthesizer/Keyboard imitiere.

Aufstehn, es ist höchste Zeit!
Der Wecker rappelt: Rrrrrrrrrr

Aufstehn! Aufstehn! Es ist höchste Zeit!
Aufstehn! Aufstehn! Ich bin gleich so weit!
Ich steige aus dem Bett heraus
und ziehe mir mein Nachthemd aus.
Jetzt zieh ich mir mein Hemdchen an,
als nächstes kommt der Schlüpfer dran.
Ein Strumpf gehört an jedes Bein.
Nun steig ich in die Hose rein.

An jedem Fuß gehört ein Schuh,
Das Binden klappt bei mir im Nu.
Jetzt wasche ich mir das Gesicht,
Die Hände, die vergess ich nicht.
Ich hole mir das Handtuch her,
Das Abtrocknen ist gar nicht schwer.
Die Zähne putz ich blank und rein.
Jetzt schnell in den Pullover rein.
Aufstehn! Aufstehn! Es ist höchste Zeit!
Aufstehn! Aufstehn! Jetzt bin ich so weit!

Das Lied wird gemeinsam gesungen. Der Refrain wird nach jeder Zwischenzeile wieder eingeschoben. Jeweils vor dem Einsetzen des Refrains wird das Klingeln des Weckers nachgeahmt. Eine Zeile wird an die andere gehängt, sodass der Zwischentext von Refrain zu Refrain immer um eine Zeile länger wird. Alle Zeilen bieten direkte Spielanregungen, die einzeln oder von der gesamten Gruppe zum Lied ausgeführt werden können.

Abb. 1

Abb. 2a

Eine Fundgrube geeigneter Lieder sind nach meiner Erfahrung vor allem auch die folgenden Bücher:

1. Lieder-Spielbuch von Dorothée KREUSCH-JACOB,
2. Lieder von der Natur von Dorothée KREUSCH-JACOB und Michéle LEMIEUX,
3. Frühling, Spiele, Herbst und Lieder von KNISTER und Paul MAAR.

Bei einem Teil der in diesen Büchern enthaltenen Lieder ist es möglich, die Inhalte nicht nur spielerisch-motorisch umzusetzen, sondern auch einzelne Orff-Instrumente einzusetzen.

So kann z. B. der Refrain des Liedes „Wo sind denn die Maikäfer hin" mit Triangelschlägen begleitet werden.

Auf einer etwas fortgeschritteneren Lernstufe kann dann das Lied „Ein Frosch sprach zu dem andern" sowohl mit Triangeln als auch mit Orff-Trommeln, Bongos und Tamburins begleitet werden.

Ein Storch sprach zu dem andern:
»Wir wolln zum Wasser wandern,
dort ist es kühl und nass;
da macht das STELZEN Spaß!«

Ein Sumpfhuhn sprach zum andern:
»Wir wolln zum Wasser wandern,
dort ist es kühl und nass,
das macht das TAUCHEN Spaß!«

'Ne Ente sprach zur andern:
»Wir wolln zum Wasser wandern,
dort ist es kühl und nass,
da macht das SCHWIMMEN Spaß!«

Ein ...... sprach zum andern:
»Wir wolln zum Wasser wandern,
dort ist es kühl und nass,
da macht das ...... Spaß!«

Quelle: KREUSCH-JACOB, D. 60 f.

Abb. 3b

Sehr viele Möglichkeiten bietet auch das Lied „Kleine Bimmelbahn"

Abb. 4

Ich habe die „Kleine Bimmelbahn" wie folgt musikalisch umgesetzt:

1. Melodie wird auf dem Keyboard-Synthesizer gespielt (im Laufe der Stunden verschiedene Instrumente-Imitationen).

2. Vor dem Einsetzen dieser Musik imitieren wir mit unserem körpereigenen Instrument Stimme, wie die Lok langsam zu arbeiten anfängt. Wenn es dann später im Lied heisst „Das pufft und zischt", wird dies ebenfalls mit der Stimme imitiert; bei „pfeift so schrill" pfeifen wir.

3. Nacheinander haken sich die Schülerinnen und Schüler an die Lok (ein Kind oder ein Kind im Rollstuhl) und Waggons an (weitere Kinder, ebenso Rollstuhlfahrer).

4. Begleitung des Liedes mit Triangeln und Trommeln

Verklanglichungen und szenische Darstellungen mit dem Orff-Instrumentarium bei Oberstufenschülern einer Schule für Geistigbehinderte

Als szenische und musikalische Begleitung zu verschiedenen Inhalten aus dem Fach Religion habe ich u. a. die folgenden Sequenzen realisiert.

	Aussage	Schüler	Instrument	Spielweise
Feuer	1. Es ist mächtig und gewaltig	1	großes Bass-E und 2 Schlegel	langsam und kräftig anschlagend
	2. Es wärmt und glüht	2	Xylofon und Schlegel mit großem Schlegelkopf	von hohen zu tiefen Tönen mehrmals Streichbewegung, dann hohe Töne anschlagen
	3. Es schlägt Funken und zündelt	3	Schlitztrommel und Schlegel mit großem Kopf	schnell anschlagen
	4. Es lodert und brennt	4	großes Bass-C	mit flacher Hand und den Fäusten anschlagen
	5. Es verbrennt und vernichtet	5	großes Bass-E und dicker Schlegel	ansteigende Lautstärke mit abschließendem Höhepunkt
	6. Es macht hell und warm	6	Metallofon	mehrmals von tiefen zu hellen Tönen, dann mit dem Schlegel über alle Töne streichen

	Aussage	Schüler	Instrument	Spielweise
Wasser	1. Es ist erfrischend und rein	1	Metallofon	C, E, G, H, D, F, A anschlagen (Töne sind markiert) Streichbewegung über alle Töne
	2. Es spendet Leben	2	Flügelkantele	■ kurze bis lange Saiten der Reihe nach anzupfen ■ über alle Saiten streichen (mit Daumenkuppel unter Benutzung des Daumennagels)
	3. Es kann ruhig und still sein und hohe Wellen schlagen	3 4	Xylofon Bongo (Umhängetrommel)	hohe Töne beliebig anschlagen, zunächst mit mittlerer Lautstärke, dann lauter trommeln
	4. Es ist tief	5 6	tiefes E tiefes C	zunächst Schüler 5 allein, dann mit Schüler 6, am Schluss nur Schüler 6
	5. Es löscht den Durst	7	Glockenspiel	alle Einzeltöne (vom tiefen zum hohen C) anschlagen dann

	Aussage	Schüler	Instrument	Spielweise
Sonne	1. Sie geht jeden Morgen auf	1	Metallofon	mehrfach von unten nach oben eine Streichbewegung über die Töne ausführen
	2. Sie schenkt uns den Tag	2	Zimbeln	langsam lauter werdend
	3. Es wird hell	3	Triangel	langsam lauter werdend
	4. In ihrem Licht öffnen sich die Blumen	4	Glockenspiel (mit Lücke = herausgenommenen Plättchen)	mehrfach langsam von unten nach oben die Töne anschlagen
	5. Die Vögel erwachen und singen	5	Triangel	Stimmführung beim Singen imitieren (ungleichmäßige Intervalle)
	6. Die Sonnenstrahlen dringen in die Erde	6	Triangel	kräftig und lauter werdend
	7. Die Sonnenstrahlen wärmen uns	7	Triangel	gleichmäßig, stark

Mond und Sterne

Aussage	Schüler	Instrument	Spielweise
1. Sie erleuchten mit ihrem Schein die Nacht	1 2 3	3 Triangeln und Metallschlegel	Schüler schauen sich beim Wechsel an. Start- und Schlusszeichen gibt die Lehrerin
2. Sie sind kostbar und schön	4	Flügelkantele	nacheinander verschiedene Saiten anzupfen, nicht zu leise
3. Sie sind groß und weit entfernt	5	Becken mit Schlegel	Töne so anschlagen, dass sie gedämpft klingen
4. Sie funkeln und glitzern	6 7	Zimbeln selbstgebautes Instrument (vergleichbar einem Metallofon)	nacheinander spielen und/oder zusammen spielen
5. Sie zeigen den Weg in der Dunkelheit	8	Glockenspiel	von tiefen zu hellen Tönen streichen (mehrmals)

Kreuzweg

Aussage	Schüler	Instrument	Spielweise
1. Pilatus verurteilt Jesus. Die Menschen rufen: »Kreuzige Ihn!«	1 szenischer Spieler, 2 Musikanten	Klanghölzer Kastagnetten	heftig schütteln
2. Jesus nimmt das schwere Kreuz auf seine Schulter.	1 weiterer Musikant	Bassxylofon	langsam anschlagen (Töne sollen dumpf klingen)
3. Jesus fällt mit dem Kreuz. Er muss weitergehen	1 weiterer Musikant	Bassxylofon C	mittlere Lautstärke
4. Der Bauer Simon hilft Jesus. Das Kreuz wird leichter.	1 szenischer Spieler, 1 weiterer Musikant	Holzxylofon	mehrmals von tiefen zu hellen Tönen streichen
5. Die Soldaten nehmen Jesus die Kleider weg.	mehrere szenische Darsteller, 1 Musikant	Schlitztrommel	wild durcheinander anschlagen
6. Jesus wird gekreuzigt. Jesus stirbt am Kreuz	1 Musikant	Pauke	langsam nacheinander anschlagen, am Schluss verebben die Töne (Töne müssen sehr dumpf klingen)

Musikinstrumente selber basteln

Die Studentinnen Jana CHITRALLA und Anika SCHUBERKIS haben im Wintersemester 2002/2003 in meinem Seminar in Oldenburg über Lernmaterialien ein sehr anschauliches Skript[1] erstellt. In diesem Skript wird die Anfertigung der folgenden Musikinstrumente beschrieben:
- Luftballontrommel
- Blumentopfglocke
- Stimmverzerrer
- Klanghölzer
- Ratschekiste
- Käsedosentrommel
- Kronkorkenrassel
- Filmdosenrassel
- Luftballonrassel
- Klopapierrollenrassel
- Chipsdosenrassel
- Pappbecherrassel

Die entsprechenden Musikinstrumente und ihre Anfertigung sind in meinem Manuskript „Individualisierte Hilfen durch selbst hergestellte Lernmaterialien bei Lernschwächen und (geistiger) Behinderung", das voraussichtlich 2006 erscheinen wird, beschrieben und abgebildet.

---

[1] Das Skript ist annähernd vollständig in mein Manuskript „Individualisierte Hilfen durch selbst hergestellte Lernmaterialien bei Lernschwächen und (geistiger) Behinderung" eingearbeitet worden.

Abschließend sei eine Geschichte wiedergegeben, die im Rahmen eines Seminars zur Medienherstellung mit den selbst angefertigten Instrumenten verklanglicht wurde.

Im Norden Grönlands lebte eine Eskimofamilie. Vater, Mutter und der kleine Inuk. Sie wohnten in einem Haus aus Schnee und Eis, in einem Iglu.
Eines Tages sagte der Vater zum Inuk: »Heute darfst du mir beim Fischfang helfen.« Sie holten den Schlitten und die Hunde. Die Hunde waren schon sehr aufgeregt und sprangen bellend um den Iglu. Inuks Vater spannte sie vor den Schlitten, und los ging die Fahrt. Die Hunde liefen, und der Schlitten flitzte übers Eis.
Sie kamen bei Pinguinen vorbei, die lustig durch den Schnee watschelten.
Die Fahrt im Hundeschlitten ging weiter. Da trafen sie graue Robben mit ihren weißen Robbenbabys, die sich mühsam fortbewegten.
Die Hunde zogen den Schlitten, und der Wind pfiff Inuk um die Ohren.
Er zog seine pelzbesetzte Eskimokapuze weit ins Gesicht. Endlich kamen sie zum zugefrorenen Fluss. Vater hackte ein tiefes Loch, bis zum Wasser.

In dieses Wasserloch steckten sie die Angelschnüre und warteten, bis ein Fisch anbiss. Im Wasser gab es viele Fische. Bald war ihr Korb voll. Da erblickte Inuk einen Eisbären, der weit draußen am vereisten Fluss über die Eisschollen tapste.
Inuk hatte Angst, aber Vater sagte: »Eisbären sind sehr scheu, sie werden uns nicht angreifen.« Trotzdem machten sich beide auf den Heimweg. Die Hunde zogen den Schlitten, und flott gings nach Hause. Zu Hause wartete bereits die Mutter. Sie hatte schon das Feuer im Ofen angezündet, und bald brutzelten die Fische in der Pfanne. Es roch sehr gut. Inuk war schon hungrig und freute sich aufs Abendessen.

Literatur:

Grundlagenliteratur:
BECKER, Ingeborg: Musikinstrumente bauen und spielen. Brunnen-Reihe Kinder-Programm 209. Christophorus-Verlag Freiburg, ohne Jahr
HAHNEN, Peter (1986): Musikunterricht mit geistig behinderten Schülern. Lernen konkret, 5. (1986), November-Heft, 1-5
Klang- & Musikinstrumente-Kartei (unveröffentlichte Zusammenstellung)
KOFFER-ULLRICH, Editha (1978): Gedanken über die frühkindliche Hirnstörung und die Musiktherapie. In: WOLGART, Hans (Hrsg.): Das Orff-Schulwerk im Dienste der Erziehung und Therapie behinderter Kinder. Festschrift zum 75. Geburtstag von Carl Orff, 2., unveränderte Auflage. Berlin: Marhold
LAUFER, Daniela (1987): Zum Musikunterricht in der Schule für Geistigbehinderte. Zeitschrift für Heilpädagogik, 38. Jg., Heft 3, 187-192
MÜHL, Heinz (1994): Einführung in die Geistigbehindertenpädagogik. Stuttgart 3. Auflage 1994, 1. Auflage 1984, 95-96
OBERBORECK, Klaus (1978): Theoretische und praktische Versuche einer Erfolgskontrolle der elementaren Musik- und Bewegungserziehung (Orff-Schulwerk). In: WOLGART, Hans (Hrsg.) (1978): Orff-Schulwerk und Therapie. Therapeutische Komponenten in der elementaren Musik- und Bewegungserziehung. Berlin: 2. unveränderte Auflage, 49-66
RITTMEYER, Christel (1997): Musikunterricht bei Geistigbehinderten. Förderschulmagazin, 19. Jahrgang, Heft 2, 5-6

RITTMEYER, Christel (1997): Einführung des ORFF-Instrumentariums in der Schule für Geistigbehinderte. Förderschulmagazin, 19. Jahrgang, 2/1997, 25-28

RUOFF, Elsbeth (1980): Die Anregung von Kommunikationsprozessen bei schwerstbehinderten Kindern durch musikalische Zeichen. Behinderte Heft 3, 25-32

STROBEL, Wolfgang/HUPPMANN, Gernot (1978): Musiktherapie: Grundlagen, Formen, Möglichkeiten. Göttingen: Hogrefe

8. Sachunterricht bei geistiger Behinderung

Vorbemerkungen

Beiträge zum Thema „Sachunterricht bei Schülerinnen und Schülern mit einer geistigen Behinderung" sind äußerst dünn gesät. So hat bislang nur Astrid KAISER Vorschläge für das Lernen von Kindern mit sonderpädagogischem Förderbedarf in Grund- und Sonderschulen entwickelt; alle anderen Sachunterrichtskonzepte blenden Kinder mit Lernschwierigkeiten aus (vgl. SEITZ 2004, 222). Der Geistigbehindertenpädagoge SCHURAD schlägt 2002 vor, das Grundschulcurriculum Sachunterricht in die Schule für Geistigbehinderte zu übernehmen und auf alle Schulstufen dieser Sonderschulform auszudehnen (vgl. a. a. O., 223). Ein solches Vorgehen ist – wie SEITZ zutreffend feststellt – insofern problematisch, als darin die Auffassung enthalten ist, „alle Kinder dieser Schulform unterschieden sich in ihrer Lern- und Persönlichkeitsentwicklung von einer „normalen Entwicklung" eindimensional durch ein verlangsamtes Tempo. Kindesentwicklung ist aber, wie bereits ausgeführt, immer von inter- und intrapersonellen Inkongruenzen geprägt. Eine einfache stoffliche Dehnung vom Primarbereich aus wird demnach dem Lebensalter der Jugendlichen wie auch der Komplexität von kindlicher Lern- und Wissensentwicklung kaum gerecht" (ebd.)
In besonderer Weise ist für die Pädagogik bei schwerer geistiger Behinderung ein Fehlen von sachunterrichtlichem und fachlichem Lernen festzustellen, wie es LAMERS (nach SEITZ 2004, 224) kritisiert und unter dem Stichwort „stoffliche Enthaltsamkeit" zusammenfasst. Ein Schritt in Richtung Überwindung dieses Mankos könnten die derzeit von SEITZ erarbeiteten didaktisch-methodischen Vorschläge zum Thema Zeit sein, die auch für das Lernen in

inklusiven Klassen mit Schülerinnen und Schülern mit schwerer geistiger Behinderung konzipiert wurden (vgl. ebd.).

Zur Geschichte des Sachunterrichts

Vorläufer des heutigen Sachunterrichtes sind der Realienunterricht, der Anschauungsunterricht und die Heimatkunde. Als erster verwendet hat die Bezeichnung „Sachunterricht" der Herbartianer Dörpfeld.

Der Realienunterricht ist die erste Epoche des Sachunterrichtes und markiert damit gleichsam die Frühgeschichte des Sachunterrichts. Er stand im 17. Jahrhundert im Mittelpunkt der didaktischen Auseinandersetzungen. Der erste profilierte Vertreter des Realienunterrichts war der tschechisch-deutsche Pädagoge Jan Amos Comenius. Comenius lebte zur frühen Aufklärungszeit und hat 1658 das erste systematische Sachbuch vorgelegt: orbis sensualium pictus.

Wenngleich die Inhalte dieses Buches aus heutiger Sicht sowohl inhaltlich als auch pädagogisch ein eingeschränktes Spektrum an Möglichkeiten wiederspiegeln, so enthält das Buch doch durchaus einige Gedanken, die von Astrid KAISER zu Recht als modern angesehen werden:

1. der Hinweis auf die Notwendigkeit des Lernens mit allen Sinnen
2. die Betonung der Bedeutung Freier Arbeit
3. die Forderung, dass allen alles gelehrt werden soll
4. die Forderung nach einer motivierenden Präsentation der Inhalte und
5. die Forderung nach Originalbegegnungen anstelle von Bücherwissen.

Die zweite Epoche der Geschichte des Sachunterrichts reicht von der zweiten Hälfte des 18. Jahrhunderts bis zur Wende zum 20. Jahrhundert. In dieser zweiten Phase spielt der Aspekt der Anschauung eine zentrale Rolle, weshalb die damals propagierte Pädagogik und Didaktik als Anschauungspädagogik bzw. – didaktik bezeichnet wird. Der wohl am bekanntesten gewordene Vertreter dieser Richtung ist der Schweizer Pädagoge Pestalozzi. Er vertrat die Ansicht, dass die Anschauung das Fundament aller Erkenntnis sei und prägte die Formel des „Lernens mit Kopf, Hand und Herz". Zentrale Merkmale der Anschauungsdidaktik sind die primär visuell vermittelte Denkförderung. Es wird davon ausgegangen, dass durch Bilder die Vorstellungen der Lernenden konkreter werden.

Diese Vorstellung war lange Zeit auch in der Geistigbehindertenpädagogik leitend: Je anschaulicher eine Sache präsentiert würde, desto nachhaltiger sei, so die Annahme, der Lernerfolg. Inzwischen wird das Prinzip der Anschaulichkeit auch kritisch hinterfragt; andere Leitvorstellungen, wie Orientierung, werden als wichtiger angesehen. Für die damalige Zeit war die Forderung nach einem Anschauungsunterricht insofern eine enorme Veränderung, als weitgehend auswendig gelernte Sätze die Unterrichtswirklichkeit prägten. Auswendiglernen blieb allerdings in der Praxis oft weiterhin die Regel: der Anschauungsunterricht konnte sich nur schwer gegenüber der alten Auswendiglernschule durchsetzen.

Insbesondere auf Widerstand stießen demokratische Pädagogen wie Diesterweg und Harnisch, die sich in der ersten Hälfte des 19. Jahrhunderts für eine Weiterentwicklung des Sachkundeunterrichts engagierten. Diesterweg setzte sich für eine erweiterte Zielsetzung des Anschauungsunterrichts ein: Vermittlung demokratischer Vorstellungen und Verhaltensmuster. Zur

Erreichung dieses Zieles schien ihm insbesondere die Selbsttätigkeit der Jugendlichen besonders wichtig. Von Harnisch wurde 1816 der erste „Leitfaden beim Unterricht in der Weltkunde" herausgegeben, der nach Einschätzung von KAISER die eigentliche Geburtsstunde des heutigen Sachunterrichts als integriertem Fach markiert. Beiden Pädagogen war jedoch mit ihren Ansätzen kein Erfolg beschieden. Diesterweg wurde 1847 aus dem Amt eines Seminardirektors in Berlin entlassen und konnte damit keine zukünftigen Volksschullehrer mehr ausbilden. Harnisch erfuhr ebenfalls Sanktionen: Er wurde von Breslau in die Provinz versetzt. Noch weniger Erfolg hatte das Fach Sachkunde insgesamt: Es wurde während der Restauration im Jahre 1854 durch die sogenannten Stiehlschen Schulregulative gänzlich verboten. Die Epoche der Heimatkunde ist die dritte Phase der Geschichte des Sachunterrichts und ist zu Beginn es 20. Jahrhunderts anzusetzen. Die Heimatkunde entwickelte sich wenig spektakulär aus dem Anschauungsunterricht. Die inhaltlichen Prinzipien beider Vorformen des Sachunterrichts waren vergleichbar. Ebenso wie im Sachunterricht spielten auch in der Heimatkunde die konzentrischen Kreise vom räumlich Nahen zum Entfernten eine Rolle. Zwar entwickelte sich die Heimatkunde zur Blütezeit der Reformpädagogik. Inhaltlich ist sie jedoch kein Produkt der Reformpädagogik. Während die Reformpädagogik die Methoden der bisherigen Schule radikal in Frage stellte, kann die Heimatkunde als restaurativ-konservativ bezeichnet werden. Nur eines der folgenden von Astrid KAISER herausgearbeiteten Kennzeichen kann als fortschrittlich bezeichnet werden (das unter 4 aufgeführte, zuletzt genannte Merkmal).

1. In der Heimatkunde stößt man auf gefühlsschwangere Aussagen, die die Welt romantisch mystifizieren und eine an der Vergangenheit orientierte

bodenverbundene Heimatideologie. Besonders deutlich wird dies bei Eduard Spranger, der 1923 mit seinem Vortrag „Der Bildungswert der Heimatkunde" gleichsam einen Klassiker der Heimatkunde verfasste.
Sprangers Werk ist durch viele konservative Philosophien geprägt, durchsetzt mit gefühlsträchtigen Aussagen.
Charakteristisch ist die emotionale Idealisierung der eigenen Scholle, eine ländliche Orientierung der Inhalte und viel emotionale Heimattümelei.
Hartmut Mitzlaff kritisiert in diesem Zusammenhang nicht nur die gegenständliche Einengung der Heimatkunde, sondern auch deren ideologische Fehleinschätzungen.
So wird das Landkind regelmäßig als das glücklichere, gesündere und gegenüber dem Stadtkind höherwertige Kind dargestellt.

2. Ein zweites, hiermit eng verbundenes Merkmal der Heimatkunde ist deren herrschaftsstabilisierende und obrigkeitshörige Tendenz. Es werden harmonistische Anpassungskonzepte vertreten, deren Komponenten Familienidylle, eine kleinbürgerlich-bäuerliche Welt, Bodenverbundenheit und hierarchische Ordnungsnormen sind.
3. Wie der Reformpädagogik, so fehlten auch der Heimatkunde begründete Konzepte für neue Inhalte. Aus diesem Grunde wurden auch für die Heimatkunde die tradierten Inhalte fortgesetzt.
4. Ein Merkmal des Heimatkundeunterrichts allerdings entstammte der Reformpädagogik, nämlich das Ganzheitsprinzip im Gesamtunterricht. Zwar wurde die Einbindung aller Fächer unter ein gemeinsames Oberthema gefordert. Faktisch war die Verteilung der Bedeutung allerdings sehr uneinheitlich. Den Primat hatte weiterhin das sprachliche Lernen und auch dem geographischen Aspekten wurde mehr Bedeutung zugemessen als

der Naturkunde und Geschichte.

Zu Beginn der 70er Jahre begann die vierte Epoche des Sachunterrichtes mit einer inhaltlichen Erweiterung durch Ausrichtung auf die universitären bzw. schulischen Fächer der Sekundarstufe. KAISER sieht in dieser einzelfachlichen Ausrichtung zugleich schon eine Todesursache dieses Ansatzes enthalten, denn „die Welt ist ... kein Puzzlespiel" (KAISER, Einführung, 2002, 51).

Für die zweite Phase des neueren Sachunterrichts hat KAISER die dominierenden Trends in vier Thesen zusammengefasst:

„1. Die Entwicklung des Sachunterrichts in den letzten beiden Jahrzehnten zeichnet sich durch eine breite Verarbeitung des Kindheitsbegriffs als didaktischer Kategorie aus.

2. In Abgrenzung zur Dominanz wissenschaftsorientierter Prinzipien wird nun verstärkt die subjektive Seite des Sachunterrichts betont. „Erfahrungsnähe" und „Erfahrungsorientierung" sind die Stichworte, die seit Mitte der 80er Jahre besonders häufig verwendet wurden.

3. Anstelle einer Dominanz kognitiver und kognitiv-kritischer Dimensionen werden nun auch handelnde Dimensionen von Unterricht betont. Das Begründungsmoment „handlungsorientiert" gewinnt insbesondere in der Zeit um 1980 ein starkes Gewicht.

4. Gegenüber der starken Fach- oder Fachbereichssubgliederung von Sachunterricht wird nun verstärkt auf inhaltlich-integrierende Momente Wert gelegt. Stichworte wie Projektlernen oder ganzheitliches Lernen tauchen immer häufiger in publizierten Unterrichtsvorschlägen zum Sachunterricht auf" (KAISER, Einführung, 60 f.).

Zur Didaktik des Sachunterrichts

Astrid KAISER hat in ihrem sogenannten „Sachunterrichtsboot" die Faktoren anschaulich zusammengefasst, die bei der Planung von Sachunterricht zu berücksichtigen sind:

- Gesellschaft (1)
Die Frage nach der Gesellschaft, ihrer zukünftigen Entwicklung und der eigenen Position zu sich abzeichnenden Entwicklungen ist die Frage, die es nach Ansicht von Astrid KAISER im Hinblick auf Sachunterricht in erster Linie zu beantworten gilt. Zwar kann die Welt nicht auf pädagogischem Wege verändert werden. Sie ist jedoch auch nicht widerspruchsfrei in ihrer Entwicklung und es gibt immer wieder Möglichkeiten, die Entwicklung in die eine oder andere Richtung zu unterstützen. Durch Nutzung von Handlungsspielräumen können den Kindern und Jugendlichen immer wieder pädagogische Alternativen angeboten werden, insbesondere Alternativen zu einer fast ausschließlich vom Konsum dominierten Welt (vgl. Kaiser 2001, 8).

- Kind (2)
Kinder leben nicht unabhängig von gesellschaftlichen Lebensumständen. Kinder sind vielmehr durch ihre Lebenswelten, die (insbesondere bei den Kindern ein- und derselben Klasse) zunehmend verschiedener sind, und die in ihnen gemachten Erfahrungen geprägt. Ein Unterricht, der die Interessen, Fragen und Verhaltensgewohnheiten der Kinder nicht genug einzuschätzen in der Lage ist, wird notgedrungen zu einem schematischen Unterricht. Es ist deshalb eine zentrale Aufgabe gerade für das gegenwärtige didaktische Den-

ken, auf die durch die Heterogenität der gegenwärtigen Schülerschaft bedingten Besonderheiten zu achten. „Da kommt das eine aus der Selbstversorgungslandschaft in den kurdischen Bergen und hat bislang verantwortlich für die Ziegenherde der Großmutter gesorgt, da kommt das nächste Kind aus einer Heimschule für körperbehinderte Kinder und hat tagaus tagein motorisches Training erlebt und gehofft, bald so bewegungsfähig zu sein, das es in eine Regelschule gehen darf. Da kommt ein drittes Kind aus Deutschland, kennt aber mehr das Wohnzimmer von innen und die Welt über den Filter der Fernsehprogramme, das vierte Kind wiederum wird außerschulisch durch Klavierunterricht, Kunstkurse, Reitunterricht und kindgerechte Bildungsreisen in vielen Fähigkeiten gefördert, aber vielleicht auch vor allem im Einhalten von Terminen gedrillt... Alle diese verschiedenen Biographien bedeuten unterschiedliche kulturelle Erfahrungen, die Kinder in die Lerngruppe einbringen" (vgl. KAISER a. a. O., 10 f.)

- Sache (3)

Je unstrittiger es ist, dass jeder Unterricht, insbesondere der Sachunterricht eine Sache braucht, umso schwieriger ist die Frage zu klären, woher diese Sache genommen werden kann und wie sie auszuwählen ist. Auf diese Frage wird deshalb in dem folgenden Teil abschließend gesondert eingegangen.

Zum Inhaltsbereich des Sachunterrichts und Abgrenzung gegenüber anderen Unterrichtsbereichen

Der Sachunterricht (der in einigen Bundesländern auch als Sachkunde oder weiterhin als Heimatkunde bezeichnet wird) hat Sachen oder Sachverhalte zum Gegenstand. Sprachlich ist unter „Sache" hier alles zu verstehen, was dem Menschen entgegensteht. Aufgabe des Sachunterrichtes ist es sowohl in der Grundschule wie in der Sonderschule, die „Inhalte der Welt" zu vermitteln. Anders als in Deutsch und Mathematik stehen nicht sprachliche und numerische Systeme im Zentrum. Auch ist der Sachunterricht nicht allein auf ästhetische, visuelle und akustische Wahrnehmung ausgerichtet wie z. B. Kunst, Musik und Sport. Sachunterricht kann vielmehr als ein „Eintopf" aus den genannten Elementen begriffen werden, der in vielen Varianten durchgeführt werden kann. Prinzipiell können alle Inhalte aus den Bereichen der Biologie, der Chemie, der Physik, Technik und der Hauswirtschaft im Sachkundeunterricht vermittelt werden. Es liegt nahe, dass ein solch weites Feld der Inhalte leicht zu einer Stoffüberfüllung führen kann. Um der Stoffüberfüllung entgegenzuwirken, ist von Klafki die Orientierung an zwei didaktischen Prinzipien vorgeschlagen worden.

1. Prinzip des exemplarischen Lehrens und Lernens

Exemplarisches Lehren und Lernen im Sinne Klafkis bedeutet, dass nur wenige zentrale Inhalte vermittelt werden sollen, die gleichzeitig wesentliche allgemeine Probleme erschließen. Für diese gesellschaftlich zentralen Inhalte verwendet Klafki seit 1985 den Begriff „Schlüsselprobleme" (vgl. KAISER 2001, 150).

Die Inhaltsauswahl für den Sachunterricht kann jedoch nicht ausschließlich aus dem didaktischen Prinzip der gesellschaftlichen Schlüsselprobleme erfolgen. Hiermit wäre nämlich nach Einschätzung von Klafki die Gefahr der Überforderung der Kinder durch zu viele Anpassungen und Belastungen verbunden, die dann gerade die Handlungsfähigkeit beeinträchtigen könnten.

2. Gewinnung von Dimensionen für Unterrichtsinhalte aus den Notwendigkeiten der allseitigen Entfaltung der Kinder

Die Auswahl von Unterrichtsinhalten muss sich vielmehr auch aus Dimensionen ableiten, die die allseitige Entfaltung der Kinder anzielen und auf kognitive, emotionale, ästhetische, soziale und praktisch-technische Fähigkeiten ausgerichtet sind. Wichtig ist Klafki in diesem Zusammenhang, nicht ein einseitig konsistentes Schema für die Auswahl von Inhalten zugrunde zu legen.

Anleitung zur Herstellung einer „Tagestafel" (Datum, Wetter, Gefühlszustand) (Idee von Catrin WENDE)

Im Folgenden wird eine Medienidee der Studentin Catrin WENDE aus meinem Seminar im WS 04/05 an der Universität Oldenburg unverändert wiedergegeben.

Materialien:
- Holzplatte (DIN A2 oder größer)
- Acrylfarben in weiß, rot, gelb und blau
- schwarzer Edding-Stift
- selbstklebendes schwarzes Klettband

Herstellung:
- Holzplatte mit weißer Farbe grundieren
- Platte mit jeweils einem Streifen in rot, gelb und blau umranden
- Die Sätze „Welches Datum ist heute?", „Wie ist das Wetter heute" und „Wie geht es dir heute?" untereinander mit dem Edding-Stift aufschreiben

- unter jeden Satz einen Streifen Klettband kleben

Kärtchen

Materialien:
- Vorlage für Wetter- und Gefühlskarten
- Tonkarton DIN A4 (ca. 5 Stück)
- schwarzer Stift
- Dezifix- oder Laminierfolie
- selbstklebendes Klettband
- Prittstift

Herstellung:
- Tonkarton in gleich große Stücke einteilen (ca. 7,4 x 5,3 cm)
- darauf Wochentage, Monate und Zahlen von 1 bis 31 schreiben
- Kopien der Vorlagen auf Pappe aufkleben
- die Pappen laminieren oder mit Dezifixfolie (billiger) bekleben, anschließend ausschneiden

   Tipp: Dezifixfolie am Rand überstehen lassen, das Aufkleben geht dann leichter
- ein Stück Klettband auf die Rückseite jedes Kärtchens kleben

Zeitaufwand:
Der Zeitaufwand ist angemessen, vor allem in Relation dazu, dass man die Tagestafel täglich benutzen kann. Der Vorteil der Acrylfarbe ist das schnelle Trocknen, daher geht das Herstellen der Tafel relativ schnell. Die Kärtchen herzustellen nimmt mehr Zeit in Anspruch. Laminieren ist hier von Vorteil, da es schneller geht und auch eine längere Lebensdauer garantiert.

Kosten:
Die Holzplatte DIN A2 kostet im Baumarkt ca. 2 Euro (im Mehrfachpack billiger). Acrylfarben sind recht teuer (750 ml ca. 6 Euro); man könnte auch Abtön- oder Wasserfarben verwenden. Der Tonkarton aus dem Schreibwarenladen kostet ca. 30 Cent pro

Stück, Dezifixfolie pro Rolle ca. 1,50 Euro. Vom Klettband ca. 1,50 Euro (Kaufhaus) braucht man relativ viel, das wird ein wenig teuer.

Ziele und Verwendung:

Das Ziel dieser Tagestafel ist es, dass geistigbehinderte Kinder durch tägliches Wiederholen das Datum, also Wochentage und Monate, lernen. Außerdem können sie lernen, ihren Gefühlszustand auszudrücken und auch vielleicht die Gefühle der anderen Kinder einzuschätzen. Genauso ist es mit dem Wetter: Wenn sie täglich das Wetter benennen müssen, lernen sie, auf ihre Umwelt zu achten und mit offenen Augen durch das Leben zu gehen. Durch die Konstruktion mit dem Klettband werden die handmotorischen Fähigkeiten der Kinder gefördert.

Mein Vorschlag wäre es, die Tagestafel im Klassenzimmer aufzuhängen und jeden Morgen damit zu arbeiten, z. B. im Morgenkreis. Je ein Kind klettet eine Karte an. Als Variante der Tagestafel könnte man eine eigene Tafel für jedes Kind herstellen, auf der es seinen Gefühlszustand deutlich machen kann.

Zielgruppe:

Die Tagestafel ist wieder in erster Linie für geistig behinderte Kinder gedacht, aber auch im Kindergarten oder in der Vorschule kann man den Kindern so spielerisch das Datum beibringen.

Anlage:

- Kopiervorlage Wetterkarten
- Kopiervorlage Gefühlszustand

Die Studentin Imke ZOLLMEYER hat im Sommersemester 2002 im Rahmen ihrer Seminararbeit die folgende Beschreibung eines Fühlpfades vorgelegt:

Fühlpfad

1 Inspirationsweg/Idee

Im Rahmen meiner Ausbildung zur Erzieherin habe ich ein Burgfest für Familien mitgestaltet. Dort habe ich dann einen Fühlpfad aus Naturmaterialien für Eltern und Kinder hergestellt.

Große und kleine Besucher des Festes zeigten viel Interesse und Freude daran. Das hat mich sehr gewundert, da ich den Pfad eigentlich nicht besonders „spektakulär" fand.

Da der Fühlpfad damals sehr beliebt war, habe ich mir überlegt, die Idee für mein Medium – wenn auch in veränderter Form – aufzugreifen. Ich hatte den Einfall, einen flexiblen Fühlpfad für den Innenraum zu gestalten. Ich finde das praktisch, denn dann kann man den Pfad unabhängig von Wetter und Ort benutzen. Außerdem fielen mir viele Materialien ein, mit denen man ihn bekleben kann.

2. Materialien

- 6-8 Sperrholzplatten (Größe ca. DIN A 3)
- Bohrmaschine mit Holzbohrer
- Bastelkleber
- getrocknete Erbsen
- lange Strohhalme
- Korken
- Watte
- Putzlappen
- Luftpolsterfolie
- Teppich- oder Stoffreste
- Paketschnur
- Schere

Die Kosten für die flexible Fühlstraße betragen ca. 5 Euro. Es finden sich immer Dinge zu Hause, die sich für den Pfad eignen.

3. Vorbereitungen

Die Gestaltung der einzelnen Holzplatten ... bietet sehr viele Möglichkeiten, aus denen ich einige gewählt habe.

Es ist sinnvoll, sich vor dem Beginn der Arbeit schon mal zu überlegen, welche Materialien für den Fühlpfad verwendet werden sollen, um diese rechtzeitig zu sammeln. Um genügend Korken zusammenzubekommen, habe ich z. B. Bekannte gebeten, Korken zu sammeln.

Gut geeignet sind auch Stoffreste, Verpackungsmaterialien wie Folien usw. Mir war wichtig, dass sich die verschiedenen Stationen des Fühlpfads am Ende auch unterschiedlich anfühlen. Deshalb ist es sinnvoll, weiche, harte, glatte oder raue Materialien zu wählen. Die Holzplatten sollten stabil sein!

4. Bauanleitung

1. In die Ecken der Holzplatten werden Löcher gebohrt
2. Die Materialien werden ggf. auf die Größe der Platten zurechtgeschnitten und auf die Platten geklebt. Tipp: Korken halten besser, wenn man sie halbiert. Bei den Erbsen ganze Platte mit Kleber beschmieren und dann die Erbsen darauf „streuen". Darauf achten, dass man nicht versehentlich die Bohrlöcher überklebt!
3. Sind die einzelnen Felder vollständig getrocknet, können sie aneinander gebunden werden.

5. Zielgruppe/Umgang mit dem Fühlpfad

Der Fühlpfad ist für Kinder fast aller Entwicklungsstufen geeignet, da keine besonderen Fertigkeiten verlangt werden. Jeder Einzelne sollte barfuß über den Pfad gehen, da die unterschiedlichen Materialien so besser gefühlt und unterschieden werden können. Wer möchte, kann sich dabei an der Hand führen lassen. Wenn man sich die Augen zuhält oder diese mit einem Tuch verbindet, kann man die Eigenschaften der Materialien (spitz, glatt...) genauer erspüren. Schüler mit schwerer Behinderung, die nicht laufen können, können den Pfad trotzdem benutzen. Wenn man ihn z. B. auf einen Tisch legt, kann man ihn auch gut mit den Händen ertasten. Wenn man in der Schule mit dem Fühlpfad arbeitet, bietet es sich an, die Platten hin und wieder gegeneinander auszutauschen, so wird es nicht langweilig. Man könnte die einzelnen Platten auch nach und nach einführen (z. B. jede Woche eine neue Platte), so dass der Pfad immer länger wird.

Das Medium ist für alle Altersstufen geeignet und kann nicht nur für Kinder, sondern auch für Erwachsene spannend sein.

6. Lernziele

Die Wahrnehmung von unterschiedlichen Materialien mit vielen Sinnen ermöglicht den Schülern, ganz individuelle Erfahrungen zu sammeln. Im Alltag kommt es in der heutigen Mediengesellschaft oft zur „Sinnesüberfrachtung", die sich jedoch hauptsächlich auf visuelle und auditive Sinne richtet. Außerdem werden die Sinne durch Fernsehen oder Computer nicht direkt, sondern nur durch „zweite Hand" angesprochen. Durch das Gehen über den Fühlpfad wird die kinästhetische Wahrnehmung der Kinder angeregt: Sie erleben, wie sich die einzelnen Materialien anfühlen. Aber auch Emotionen der Kinder werden durch den Pfad geschult: Durch das Gehen über den Fühlpfad werden die Gefühle, die man dabei empfindet, genau wahrgenommen, die Kinder sollen es genießen.

Im Bereich der Psychomotorik werden evtl. Dinge wie das Gleichgewicht erproben und die Körperkoordination gefördert.

Literatur:

Grundlagenliteratur:

BLEINROTH, Kathrin: Unterrichtsmedium zum Thema: Ankleiden zu den unterschiedlichen Jahreszeiten. Seminararbeit im Rahmen des Seminars „Theoretische Grundlagen und praktische Herstellung sowie Erprobung von Unterrichtsmaterialien bei Schülerinnen und Schülern mit geistiger Behinderung. SS 2002 Universität Oldenburg

KAISER, Astrid (2001): Einführung in die Didaktik des Sachunterrichts. Hohengehren: Schneider Verlag, 7. Auflage

KAISER, Astrid (2001): Praxisbuch handelnder Sachunterricht, Band 1. Hohengehren: Schneider Verlag, 8. unveränderte Auflage

KAISER, Astrid (2001): Praxisbuch handelnder Sachunterricht, Band 2. Hohengehren: Schneider Verlag, 3. Auflage

KAISER, Astrid (Hrsg.) (2000): Praxisbuch handelnder Sachunterricht, Band 3. Hohengehren: Schneider Verlag, 2. unveränderte Auflage

MANNES, Imke: Sachunterricht in der Schule für geistig Behinderte. Seminararbeit im Rahmen des Seminars „Theoretische Grundlagen und praktische Herstellung sowie Erprobung von Unterrichtsmaterialien bei Schülerinnen und Schülern mit geistiger Behinderung". Universität Oldenburg, WS 2002/2003

SCHNEIDER, Tobias (2005): Medien im Bereich Sachunterricht Schwerpunkt Körper. Seminararbeit im Rahmen des Seminars „Lernmaterialien (für Schüler mit geistiger Behinderung", Oldenburg WS 2004/2005

SCHURAD, Heinz (2002): Curriculum Sachunterricht für die Schule für Geistigbehinderte. Oberhausen: Athena-Verlag, 1. Auflage 2002

SEITZ, Simone (2004): Forschungslücke Inklusive Fachdidaktik – ein Problemaufriss. In: SCHNELL, Irmtraud/SANDER, Alfred (Hrsg.): Inklusive Pädagogik: Bad Heilbrunn/Obb., 215-231

WENDE, Catrin: Anleitung zur Herstellung einer „Tagestafel" (Datum, Wetter, Gefühlszustand). Seminararbeit im Rahmen des Seminars Lernmaterialien für Schülerinnen und Schüler mit geistiger Behinderung, WS 2004/2005, Universität Oldenburg

WILKEN, Hedwig (2002): Kinder werden Umweltfreunde. Umweltbildung in Kindergarten und Grundschule. München: Don Bosco Verlag, 1. Auflage 2002

ZOLLMEYER, Imke: Umsetzung von zwei Medienideen. I Riechspiel: „Ist ja dufte". II Fühlpfad. Seminar „Theoretische Grundlagen und praktische Herstellung von Unterrichtsmaterialien (Medien) bei Schülerinnen und Schülern mit einer geistigen Behinderung". SS 2002, Universität Oldenburg

III. Unterrichtsbereiche mit spezifischer Ausrichtung auf die geistige Behinderung

9. Fühlbilderbücher

Einführung in die Thematik

Fühlbilderbücher sind Bilderbücher, bei denen einzelne Abbildungen durch verschiedenste Stoffe und Materialien fühlbar gemacht wurden.
In der Bundesrepublik Deutschland sind Fühlbilderbücher erst seit Beginn der 90er Jahre im Handel erhältlich. Die Idee des Fühlbilderbuchs scheint aus Japan zu stammen, wo 1979 eine erste internationale Ausstellung von Fühlbilderbüchern stattfand. Ein genaues zeitliches Entstehungsdatum von Fühlbilderbüchern lässt sich jedoch nicht ermitteln.

Pädagogische Begründung

Es gibt außer zwei Publikationen[1] keine mir bekannten Veröffentlichungen, die sich schwerpunktmäßig mit dem Thema „Fühlbilderbuch" beschäftigen. Dies ist bedauerlich, weil Fühlbilderbücher eine Vielzahl von pädagogischen Möglichkeiten in sich vereinigen.

---

[1] Kirchberger, Claudia (1990): Stoffbilderbücher. Pädagogische und didaktische Analyse für den Einsatz bei lern-, geistig- und sehbehinderten Schülern. Zeitschrift für Heilpädagogik, 41. Jahrgang, Heft 5, 322-329
Köllen, Monika (1999): Das Fühlbilderbuch. Zum Aufbau einer Lesemotivation. In: Lernen konkret. Unterricht mit Geistigbehinderten. 18. Jahrgang, 1999, Heft 3, 9-1

Im Folgenden führe ich nur einige Gedanken auf, die die Bedeutung von Fühlbilderbüchern verdeutlichen:

1. Fühlbilderbücher <u>erleichtern den Übergang vom konkreten zum abstrakten Denken.</u>

Indem Abbildungen durch verschiedenste Stoffe und Materialien fühlbar gemacht werden, werden die bloßen Abbildungen zum dreidimensionalen Objekt. Zusätzlich zur visuellen und akustischen Wahrnehmung, die beim „normalen" Bilderbuch angesprochen wird, kommt damit beim Fühlbilderbuch als weiterer Sinn der Tastsinn hinzu. Hierdurch wird den Kindern die Möglichkeit gegeben, die Geschichte zu hören, zu sehen und zu „begreifen", d. h. über Tastobjekte wahrzunehmen.

Die fühlbaren Objekte in Fühlbilderbüchern vereinigen konkrete und abstrakte Aspekte in sich und nehmen dadurch eine vermittelnde Position zwischen dem konkreten Objekt und der Abbildung ein.

Das konkrete Objekt wird somit im Fühlbilderbuch durch ein Fühlobjekt repräsentiert, was möglicherweise – legt man die Annahmen der Entwicklungstheorie Jean Piagets zugrunde – den Übergang zwischen konkretem und abstraktem Denken erleichtert.

2. Fühlbilderbücher <u>motivieren zur h a n d e l n d e n Auseinandersetzung</u> mit dem Inhalt des Buches.

Die Fühlobjekte des Fühlbilderbuches fordern das Kind dazu auf, sich handelnd und damit aktiv mit dem Fühlbilderbuch auseinander zu setzen, während sie die Geschichten von Bilderbüchern ansonsten oft eher nur passiv über Augen und Ohren in sich aufnehmen. Auf diese Weise können Kinder, insbesondere auch solche mit einer (geistigen) Behinderung aktiv an der Vorlesesituation beteiligt werden (vgl. ZIEMS 2005).

3. Fühlbilderbücher motivieren Kinder zum genauen Hinsehen und Hinhören. Durch die ungewöhnliche Gestaltung der Oberfläche und die Möglichkeit des Berühren Könnens der Objekte wird in Fühlbilderbüchern die Aufmerksamkeit in besonderer Weise gefesselt.

4. Möglichkeit zum multisensorischen Lernen.
Der zusätzliche Rückgriff auf den Tastsinn ermöglicht multisensorisches Lernen, das eine insbesondere für Kinder mit Lernbeeinträchtigungen geeignete Form des Lernens ist. Durch die Auseinandersetzung mit Fühlobjekten kann es zu einer Verbesserung der Sensibilität im Bereich der Fingerspitzen kommen. Des weiteren verlangen Fühlbilderbücher den Kindern eine Figur-Grund-Wahrnehmung ab, wenn die glatte Oberfläche des Buches von den Fühlobjekten zu unterscheiden ist. Außerdem ist eine Diskriminierung der im Buch vorhandenen unterschiedlichen Oberflächen notwendig und eine Zuordnung der jeweiligen Oberfläche zum dazugehörigen Gegenstand. Bei manchen Fühlbilderbüchern, in denen es um Formdifferenzierung und –erkennung geht, sind die jeweiligen Fühloberflächen zudem mit verschiedenen Formen verbunden.

5. Fühlbilderbücher ermöglichen eine weitreichende Individualisierung des Lernens.
Wenn man eigene Geschichten in Fühlbilderbücher umsetzt bzw. vorliegende

Bilderbücher zu einem Fühlbilderbuch umgestaltet, bedeutet dies Individualisierung des Lernens.

6. Fühlbilderbücher ermöglichen ein <u>intensives „Lesen im weiteren Sinne"</u>.
Bilder, die noch dazu fühlbar sind, ermöglichen das Lesen im weiteren Sinne. In vielen Fällen ist deshalb das Vorlesen von Bilderbüchern auch eine erfolgreiche Vorbereitung und dadurch Hinführung zum Lesen im engeren Sinne.

Übersicht über Fühlbilderbücher

Christiane KOUKOUDIMOS und Thomas KÜNZLER haben im theoretischen Teil ihrer Ausarbeitungen zum Thema Fühlbilderbuch im Rahmen einer Seminararbeit und späteren Examensarbeit Fühlbilderbücher in Anlehnung an KIRCHBERGER in vier Gruppen unterteilt:
- Bilderbücher zur Förderung der Koordination von Arm- und Handbewegungen,
- Bilderbücher zur Förderung kognitiver Fähigkeiten durch den Gebrauch der Hände,
- Bilderbücher mit Geschichten, die man durch Erfühlen miterleben kann und
- Bilderbücher, die durch ihre plastische und anschauliche Gestaltung zur Entwicklung der Phantasie dienen.

Annika ZIEMS führt die einzelnen Kategorien wie folgt aus:
„Zur ersten Kategorie gehören vor allem Bilderbücher, die durch Verschlüsse, Knöpfe, Haken, Schnüre etc. die Auge-Hand-Koordination sowie Feinmotorik fördern. Meist

behandeln diese Bilderbücher lebenspraktische Themen wie beispielsweise das An- und Ausziehen.

In der zweiten Kategorie befinden sich Bilderbücher, die Wissen vermitteln bzw. in denen das Kind durch entdeckendes Lernen Einsichten in die Zusammenhänge der Welt erwerben kann. Die Kombination aus konkreten und abstrakten Aspekten innerhalb des Fühlbilderbuches erleichtern diesen Zugang zur Welt...

Bilderbücher der dritten Kategorie erzählen Geschichten, die durch eine taktile Repräsentation der Objekte erlebbar werden und so den emotionalen Bezug zur Geschichte erleichtern.

Die vierte Kategorie umfasst Bilderbücher, die durch ihre plastische Gestaltung der Entwicklung und Fantasie dienen" (ZIEMS 2005).

Die gerade aufgeführten Unterscheidungskriterien von Fühlbilderbüchern nach ihren Fördermöglichkeiten sind eine analytische Trennung. Das bedeutet, dass ein Fühlbilderbuch meist nicht nur einer einzigen Kategorie zugeordnet werden kann, sondern bei ein- und demselben Fühlbilderbuch meist Überschneidungen festzustellen sind. Allerdings sind in vielen Fällen Schwerpunkte vorhanden, die mit diesen Kategorien deutlich zu erfassen und zu beschreiben sind.

Von der Funktion her sind Fühlbilderbücher zum einen Spielzeug. Sie können darüber hinaus bei entsprechender Gestaltung auch eine gute Lernhilfe sein. So können Fühlbilderbücher z. B. durch haptische Anreize Informationen über Dinge und den adäquaten Umgang mit Dingen des Alltags vermitteln bzw. den Erwerb entsprechenden Wissens und entsprechender Fertigkeiten fördern.

Viele Fühlbilderbücher behandeln deshalb z. B. das Thema An- und Ausziehen. Sie geben Kindern die Möglichkeit, mit verschiedenen Verschlüssen wie

z. B. Knöpfen, Haken, Klettverschlüssen und Schnüren zu spielen und dabei verschiedene Fertigkeiten wie Schuhe binden, Hosenträger öffnen oder Reißverschlüsse öffnen und schließen zu erlernen und zu üben. Hierbei steht oft die Koordination von Handbewegungen im Mittelpunkt; die scheinbar so einfachen motorischen Tätigkeiten wie Öffnen, Zudrücken und Zuziehen beeinflussen jedoch die gesamte intellektuelle Entwicklung (positiv). So dient das Fühlbilderbuch durch die Förderung der motorischen Fähigkeiten gleichzeitig auch der Entwicklung der gesamten geistigen Fähigkeiten.

Da Fühlbilderbücher einerseits konkretes Tun ermöglichen, andererseits aber auch Objekte repräsentieren, vermitteln sie zwischen konkretem und abstrakten Denken und fördern den Transfer vom konkreten zum abstrakten Denken. Darüber hinaus ermöglichen Fühlbilderbücher entdeckendes Lernen. Und sie leisten etwas, was heute, vermutlich wegen in der Vergangenheit oft einseitiger Formen der Vermittlung, zu Unrecht in Verruf geraten ist, aber mir unerlässlich erscheint: sie vermitteln Wissen.

Für Schülerinnen und Schüler mit Lernbeeinträchtigungen, noch mehr aber solche mit einer geistigen Behinderung, können „normale" Bilderbücher eine Überforderung darstellen. So erschwert insbesondere zu viel Text bei ihnen nicht selten das Verständnis der Geschichten. Durch die plastische Gestaltung von Personen und Gegenständen im Fühlbilderbuch dagegen werden die Geschichten für ein Kind wesentlich anschaulicher: Bei Fühlbilderbüchern kann es mit viel mehr Sinnen als bei „normalen" Bilderbüchern Erzählungen miterleben.

Was den Einsatz anbetrifft, so lassen sich Fühlbilderbücher in den unterschiedlichsten Bereichen einsetzen. So sind sie besonders für das spielerische Lernen in der Frühförderung geeignet. Im Deutschunterricht bzw. dem

Bereich Sprache / Kommunikation der Grundstufe lassen sie sich gut als alternatives Lernmittel einsetzen. Darüber hinaus können sie im Rahmen der Sprecherziehung wertvolle Dienste leisten.

Analyse von auf dem Markt vorhandenen Fühlbilderbüchern

Um sich einen Eindruck vom aktuellen Angebot von Fühlbilderbüchern im Handel und deren Gestaltung und Inhalt zu verschaffen, haben KOUKOUDIMOS und KÜNZLER im Jahr 2000 einige Buchhandlungen in der Oldenburger Innenstadt aufgesucht. Die dort vorgefundenen Fühlbilderbücher haben sie anhand der fünf Kategorien Autor, Titel, Verlag, Preis/Gestaltungsqualität/ Was kann gefühlt werden?/Material/Inhalt untersucht. Das Ergebnis ihrer Untersuchung ist im Folgenden wiedergegeben:

Nr.	Autor, Titel, Verlag, Preis	Gestaltungsqualität	Was kann gefühlt werden?	Material	Inhalt
1	"Fühlen und Begreifen: Zahlen", ars Edition, 13,90 DM	- auf jeder zweiten Seite kann etwas gefühlt werden - 12 Seiten in quadratischer Form - feste Pappe, wasserabweisend - jeweils die Deckseite mit einem Loch zum Fühlen	- Fischschuppen - Sandburgen - Seesterne - Schlangenhaut - Zuckerplätzchen	- Plastik geriffelt - Schleifpapier - Kunstleder - Kunstleder geriffelt - Klebefolie	- geeignet zum Lernen der Zahlen 1-10 - jeder Zahl werden bestimmte Objekte zugeordnet, die zum Teil erfühlt

		- jeweils Text zum fühlbaren Material oder bei den Abbildungen - gebunden			werden können
2	„Fühlen und Begreifen: Formen", ars Edition, 13,90 DM	- auf jeder zweiten Seite kann etwas gefühlt werden - 12 Seiten in quadratischer Form - feste Pappe, wasserabweisend - jeweils die Deckseite mit einem Loch zum Fühlen - jeweils Text zum fühlbaren Material oder bei den Abbildungen - gebunden	- Orange - Seidenkissen - Federmappe - Sonnenbrille - Zauberstab	- Gummi - Stoff - Kunstfell - farbige Spiegelfolie - geriffeltes Plastik	- Kennenlernen verschiedenster Formen
3	„Fühlen und Begreifen: Tierkinder", ars Edition, 13,90 DM	- auf jeder zweiten Seite kann etwas gefühlt werden - 12 Seiten in quadratischer Form - feste Pappe, wasserabweisend - jeweils die Deckseite mit einem Loch zum Fühlen - jeweils Text zum fühlbaren Material oder bei den Abbildungen - gebunden	- Hase - Elefantenohr - Kükenfell - Kalbsfell - Affenfell	- Kunstfell - Kunstleder - Kunsthaare	Kinder werden zum Fühlen unterschiedlicher Tiere aufgefordert

4	„Fühlen und Begreifen: Katzen", ars edition, 13,90 DM	- auf jeder zweiten Seite kann etwas gefühlt werden - 12 Seiten in quadratischer Form - feste Pappe, wasserabweisend - jeweils die Deckseite mit einem Loch zum Fühlen - jeweils Text zum fühlbaren Material oder bei den Abbildungen - gebunden	- Katzenfell - Katzenzunge - Katzennamensschild - Futternapf - Strohkorb	- Kunstfell - Schleifpapier - Spiegelfolie - Glanzfolie - Bast (vom Eierbecher)	Es werden verschiedene Objekte zum Thema „Katzen" dargestellt.
5	„Fühlen und Begreifen: Bauernhof", ars edition, 13,90 DM	- auf jeder zweiten Seite kann etwas gefühlt werden - 12 Seiten in quadratischer Form - feste Pappe, wasserabweisend - jeweils die Deckseite mit einem Loch zum Fühlen - jeweils Text zum fühlbaren Material oder bei Abbildungen - gebunden	- Kükenfell - Pferdekopf - Hundefell - Schafsfell - Schweinsnase	- Kunstfell - Kunsthaare - Kissenbezug (Stoff) - Schaumstoff	Verschiedene Objekte zum Thema „Bauernhof" werden dargestellt
6	„Fühlen und Begreifen: Ponys", ars edition,	- auf jeder zweiten Seite kann etwas gefühlt werden - 12 Seiten in quadrati-	- Pferdekopf - Pferdebauch - Pferdedecke - Mähne	- Kunstfell - fester grüner Stoff - Kunsthaare	Verschiedene Objekte zum Thema „Pferde/ Ponys" werden

	13,90 DM	scher Form - feste Pappe, wasserabweisend - jeweils die Deckseite mit einem Loch zum Fühlen - jeweils Text zum fühlbaren Material oder bei den Abbildungen - gebunden	- rotes Band	- Seide	dargestellt.	
7	„Fühlen und Begreifen: Weihnachten", ars Edition, 13,90 DM	- auf jeder zweiten Seite kann etwas gefühlt werden - 12 Seiten in quadratischer Form - feste Pappe, wasserabweisend - jeweils die Deckseite mit einem Loch zum Fühlen - jeweils Text zum fühlbaren Material oder bei den Abbildungen - gebunden	- Nikolausbart - Rentiernase - Weihnachtsschmuck - Löwenbauch - Mütze	- Kunstfell - Gummi - Spiegelfolie - Frottee - Filz	Verschiedene Objekte zum Thema „Weihnachten" werden dargestellt.	
8	„Fühlen und Begreifen: Hunde", ars edition, 13,90 DM	- auf jeder zweiten Seite kann etwas gefühlt werden - 12 Seiten in quadratischer Form - feste Pappe, wasserabweisend - jeweils die Deckseite mit einem Loch zum	- Hundefell - Hundeohr - Pantoffel - Ball - Hundenase	- Kunstfell - Filz - Moosgummi - Gummi	Typische Hinweise zum Verhalten und Umgang mit Hunden	

		Fühlen - jeweils Text zum fühlbaren Material oder beiden Abbildungen - gebunden			
9	Inkpen, Mick: „BuBu und das Ei", Baumhaus Verlag, 14,80 DM	- 10 Seiten - feste Pappe, wasserabweisend - gebunden - Deckseite mit einem Loch zum Fühlen - links Text mit Bild, rechts meist Bild mit Fühlmöglichkeit - gemalte Bilder	- BuBu's Ohren - Ei - Henne - Küken - Dinosaurierhaut	- Samt - Kunstseide - Kunstfeder - Kunstfell - geriffeltes Plastik	Abenteuer mit BuBu, wobei das Kind etwas entdecken bzw. lernen kann.
10	Inkpen, Mick: "BuBu und der Honigtopf", Baumhaus Verlag, 14,80 DM	- 10 Seiten - feste Pappe, wasserabweisend - gebunden - Deckseite mit einem Loch zum Fühlen - links Test mit Bild, rechts meist Bild mit Fühlmöglichkeit - gemalte Bilder	- BuBu's Bauch - Arnold's Bauch - Honig - Schmetterlingsflügel - Handtuch - Spiegel	- Kunstfell - Gummi - Klebefolie - Glanzstoff - Frottee - Spiegelfolie	Abenteuer mit BuBu, wobei das Kind etwas entdecken bzw. lernen kann.
11	„Gute Nacht und schlaf schön!" ars edition, 39,80 DM	- Stofftasche mit Henkel und Reißverschluss - Vorder- und Rückseite mit Bild bestickt - bei der Innentasche besteht die Möglichkeit zum Nameneintragen - 8 gefärbte und bestickte	- Handtuch - Schlafanzug - Stoff - Klettverschluss - Reißverschluss	- Frottee - verschiedene Stoffe - Klettverschluss - Reißverschluss	Das Zu-Bett-Gehen eines kleinen Bären (Abendessen, Zähneputzen, Baden, Anziehen des Schlafanzuges, Wegräu-

		Seiten - auf jeder Seite steht ein Satz, größtenteils mit Anweisungen - Stoffbär als Puppe zum Ankleiden - bewegliche Teile (Arm des Bären zum Essen, Zahnbürste, Stoffpuppe, Ente, Schlafanzug, Spielzeug und Oberkörper der Bärenmutter) - bei jedem Bild steht das passende Wort (Baum, Bär,...) - Tasche blau, Innenseite weiß ist waschbar			men der Spielsachen, Gute-Nacht-Geschichte und Gute-Nacht-Kuss) wird dargestellt
12	Eberhard, Irmgard: "Was fühlst du?" Ravensburger, 24,80 DM	- 16 Seiten, quadratisch, wasserabweisend	- Katzenfell - Schubladen, Kalender - Bild, Tür, Schlüsselloch - Sonne, Blumen - Seil - verschnürtes Paket - Hundefell - Sandhaufen, Blätter - Hundeleine, Wolke - Kuhzunge - Regentropfen - Säge, Schrank,	- Kunstfell - eingestanzte oder aufklappbare Pappe - Schnur - Schmirgelpapier - Pflaster - Spiegelfolie - Schaumstoff - Filzstoff	- es wird eine Geschichte über den Alltag des Mädchens Marie erzählt - sehr aufwendig und abwechslungsreich gestaltet („Tolles Buch" – die Redaktion)

			- Korb - Pflaster - Sanitätskoffer - Brief, Herz - Spiegel - Schwamm - Ente - Fenster, Kommode - Bettdecke - Hundehütte - Sterne		
13	De Haen, Wolfgang: „Fühl mal", Ravensburger, 24,- DM	- feste Pappe - Deckseite mit einem Loch zum Fühlen - gemalte Bilder - jeweils unten auf der Seite Text zum Bild - Ringbuch	- Buchstaben - Hundezunge - Fischhaut - Seil/Tau - Zahlen - Bommel vom Clown - versteckter Schlüssel - Rolle vom Skateboard - Brezel, Teig - Spiegel - Seifenblasen - Zylinder - Wasserschlauch, Wasser - Pelzjacke	- eingestanzte Pappe - Schmirgelpapier - Schnur - Wollfäden - Gummi - Spiegelfolie - Filzstoff - Kunstfell	- sehr aufwendig und abwechslungsreich gestaltet („Tolles Buch" – die Redaktion) - verschiedene Berufe, Charaktereigenschaften oder Hobbys werden durch Möpse dargestellt (Schusselmops, Bäckermops etc.)
14	Carle, Eric: „die kleine Spinne spinnt	- abwechselnd eingestanzte und durch bestimmte Materialien	Fliege und Spinnenfäden	flüssig aufgetragenes Material, das hart wurde	- auf der linken Seite sind Tiere, die der Spinne

	und schweigt", Gerstenberg, 36,- DM	fühlbare Objekte - Ringbuch - Seiten sind offen, nicht geklebt - pro Seite ein Reim - sehr bunt gestaltet - 16 Seiten - weiche Pappe - wasserabweisend - gemalte Bilder		(ähnlich den Fensterfarben)	eine Frage stellen, auf die diese nicht reagiert, bis sie die Fliege fängt - Geschichte mit Hintersinn
15	Wensell, Paloma und Ulises: „Valentin, was ist das?" Ravensburger, 29,80 DM	- feste Pappe, gebunden - wasserabweisend - 26 Seiten - gemalte Bilder - auf jeder gezeichneten Seite fühlt man Spinnenfäden und eine Fliege (rechts)	- Blumen - Käfer - Maus - Blätter - Pfützen - Kakteen - Steine - Spinne - Schmetterlinge - Teich - Decke - Eichel - Baumstamm	- ein- und ausgestanzte Pappe - Klebefolie (Wackelbilder) - Mischung aus Stoff- und Kunstfell - Faltpapier - Netz - Kork - aufklappbare Pappe	- es wird eine zusammenhängende Tiergeschichte erzählt - sehr aufwendig und abwechslungsreich gestaltet („tolles Buch" – die Redaktion)
16	Mornet, Marie-Francoise/ Langlois, Florence : «Armer Wolf, wo ist dein Fell?» Gerstenberg, 24,80 DM	- 16 Seiten, quadratisch, wasserabweisend - feste Pappe - Ringbuch und gebunden - gemalte Bilder - sehr bunt gestaltet - auf jeder Seite ein längerer Text zum Bild	„Wolfsfell"	- Kordel - Feder - Bänder - Wolle - Wellpappe - Schleifpapier - Kunstfell	- Der arme Wolf hat sein Fell verloren und ist ganz traurig. Der Leser soll ihm helfen, es wieder zu finden. - ein Tast-Finde-Bilderbuch
17	van Fleet,	- 16 Seiten	- Entenfell	- Kunstfell	- das Buch fördert

Mathew: "Kuschelgelbe Enten", ars edition, 24,90 DM	- gemalte Bilder - Reingreifen in Seiten möglich, um „Fell" zu fühlen - es werden Fragen an das Kind gestellt, wie sich wohl ein Wolfsfell anfühlt. Fragen werden auf der folgenden Seite mit Wort, Bild und passendem Material geklärt	- Krötenhaut - Koalabärenfell - Leguanhaut - Schafsfell - Haihaut - Froschzunge	- strukturiertes Papier - Schmirgelpapier - Klebestreifen	die Farben- und Formenlehre - Farben werden mit bestimmten Tieren in Verbindung gebracht - sehr aufwendig gestaltet („tolles Buch – die Redaktion)

(KOUKOUDIMOS/KÜNZLER 2001)

Zusammenfassende Analyse:

In ihrer zusammenfassenden Analyse kommen KOUKOUDIMOS und KÜNZLER zu dem Ergebnis, dass in den von ihnen vorgefundenen Fühlbilderbüchern die Themen vorzugsweise nicht in einer zusammenhängenden Geschichte präsentiert werden. Allerdings ist in der Regel doch ein Bedeutungskontext gegeben, z. B. wenn es um die verschiedenen Kleider eines Kindes geht, das dieses aus dem Koffer auspackt. Weiterhin ergaben ihre Untersuchungen, dass sehr häufig Tiere gefühlt werden können. Denkt man an die emotionale Bedeutung von lebenden Tieren wie auch Stofftieren für Kinder, so erscheint dieser Gestaltungsschwerpunkt zum einen verstehbar, zum anderen ist er zu begrüßen.

Fühlbilderbücher bewegen sich im „normalen" Preisbereich von Bilderbüchern. D. h. ihre zusätzliche Gestaltungsqualität hat nicht zur Folge, dass sie aus dem normalen Preisbereich herausfallen, was sie allerdings auch „marktunfähig" machen würde. Der Preis der von KOUKOUDIMOS und KÜNZLER untersuchten auf dem Markt befindlichen Fühlbilderbücher (ca. 30-40 Bücher) bewegte sich zum Zeitpunkt der Untersuchung zwischen ca. 10,- und 30,- DM. Die Abbildungen sind meist gemalt. Eine Ausnahme bilden hier lediglich die Bücher der ars Edition mit Fotos.

Entgegen ihren Erwartungen fanden KOUKOUDIMOS und KÜNZLER in einigen Buchhandlungen recht viele, in einer anderen dagegen kein Fühlbilderbuch vor. Die einzelnen Buchhandlungen scheinen sich nach ihrem Eindruck auf einzelne Verlage spezialisiert zu haben. KOUKOUDIMOS und KÜNZLER arbeiteten außerdem heraus, dass in den von ihnen vorgefundenen Fühlbilderbüchern einfache und preiswerte Materialien verwendet werden wie Spiegelfolie, Kunstfell, Schmirgelpapier, Moosgummi oder ein- bzw. ausgestanzte Pappe zum Fühlen. Die Anzahl der Seiten liegt meist zwischen 12 und 20 Seiten. Die Seiten selbst sind wasserabweisend, quadratisch und aus fester Pappe.

Annika ZIEMS kommt in ihrer Auswertung dieser Liste ebenfalls zu dem Schluss, dass es sich dabei vorwiegend um Fühlbilderbücher handelt, die ein bestimmtes Thema darstellen (wie Farben, Formen, Tiere), aber keine Geschichte erzählen. Allerdings gibt sie zu bedenken, dass das Angebot an Fühlbilderbüchern mittlerweile wesentlich größer ist und diese Liste, würde sie zum gegenwärtigen Zeitpunkt erstellt, somit um Einiges länger wäre. Als Beispiele für Fühlbilderbücher, die eine Geschichte erzählen, führt sie „Valentin, was ist das?" von WENSELL sowie zwei Bücher von NASCIMBENI (über die Kuh Olivia und das Zebra Jacob) an.

Als Gesamtergebnis kommt ZIEMS zu dem Schluss, dass das auf dem Markt vorhandene Angebot von Fühlbilderbüchern begrenzt ist und diese sich nach ihrer Ansicht meist nicht für Kinder mit geistiger Behinderung eignen, weil sie z. B. auf Kleinkinder zugeschnitten sind und/oder die Tastobjekte nicht für Kinder mit taktilen Problemen geeignet sind. Aus diesem Grunde ist es bei dieser Schülergruppe in besonderer Weise erforderlich, Fühlbilderbücher selbst herzustellen, worauf im nächsten Abschnitt eingegangen wird.

Herstellung von Fühlbilderbüchern

Fühlbilderbücher lassen sich grundsätzlich auf zwei verschiedene Arten und Weisen herstellen: Ein vorhandenes Bilderbuch kann zu einem Fühlbilderbuch umgestaltet werden oder es kann ein gänzlich neues Bilderbuch selbst geschaffen werden.

Hinweise für die Herstellung eines Fühlbilderbuches

Wertvolle Hinweise für die Herstellung eines Fühlbilderbuches enthält das Skript „Herstellung und Einsatz von Tastbilderbüchern und anderen taktilen Medien für sehrgeschädigte Kinder" der beiden Sonderschullehrerinnen SIFRIN und BARKOW der Rheinischen Schule für Sehbehinderte in Düsseldorf. Die meisten der in diesem Skript enthaltenen Hinweise sind auch für Schülerinnen und Schüler mit einer geistigen Behinderung geeignet. Die beiden Autorinnen machen darauf aufmerksam, dass durch die Tastqualitäten ein reales Objekt repräsentiert werden soll und dass es in diesem Zusammenhang weniger wichtig ist, dass es sich um naturidentische Tastqualitäten handelt als dass diese Tastqualität zum Symbol für das reale Objekt gemacht wird. Ein- und dieselbe Tastqualität darf deshalb immer nur ein- und demselben Objekt zugeordnet werden und muss durch das ganze Buch hindurch konstant erhalten bleiben. Wenn beispielsweise das Fell eines Schafes durch Watte fühlbar gemacht wird, dann muss das Schaft auch das ganze Buch hindurch ein Fell aus Watte haben und es darf dann kein anderes Objekt durch Watte dargestellt werden. Dieses Beispiel verdeutlicht aber auch, dass ein möglichst signifikantes Merkmal (hier das Fell) hervorgehoben werden sollte, das dann stellvertretend für das ganze Objekt steht. Gerade bei Kindern mit taktilen Problemen ist weiterhin zu beachten, dass sich die Oberflächenstrukturen deutlich voneinander unterscheiden müssen, damit sich die unterschiedlichen Objekte auch deutlich anders anfühlen. Objekte können durch Erhebungen oder Vertiefungen, aber auch durch Fläche und Kontur fühlbar gemacht werden. Ein Beispiel für eine Kontur ist ein Spinnennetz, das durch Aufkleben der einzelnen Fäden fühlbar gemacht wird. Zur besseren Einbindung des Fühlbilderbuches in den Unterricht kann auch dienen, einen konkreten Gegenstand anzufertigen, der dann die ganze Geschichte begleitet. Kommt in dem Buch z. B. eine Maus vor, so kann eine Stoffmaus angefertigt werden, die als konkreter Gegenstand stellvertretend für die Maus im Bilderbuch steht. Auf diese Weise kann zusätzlich zu den Fühlobjekten im Bilderbuch der Übergang vom konkreten zum abstrakten Denken unterstützt werden (vgl. ZIEMS 2005).

Beispiele für die Umgestaltung und Herstellung von Fühlbilderbüchern

1. Umgestaltung eines vorhandenen Bilderbuches
   Beispiel: „Such mich"

Da die vollständige Erstellung eines Fühlbilderbuches sehr zeit- und materialaufwendig ist, kann man alternativ Bilderbücher in Fühlbilderbücher umgestalten. Für die Umgestaltung eignen sich Bilderbücher mit kurzen Geschichten, Tiergeschichten, Fantasiegeschichten etc.. Bei der Umgestaltung werden einzelne Objekte aus einem Bilderbuch aufgegriffen und durch bestimmte Materialien fühlbar gemacht.

Als Material für die Erstellung bzw. Umgestaltung eignen sich z. B. Schmirgelpapier, gemusterte Stoffe, Fellreste, Filz, getrocknete Blätter, Federn, Klebeband, Papier, Lackfolie, Glitzermaterial, Stoffreste usw. Im Grunde genommen können alle haltbaren Materialien verwendet werden, die man finden kann.

Um die finanziellen Ausgaben in Grenzen zu halten, eignen sich zur Materialbeschaffung besonders Sonderposten, Bastelgeschäfte, Baumärkte etc.. Man kann sich sozusagen überall nach bestimmten Materialresten erkundigen.

KÜNZLER und KOUKOUDIMOS haben als Vorlage für die Umgestaltung das Bilderbuch „Such mich" aus dem Middelhauve Verlag gewählt, welches sie im Angebot für 5,- DM in einem Großmarkt durch Zufall erstanden.

Allgemein kann gesagt werden, dass Bilderbücher auch besonders günstig auf Flohmärkten erstanden werden können. Die beiden Studenten wählten das vorliegende Fühlbilderbuch, weil es ihnen durch seine Gestaltung als „Guckloch-Bilderbuch" sowie durch den Inhalt, der vielfältige Umgestaltungsmöglichkeiten bot, aufgefallen war. Das Bilderbuch umfasst 14 gebundene Seiten fester wasserabweisender Pappe im DIN A 5-Format. Die Bilder sind gemalt und jede Seite hat ein Guckloch auf die nächste Seite. Jedes Bild umfasst eine Doppelseite. Es gibt die Hauptfigur eines kleinen Jungen, der sich auf jeder Doppelseite versteckt, wobei der Leser aufgefordert wird, ihn zu suchen. Auf jeder einzelnen Seite (ausgenommen der ersten und letzten) befindet sich ein Reim, der sich auf die Bilder bezieht.

Umgestaltet haben KOUKOUDIMOS und KÜNZLER auf der ersten Doppelseite den Schwanz der Katze durch Pelz und den Wollfaden durch Wolle; außerdem wurde abgebildete Zeitung durch eine echte ersetzt. Auf der zweiten Doppelseite haben sie einen Teil der abgebildeten Bettdecke und der Kissen durch Stoff fühlbar gemacht sowie einen Teil des gemalten Kartons durch echten. Auf der dritten Doppelseite kann man den Fußboden, Besen und Abfalleimer erfühlen, da Teile einer Kunststoffunterlage, Spiegelfolie und Besenhaare aufgeklebt wurden. Die Borsten einer Zahnbürste sind durch echte Zahnbürstenborsten und das gelbe Entlein ist durch das Material eines Luftballons auf der vierten Doppelseite zu erfühlen. Den Pelzkragen des abgebildeten Mantels haben sie auf der fünften Doppelseite durch echten Pelz ersetzt. Auf der letzten Doppelseite sind ein Handtuch und ein Stofftuch durch aufgeklebte Stoffe zu erfühlen. Dieses umgestaltete Bilderbuch ist ebenfalls in meinem Manuskript „Fühlbilderbücher selbst gemacht" abgebildet.

2. Umgestaltung des Bilderbuches "Wer ist mein Freund?" von Marcus Pfister

Auf den 5 Doppelseiten dieses Bilderbuches wurde von SIFRIN und BARKOW Folgendes fühlbar gemacht: Igel- sowie Kaktusstacheln durch Plastikstifte, ein Blumentopf durch Moosgummi und Sandpapier, eine Kastanie durch Folie, ein Griff durch Silberfolie, Stecknadeln durch Plastikstifte und ein Faden durch einen Nähfaden.

Das von SIFRIN und BARKOW umgestaltete Bilderbuch ist in meinem Manuskript „Fühlbilderbücher selbst gemacht" abgebildet.

3. Selbst hergestellte Fühlbilderbücher
Erstes Beispiel: „Morgens bei Helga"

Das von KOUKOUDIMOS und KÜNZLER selbst entworfene Buch trägt den Titel „Morgens bei Helga". Aufgrund des Selbst Herstellens sind bestimmte Merkmale eines käuflichen Bilderbuches wie z. B. wasserabweisend oder gebunden nicht zu realisieren gewesen. Das Buch hat 8 Seiten und beschreibt in drei Bildern den morgendlichen Ablauf des Lebens von Helga. Auf der Vorderseite ist Helga abgebildet, damit sich die Leser eine Vorstellung von Helga machen können.

Die nächsten Seiten hängen als Doppelseiten zusammen, wobei auf einer Doppelseite immer rechts eine Situationszeichnung dargestellt ist, von welcher einige Objekte jeweils auf der linken Seite gefühlt werden können. Die erste Doppelseite zeigt Helga in ihrem Zimmer, auf der zweiten Doppelseite ist sie im Badezimmer zu sehen und auf der dritten beim Frühstück in der Küche, zusammen mit ihrer Mutter. Die Bilder sind mit Buntstiften auf Papier handgemalt und mit einem kurzen Text versehen. Zum Bild „Helga wacht auf" sind drei Objekte fühlbar gemacht. So kann man den grünen Vorhang, die Bettdecke und den Teppich durch unterschiedliche Stoffe fühlen. Außerdem steht unter jedem fühlbaren Objekt der passende Begriff, was auch bei den folgenden Objekten der Fall ist. Zum Bild „Helga putzt sich die Zähne" sind auf der linken Seite Helgas Schlafanzugsoberteil durch Satinstoff mit zu betätigenden Druckknöpfen, ein Schwamm durch Schwammmaterial, ihre Zahnbürste durch eine echte Zahnbürste und der Badezimmerspiegel durch Spiegelfolie abgebildet bzw. aufgeklebt und zu fühlen. Beim dritten Bild „Helga sitzt beim Frühstück" findet man auf der linken Seite den Küchenboden, dargestellt durch eine Kunststoffessunterlage, die Jeanshose durch Jeansstoff, die Küchenuhr durch einen Süßstoffdeckel aus Plastik und Helgas Schuh, bei dem das Schnürsenkelbinden praktisch geübt werden kann, wieder.

Durch die von den Studenten gewählte Gestaltung ist das Fühlbilderbuch zum einen der Kategorie „Förderung der Koordination von Arm- und Handbewegungen" zuzuordnen, da Druckknöpfe betätigt und Schnürsenkel gebunden werden können. Zum anderen wird eine Geschichte erzählt, wobei hier die Möglichkeit besteht, dass eine Fortsetzung gestaltet werden könnte z. B. „Mittags bei Helga" oder „Abends bei Helga". Außerdem wird die Phantasie des Kindes angeregt, da der zugehörige Text recht kurz gehalten ist und die Kinder die Möglichkeit haben, ihre eigenen Geschichten aus den Bildern zu lesen.

Teile dieses Fühlbilderbuches sind in „Individualisierte Hilfen durch selbst hergestellte Lernmaterialien" abgebildet und beschrieben. Die anderen umgestalteten Seiten enthält „Fühlbilderbücher selbst gemacht".

4. Zweites Beispiel für ein selbst hergestelltes Fühlbilderbuch (nach Vorlage): „Ein Märchen im Schnee"

Ausgangspunkt für die Gestaltung dieses Fühlbilderbuches war das Buch „Ein Märchen im Schnee" von Loek KOOPMANS.
Das Original-Buch „Ein Märchen im Schnee" enthält 22 farbige Abbildungen. Jedes Blatt ist 21 cm breit und 23 hoch. Inhaltlich ist das Buch nach Angaben des Verlages nach einem russischen Märchen geschrieben worden. Erschienen ist das Buch in dem anthroposophischen Verlag „Verlag freies Geistesleben". Die Farbgebung ist in Pastelltönen gehalten. Der Text ist in die Zeichnungen integriert. Meine erste Überlegung bei der Umgestaltung war, wie viele Blätter ich gestalten wollte. Maximal kamen 11 (ohne Deckblatt) in Betracht, wenn ich jeweils zwei Blätter des Buches zu einem Format von 42 x 46 zusammengenommen hätte. Ein solches Format hätte jedoch viel Verschnitt und damit eine Erhöhung der ohnehin nicht geringen Pappkosten bedeutet. Außerdem wäre ein Buch herausgekommen, das ein für das Vorlesen sehr unübliches Format aufgewiesen hätte. Hinzukommt, dass 11 Pappbogen mit einer gestalteten Oberfläche von zusammen etwa 0,4 bis 0,5 cm ein sehr dickes Buch ergeben hätten, was ebenfalls nicht meine Absicht war. Ich bemühte mich deshalb um Zusammenfassung von Bedeutungseinheiten:

1. Pappkarton: Deckblatt
2. Pappkarton: Der alte Mann verliert im Wald seinen Handschuh
3. bis 6. Pappkarton: nacheinander kommen verschiedene Tiere und kriechen in den Handschuh
7. Pappkarton: Der alte Mann bemerkt den Verlust seines Handschuhs.
8. Pappkarton: Sein Hund entdeckt den Handschuh, in dem sechs Tiere stecken. Der Hund verjagt durch Bellen die sechs Tiere.

Materialien

In einem Baumarkt mit großer Bastelabteilung kaufte ich Pappe, die etwa doppelt so stark wie Karteikarten ist, im Format 96 x 75 cm. Diese großen Formate ließ ich jeweils in sechs gleichmäßige Teile zuschneiden. Des weiteren besorgte ich mir Abfallstücke von Leder in einer Fabrik, die Arbeitsschutzbekleidung herstellt sowie bei einer Privatperson über das Internet (ebay), Stoffreste für einige Tiere (Maus, Frosch) sowie kleine Fellreste (für den Hasen). Die Stoffreste erhielt ich (zum kleineren Teil) kostenlos in einem Stoffgeschäft, zum größeren Teil (gegen Bezahlung) in einer Stofffabrik und über das Internet (ebay). Außerdem beschaffte ich mir in einem Tapeten- und Farbengeschäft ausgediente Musterkataloge von Raufasertapeten mit unterschiedlicher Oberflächenstruktur. Für die Handschuhe griff ich auf eine alte Wolldecke zurück. Für den „Schnee" verwendete ich „Zubehör für Traumkugeln – Schnee", die ich ebenfalls im Bauhaus kaufte (Materialkosten ca. 1,50 €uro). Und schließlich kaufte ich mir für das Zusammenfassen der Pappteile ein Lederbändchen (ebenfalls Bauhaus) sowie eine Lochzange (beides zusammen etwa 6 €uro). Die Lederteile schnitt ich mit einer Vielzweckschere aus, die ich ebenfalls im Bauhaus kaufte. Den Hintergrund gestaltete ich bei den meisten Pappkartons mit Aquarellbuntstiften der Firma Caran d'Ache. Vorder- und Rückseite des Buches wurden von mir mit einem cremefarbigen, marmorierten Raufaserrest beklebt.

Vorlagen
Für das Zuschneiden der Tiere fertigte ich Pappschablonen an.

Reflexion des Herstellungsprozesses
Im Rückblick erscheint mir die Entscheidung, die darzustellenden Bilder in der Anzahl zu reduzieren und auf „Kernsituationen" zu beschränken, als wichtigste strukturierende Maßnahme bei der Herstellung des Bilderbuches.
Sehr bald auch entschloss ich mich dazu, den Hintergrund (die weiße Pappe) mit Buntstiften zu gestalten. Das Weissbelassen des Hintergrundes wäre aus meiner Sicht keine gute Gestaltung gewesen.
Für mich war es ein interessantes Experiment, erstmals ein vorliegendes Bilderbuch vollständig als Fühlbilderbuch umzugestalten. Ich bin der Ansicht, dass das Ergebnis meiner Arbeit im Vergleich zum Ausgangsbuch einen völlig eigenständigen Charakter hat (Abbildungen enthält mein Manuskript „Fühlbilderbücher selbst gemacht")

5. Drittes Beispiel für ein selbst hergestelltes Fühlbilderbuch:
   „Das kleine Ich bin ich"
„Das Kleine Ich bin ich" ist ein Bilderbuch von Mira LOBE und Susi WEIGEL aus dem Jungbrunnen-Verlag. Auf der Suche nach seiner Identität begegnet ein kleines, buntes, undefinierbares Wesen vielen Tieren auf Wiesen, im

Wasser und in Städten. Keine dieser Begegnungen kann dem „Kleinen Ich bin ich" allerdings klare Auskunft darüber geben, wer oder was es wirklich sein könnte. Der Verzweiflung nahe, kommt ganz unverhofft dem „Kleinen Ich bin ich" plötzlich doch noch die rettende Idee, nämlich einfach ICH zu sein: ICH BIN ICH! Wer das nicht weiß ist dumm. Bumm!
(www.stromboli.at/ich.html+Das+kleine+ich+bin+ich)
Das Bilderbuch enthält 8 bunte Doppelseiten, eine einfache bunte Seite und 7 schwarz-weiss-Doppelseiten. Im Folgenden werden Ideen aufgeführt, die die Studentinnen Jutta EVERS und Anke MARWEDE bei ihren Umsetzungen der Bilderbuchseiten zu „Fühlbilderbuchseiten" entwickelten und umsetzten.

Ideen und Umsetzungen von Jutta EVERS[1]:

▶ Das kleine Ich bin ich kann aus einem großen, farbigen Couvert herrausgeholt werden.

▶ Der Frosch ist in Origami-Manier gefaltet; er bewegt sich auf einer aus Moosgrund gestalteten Bodenfläche, aus der getrocknete Weizenähren herausragen.

▶ Das Ufer/die Insel ist mit einem Strand aus echtem Sand und kleinen Steinen gestaltet

---

[1] Abbildungen einiger Arbeiten von Jutta Evers sind in Kapitel 14 enthalten. Die gesamten Arbeiten enthält mein Manuskript „Fühlbilderbücher selbst gemacht".

▶ Wasser aus fluoreszierender Folie; Fisch teils aus Fotokarton, teils aus ebenfalls fluoreszierender Folie (Wasser und Fisch in den Komplementärfarben blau und gelb)

▶ Auf einem mit Buntstift schraffierten Hintergrund ist die kopierte Federzeichnung eines Schafes aufgeklebt, das auf einem Moosuntergrund steht. Der Moosuntergrund wiederum befindet sich seitlich von einem Sandweg, auf dem mit Strohhalmen und Kordel ein Gatter „fühlbar" ist.

▶ Seitlich eines mit Sand gestalteten Weges befindet sich ein Haufen aus Holzscheiben, die von einem unregelmäßig gewachsenen Zweig abgeschnitten wurden. Auf diesem sitzt eine Katze, deren Bauch und Rücken aus dunklem Fell gestaltet ist.

▶ Gebüsch und Baumkrone sind aus unterschiedlich farbigem Moos (Gärtnereibedarf) gestaltet.

Ideen und Umsetzungen von Anke MARWEDE:

▶ Kuhfell aus samtartigem Stoff in Kuhfelloptik
▶ Schafsfell aus weißem, flauschigen Stoff
▶ Hörner aus schwarzen Pfeifenreinigern
▶ Blumen aus Filz- und Fleecestoff
▶ Frosch aus grünem Schwammtuch, das im Haushalt häufig verwendet wird
▶ Gras aus Kunstgras (Gärtnereibedarf)
▶ Gebüsch aus grünem Kordelhaufen

- Schwanzfedern des Hahns aus echten Federn
- Nest des Hahns aus echtem Stroh
- Hasen aus Flauschstoff
- Fell und Mähne von Pferden aus graubraunem und weißem Flauschstoff

Ein Beispielblatt für die Umsetzung enthält „Lernmaterialien für Schülerinnen und Schüler nicht nur mit Lernschwächen und (geistiger) Behinderung leicht selbst gemacht". Die anderen Seiten sind abgebildet in „Fühlbilderbücher selbst gemacht".

6. „Was ist in unserer Küche"

Die Studentin Catrin WENDE hat im Sommersemester im Rahmen meiner Lehrveranstaltung zum Thema Medienbegründung und Medienherstellung das Fühlbilderbuch „Was ist in unserer Küche" hergestellt. Im Folgenden werden ihre schriftlichen Ausarbeitungen weitgehend unverändert wiedergegeben; verändert wurde lediglich die Reihenfolge der einzelnen Abschnitte.

Auch die Arbeiten von Catrin WENDE sind in „Fühlbilderbücher selbst gemacht" enthalten.

Ziele:

Ein wichtiges Ziel dieses Fühlbilderbuches ist, dass die Kinder (mit einer geistigen Behinderung) die verschiedenen Dinge in der Küche kennen lernen: Was befindet sich wo? Was gibt es alles und was macht man in der Küche? Es ist eine sehr einfache

Geschichte, die auch schon kleine Kinder mit geringen Lernvoraussetzungen verstehen können. Das andere wichtige Ziel ist das Kennen lernen der verschiedenen Materialien, die für die Gestaltung verwendet wurden: Stoff, Fell, Reis etc. durch Erfühlen. Dabei lernen die Kinder auch zwischen fein, grob, weich, glatt, rauh usw. zu differenzieren und sich auf ein bestimmtes Material zu konzentrieren. Hierbei wird auch die Hand- und Feinmotorik trainiert, indem man z. B. versucht, kleine Dinge wie z. B. die Eierschalen zu erfühlen. Die letzte Seite „Erkennst du diese Dinge aus der Küche wieder?" trainiert gezielt die Merkfähigkeit des Kindes, indem es sich erinnern und Dinge von den Seiten davor wieder erkennen muss. Außerdem werden durch Greifen und An- und Abkletten die taktile Wahrnehmung und die handmotorischen Fähigkeiten gefördert. Kinder, die schon etwas lesen können, haben hier die Möglichkeit, ihre Lesefähigkeiten mit der Ganzwortmethode zu trainieren. Die anderen können die dargestellten Dinge benennen und das Kletten üben.

Zielgruppe:

Das Fühlbilderbuch „Was ist in unserer Küche" ist in erster Linie für Kinder mit einer geistigen Behinderung in den ersten Schuljahren gedacht, die Probleme mit der taktilen Wahrnehmung sowie der Feinmotorik haben. Für Kinder mit großen feinmotorischen Problemen ist es jedoch weniger geeignet[1]. Aber auch schon Kinder im Kindergartenalter (mit und ohne Behinderung) werden meist an diesem Fühlbilderbuch Gefallen finden.

Materialien:

- 7 oder 8 verschiedene Stoffreste für Kleidung, Lampe, Tischtuch, Handtuch, Vorhang
- weißes Papier zum Ausschneiden der Gegenstände
- 8 Blätter hellgelber Tonkarton DIN A 4 für die Seiten
- Buntstifte, Bleistift, Geodreieck

---

[1] Eine interessante Variante wäre es, das Format dieses Fühlbilderbuches zu vergrößern, z. B. auf DIN A 3.

- fellartiger Stoff in grau und braun für Maus und Katze
- Serviette
- Alufolie für Töpfe, Kühlschrankgriff und Spüle
- Schwamm oder Küchenlappen
- Borsten einer Zahnbürste für die Bürste
- durchsichtige Dezifixfolie für Schranktüren, Kühlschrank und alle Gegenstände aus Glas

7. „Frederick" von Leo Lionni

Das Bilderbuch Frederick hat 13 Doppelseiten und eine einfache Seite. In dem Bilderbuch geht es um Frederick und seine Familie, die als Feldmäuse Vorräte für den Winter sammeln. Während die Arbeit der anderen Feldmäuse darin besteht, Getreide, Mais und Nüsse zu sammeln, beschränkt sich Frederick auf das Sammeln von Sonnenstrahlen, Farben und Worten. Zum Schluss wird deutlich, dass auch Fredericks Vorräte (in Form von Wärme, Träumen und einem Gedicht) helfen können, den kalten Winter zu überleben.

Im Folgenden wird dargestellt, wie die Studentin Annika ZIEMS im Wintersemester 2004/2005 das Bilderbuch Frederick zu einem Fühlbilderbuch umgestaltet hat.

Bei der Herstellung des Fühlbilderbuches hat sie zunächst einige Seiten zusammengefasst, andere Seiten ausgelassen (Zusammenfassung der Seiten 3 und 4 sowie 5, 6, 9 und 10 des Originals). Die farbigen Abbildungen sind in meinem Manuskript „Fühlbilderbücher selbst gemacht" enthalten.

Grundlage des Bildesbuches sind weiße Pappen im Format DIN A 4, die hochkant durch eine Spiralbindung zusammengehalten werden.

Für die Herstellung des Fühlbilderbuches wurden im Einzelnen die folgenden Materialien verwendet:

Tonpapier in verschiedenen Farben:

- dunkelgrau für die Körper der Mäuse
- mittelgrau für die Steine der Mauer, in der die Mäuse leben
- hellgrau für die Ohren und Schwänze der Mäuse
- hellbraun und dunkelbraun für den Boden
- grün für die Baumkrone
- rot für die Beeren

Weitere Materialien:

- Wellpappe, Fasertapete, Sandpapier
- Lederreste, Plüschstoff oder Fellreste
- unterschiedlich strukturierte Stoffe (Samt, Cord, Seide, Filz, Tüll)
- Folien, Glitzerpaste
- Moosgummi, Schwammtuch
- Schaumstoff, Spülschwamm, Watte
- Kork, Holz, Styropor
- Bast, Wolle, Schnürsenkel, Stroh
- Knöpfe, Verschlüsse, Haken
- Kunsthaare
- Kunstpflanzen
- Reis, Körner,
- Kerzenwachs

u.v.m.

Die Seiten des Fühlbilderbuches wurden aus stabilem Karton hergestellt und mit Schleifenband zusammengebunden.

Eine vergleichsweise teure Variante ist es, ein Fotoalbum mit Spiralbindung und Seiten aus festem Karton als Grundlage für das Fühlbilderbuch zu verwenden. Preiswerter dagegen wird es, wenn man die Seiten in einem Copy Shop binden lässt, so dass sie durch eine Spiralbindung zusammengehalten werden. In diesem Falle liegt der Preis je nach Anzahl der Seiten und Größe der Spiralbindung bei ca. 2-4 Euro. Zusätzlich zu den einzelnen Seiten (deren Gestaltung abschließend als Anleitung wiedergegeben wird), hat Annika ZIEMS eine Stoffmaus hergestellt. Dazu wurden die folgenden Materialien verwendet: grauer Filz, hellgrauer Filz, 2 Wackelaugen, weiße Wolle und Watte. Als Werkzeug/Gerät wurde eine Nähmaschine benötigt. Mit Hilfe der unten wiedergegebenen Schablone wurde der Filz zugeschnitten und mit der Nähmaschine an den Rändern zusammengenäht. Hinten blieb ein Teil offen, um die Maus mit Watte zu füllen. Dann wurde aus der Wolle ein Schwanz geflochten. Die Maus wurde abschließend hinten mit der Hand zugenäht; dabei wurde auch der Schwanz befestigt. Die Wackelaugen wurden vorne auf der Maus aufgeklebt. Soll die Maus robust sein, so empfiehlt es sich, die Maus mit waschbarer Watte zu füllen und die Augen mit Textilkleber aufzukleben.

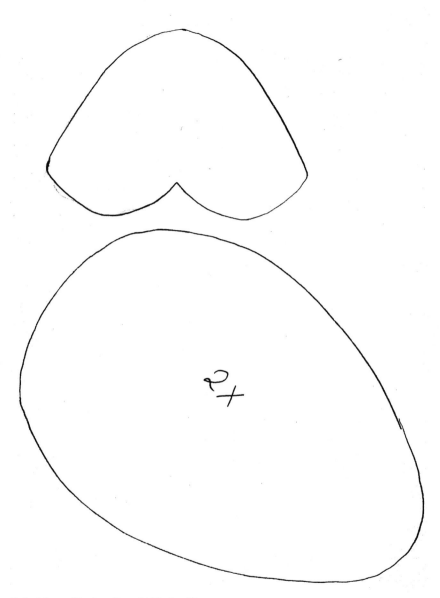

Schablone für den Zuschnitt der Maus

Doppelseite	Thema	Was ist fühlbar gemacht?	Material
1	Einführung der Steinmauer, in der die Mäuse leben	- einzelne Steine der Mauer - Wiese	- graues Sandpapier - Strukturtapete, grün angemalt
2	Das Leben der Mäusefamilie im Sommer.	- einzelne Steine - Frederick - Schmetterling	- graues Sandpapier - grauer Filz - Stoff eines alten Regenschirms
3	Mäusefamilie sammelt Vorräte für den Winter. Frederick sammelt Sonnenstrahlen.	- Nüsse - Körner - Stroh - Frederick - Sonne	- Kork - Weizenkörner - Bast - grauer Filz - gelbes Spültuch
4	Mäusefamilie sammelt Vorräte für den Winter. Frederick sammelt Farben.	- Nüsse - Blumen - Frederick	- Kork - buntes Krepppapier - grauer Filz
5	Es wird Winter. Die Mäuse verstecken sich zwischen den Steinen.	- Stein - Schneeflocken - Frederick	- Sandpapier - Kerzenwachs - grauer Filz
6	Am Anfang des Winters sind noch genügend Vorräte da.	- Stein - Nüsse - Stroh - Körner - Frederick	- Sandpapier - Kork - Bast - Weizenkörner - grauer Filz
7	Die Vorräte sind aufgebraucht.	- Frederick - Krümel von Nüssen	- grauer Filz - Kork
8	Fredericks Vorräte: Sonne	- Sonnenstrahlen - Frederick	- Spültuch - grauer Filz
9	Fredericks Vorräte: Farben / Blumen	- Blumen - Frederick	- buntes Krepppapier - grauer Filz
10	Fredericks Vorräte: Wörter / Gedicht	- Frederick	- grauer Filz

Anleitung zur Gestaltung des Fühlbilderbuches „Frederick"

Literatur:

Grundlagenliteratur

KIRCHBERGER, Claudia (1990): Stoffbilderbücher. Pädagogische und didaktische Analyse für den Einsatz bei lern-, geistig- und sehbehinderten Schülern. Zeitschrift für Heilpädagogik, 41. Jahrgang, Heft 5, 322-329

KÖLLEN, Monika (1999): Das Fühlbilderbuch. Zum Aufbau einer Lesemotivation. Lernen konkret. Unterricht mit Geistigbehinderten. 18. Jahrgang, Heft 3, 9-11

KOUKOUDIMOS, Christina/ KÜNZLER, Thomas (2001): Referat zum Thema „Fühlbilderbücher". Referat im Rahmen des Seminars „Aktuelle Fragen der Pädagogik bei geistiger Behinderung", SS 2001

LOBE, Mira/WEIGEL, Susi (1972): Das kleine Ich bin ich. Wien: Jungbrunnen-Verlag

MARWEDE, Anke: Fühlbilderbücher. Seminararbeit im Rahmen des Seminars „Medienherstellung für Schülerinnen und Schüler mit einer geistigen Behinderung. Von der theoretischen Begründung über die Herstellung und Erprobung bis zur eigenen Variation und Neuschöpfung". WS 2002/2003 Universität Oldenburg

MÜHL, Heinz: Einführung in die Geistigbehindertenpädagogik. Stuttgart 1994, 3. Auflage, 1. Auflage 1984, 95-96

NASCIMBENI, Barbara (2002): Olivia hilft gerne. Wien: Betz

NASCIMBENI, Barbara (2002): Jakob ist schüchtern. Wien: Betz

WENDE, Catrin: Fühlbilderbuch „Was ist in unserer Küche" und Wettertafel. Seminararbeit im Seminar „Theoretische Konzepte und praktische Herstellung von Medien bei geistiger Behinderung". Universität Oldenburg, SS 2003

ZIEMS, Annika: Referat und Praxisanleitung zum Thema „Fühlbilderbücher". Seminararbeit im Rahmen des Seminars „Lernmaterialien für Schüler mit geistiger Behinderung". Universität Oldenburg, WS 2004/2005

10. Handpuppen, Stabfiguren und Fingerpuppen

Handpuppen, Stabfiguren und Fingerpuppen werden Schülerinnen und Schülern mit einer geistigen Behinderung insbesondere in spielerischen Zusammenhängen angeboten.

Nach DUNCKER ist Spielen als eine kindgemäße Form des Lernens anzusehen (vgl. DUNCKER 1995, 4 f.). Wenngleich bis heute eine überzeugende Definition von Spiel fehlt (vgl. MEYER 1990, 342 ff.), so lassen sich dennoch klar die Möglichkeiten des Spiels benennen, die ihm insgesamt die Funktion eines Ventils zukommen lassen:

- Abbau von Spannung und Aggression
- Abreagieren
- Lockerung
- etwas loswerden
- Probleme entkräftigen (vgl. DUNCKER 1995, 5).

Ein wesentlicher Aspekt ist in diesem Zusammenhang, dass das Spiel zwar die aufgezeigten fruchtbaren Auswirkungen haben kann, ansonsten aber ohne (ernste) Konsequenzen bleibt, denn das Kind befindet sich hier gleichsam in einem geschützten Raum, eben „im Spiel".

Eine der fruchtbarsten Möglichkeiten des Spiels besteht darin, dass im Spiel Sachverhalte zum Ausdruck gebracht und verarbeitet werden können. Dieser Verarbeitungsaspekt ist gerade im Hinblick auf Kinder mit einer geistigen Behinderung von hoher Bedeutung, da diese häufig mit psychischen Problemen konfrontiert sind. Neben diesem Verarbeitungsaspekt ist eine ebenso wichtige Funktion aber auch darin zu sehen, dass das Spiel einfach „nur" Spaß machen kann und Spannung bereitet.

Das Handpuppenspiel stellt eine besondere Form des Spiels dar, das - wie JUNG/KRENZER und LOTZ feststellen – eine Fülle von Möglichkeiten zur Förderung von Schülerinnen und Schüler mit einer geistigen Behinderung bietet.

Der Einsatz von Handpuppen ist sowohl

- im grundlegenden Unterricht (dem entwicklungs- und handlungsorientierten Lernbereich) wie auch
- im fachorientierten Unterricht möglich.

Der hauptsächliche Förderaspekt liegt beim Handpuppenspiel in der Förderung der Handmotorik.

Aspekte dieser Förderung der Handmotorik sind:

- Die Entwicklung der Hand und die Entwicklung der Persönlichkeit sind eng miteinander verbunden.
- Handgeschicklichkeit ist auch in Verbindung mit Sprache zu sehen.
- Die Förderung der Handgeschicklichkeit ist für die Gesamtentwicklung von hohem Stellenwert.

Im Einzelnen werden insbesondere angesprochen:

- der Tastsinn
- die Beweglichkeit der Fingergelenke
- die Beweglichkeit des Handgelenks
- die Beweglichkeit des Ellenbogengelenks
- die Koordination der Finger
- die Greiffunktion
- die Auge- und Handkoordination.

Und da von einem Zusammenhang zwischen Handmotorik und Sprachmotorik auszugehen ist, wird durch das Handpuppenspiel auch die Sprachmotorik gefördert.

Die Bedeutung des Handpuppenspiels erhellt sich auch aus den folgenden auf die Hand bezogenen Stichwörtern:

- die Hand ist ein akzessorisches „Sinnesorgan",
- sie ist das „Werkzeug aller Werkzeuge",
- sie wird häufig auch als „äußeres Gehirn des Menschen" bezeichnet und
- die Kette „Greifen-Ergreifen-Begreifen" ist die Grundlage für jegliche Begriffsbildung und damit jegliches Denken (vgl. GÖBEL/PANTEN, 4 nach SCHULTCHEN 2003).

Was macht nun die besondere Faszination von Handpuppen aus? Als erstes ist hier „Animation" zu nennen: Die Puppe wird im Spiel „lebendig" und kann mit der eigenen Hand bewegt werden. Ein zweiter Gesichtspunkt ist, dass die Puppe das verkleinerte Abbildung des Menschen darstellt.

1. Handpuppen am Beispiel der Sockenpuppe

Sockenpuppen stellen eine Form der Handpuppe dar, die zum Einen sehr schnell herzustellen ist und sich zum Zweiten auch relativ gut von Kindern handhaben lässt. Außerdem ist das für diese Form der Handpuppe benötigte Material fast vollständig im Hanshalt vorhanden. Ausführliche Anleitungen zur Herstellung von Stabpuppen enthält mein Manuskript „Individualisierte Hilfen durch selbst hergestellte Lernmaterialien".

2. Stabpuppen (z. B. aus Dübelstab und Holzperle)

Solche Arten der Stabpuppen können auch von kleinen Kindern gut gehandhabt werden, da sie ausschließlich durch Drehen, Heben oder Senken des Holzstabes in der Hand des Spielers bewegt werden.

3. Fingerpuppen

Ebenfalls sehr leicht und wenig aufwendig herzustellen sind Fingerpuppen, wie ich sie in „Individualisierte Hilfen durch selbst hergestellte Lernmaterialien" beschrieben habe.

4. Stabfiguren

Vielfältige Anregungen für die Anfertigung von Stabfiguren sind dem Aufsatz von Martin MENNE- VON EYNERN aus dem Buch Spielräume, Spaßräume, Lernräume zu entnehmen. So findet sich beispielsweise in vielen Küchen geeignetes Material zur Herstellung von Stabfiguren (Kochlöffel, alte Salatbestecke usw.). Holzlöffeln z. B. können Gesichter aufgemalt und Haare aufgeklebt werden. Bei Plastikbesteck können sehr verschiedene Materialien verwendet werden, um ihnen Gesichter zu geben (z. B. kann altes Geschenkband von Ikea für die Haare benutzt werden und Watte, um die Augen herzustellen).

Eine ausführliche Anleitung zur Herstellung einer Stabfigur samt farbiger Abbildung („Hexe") ist in „Individualisierte Hilfen durch selbst hergestellte Lernmaterialien..." enthalten.

5. Handpuppen:

Julia SANTILIAN und Anja SCHMIDT haben im WS 2002/2003 äußerst ansprechende Handpuppen hergestellt, die in Kapitel 14 abgebildet sind. Im Folgenden wird die Herstellung dieser Puppen beschrieben, die zwar phasenweise recht mühevoll, vom Ergebnis her aber dann umso überzeugender war. Grundlage für diese Beschreibung sind die Ausführungen in dem Buch „Lustige Handpuppen" von Ruth FÖRSTER.

<u>1. Schritt:</u> Einkaufen. Viele von den verwendeten Materialien hat man zwar vorrätig, aber nicht alle. In der folgenden Beschreibung sind alle wichtigen Arbeitsmaterialien *kursiv* und **fett** geschrieben, so dass eine Auflistung an dieser Stelle nicht notwendig erscheint.

<u>2. Schritt:</u> Nun wird erst einmal das Pappmaché angerührt. Dafür muss man einen ***Eierkarton*** klein reißen und die Stücke mit einem Liter heißem Wasser tränken. Das ganze muss mehrere Stunden durchweichen. Währenddessen die Stücke in dem Wasser immer wieder kleiner reißen, bis sie ungefähr 1 cm klein sind. Als nächstes soll man das Wasser abgießen bis auf einen Viertel Liter des Wassers. Die kleingerissenen Stücke und das restliche Wasser sollen dann durchgemixt werden bis alles zu einer feinen Masse geworden ist. Anschließend wird ***Tapetenkleister*** angerührt. In einem Viertel Liter Wasser soll ein Teelöffel des Kleisters aufgelöst werden und dann ca. eine halbe Stunde ziehen. Nachdem der Kleister noch einmal durchgerührt wurde wird er zu dem fast fertigen Pappmaché, das zuvor noch einmal von allem überflüssigen Wasser befreit wurde, hinzu gegeben. Man benötigt unter Umständen nicht den ganzen Kleister. Also sollte man Kleister und die durchgeweichten Eierkartons vorsichtig miteinander vermischen, bis ein formbarer Brei entstanden ist. Das Pappmaché sollte luftdicht aufbewahrt werden, aber nicht mehrere Wochen, da das Pappmaché zum Schimmeln neigt.

3. Schritt: Während der langen Pausen bei der Herstellung des Pappmachés haben wir damit begonnen unsere Köpfe zu modellieren. Zu diesem Zweck haben wir zuvor einen **12 cm hohen Blumentopf mit einem Loch** und einen **25 cm langen, runden Holzstab** gekauft. Den Stab haben wir durch das Loch im Blumentopf gesteckt und den Innenraum mit **Zeitungspapier** ausgefüllt, damit der Stab fest sitzt. Das herausragende Ende des Stabes haben wir dann mit einer **leeren Toilettenpapierrolle** umwickelt, die wir vorher längs durchgeschnitten haben. Die Rolle haben wir dann mit **Tesafilm** befestigt und dann mit **Frischhaltefolie** umwickelt. Anschließend haben wir feuchtes Zeitungspapier genommen und damit eine Kugel geformt und diese auf den Stab gesteckt. Auch das haben wir wieder mit Frischhaltefolie umwickelt und mit Tesafilm befestigt. Um nun den Rohkopf fertig zu stellen haben wir Streifen aus Zeitungspapier genommen (ca. 6 cm breit), diese in den restlichen Kleister getränkt und um den Kopf gelegt. Wir haben uns nach den Angaben der Autorin gerichtet und unseren Köpfen einen Umfang von ca. 18 cm gegeben. Die Länge des Kopfes sollte ohne Hals 6-8 cm messen. Der Hals muss auch mit Zeitungspapier umwickelt werden. Dafür haben wir einen Streifen viermal um den Hals gewickelt. Nun muss der Rohkopf trocknen. Die Autorin empfiehlt ihn in die Sonne oder vor eine Heizung zu stellen. Wir haben sehr gute Erfahrungen mit einer Rotlichtlampe gemacht, da diese sehr viel schneller trocknet.

4. Schritt: Nachdem der Kopf getrocknet ist, haben wir das feuchte Zeitungspapier und die Toilettenpapierrolle mit einer Schere herausgezogen. Dies geht sehr einfach, da das Zeitungspapier durch die Frischhaltefolie feucht bleibt und es reicht, wenn man einen Zipfel der Folie zu greifen bekommt. Damit kommt dann alles andere von selbst heraus.

5. Schritt: Nun kommt das Pappmaché zum Einsatz. Um das Gesicht zu formen empfiehlt die Autorin mit der Nase zu beginnen. Dann sollen die Vorderseite des Kopfes, Wangen, Stirn und Kinn modelliert werden. Aus eigener Erfahrung können wir sagen, das man das nicht so genau nehmen braucht. Als wir das erste Mal davor saßen und mit der Nase anfangen wollten, erschien das schier unmöglich. Also haben wir das Gesicht

ganz nach Gefühl geformt. Dieser Vorgang des Modellierens mit dem Pappmaché wird mehrmals wiederholt, da das Pappmaché beim Trocknen zusammen schrumpft. Wir haben dies dreimal gemacht.

6. Schritt: Nach dem letzten Trockenvorgang haben wir die letzten Unebenheiten von dem Kopf geschmirgelt. Dafür haben wir feines **Schmirgelpapier** benutzt.

7. Schritt: Der Kopf ist jetzt fast fertig. Es fehlt nur noch der Filzüberzug. Dafür haben wir nach dem Kopfschnittmuster aus dem Buch den **Filz** zugeschnitten. Dann haben wir einen Esslöffel Tapetenkleister in einen halben Liter Wasser gerührt und diesen wieder ziehen lassen. Nachdem der Kleister fertig war, haben wir den Filz dort hineingetaucht und ein bisschen ausgewrungen. Der Filz muss vollständig nass sein. Dann haben wir mit dem Überziehen begonnen. Die Mitte des Filzes sollte auf die Nase gelegt werden und dann in alle Richtungen gezogen werden, damit keine Falten entstehen. Der Filz wird an den Kopf gedrückt und immer wieder glatt gestrichen, bis man mit dem Ergebnis zufrieden ist. Um extreme Falten am Hinterkopf zu vermeiden haben wir den Filz hinten noch ein bisschen angeschnitten und den restlichen Filz ordentlich an den Hinterkopf gedrückt. Das muss jetzt auch noch einmal trocknen.

8. Schritt: Während der Kopf getrocknet ist, haben wir die Kleidung und die Hände angefertigt. Als Vorlage für die Kleidung haben wir die Grundschnitte aus dem Buch „Lustige Spielpuppen" von Marion DAWIDOWSKI benutzt. Es wird an mehreren Stellen empfohlen Filz als Kleidung zu benutzen, aber wir haben einfache **Stoffreste** benutzt, mussten diese aber noch umnähen, damit sie sich nicht aufribbeln. Auch hier werden, wie bei den Fingerpuppen, die Vorder- und Rückseite aufeinander gelegt und die Hände dazwischen. Zwei unserer Puppen haben Kleider bekommen. Dabei ist nichts weiter zu beachten, außer dass man darauf achten sollte, dass die Daumen der Hände nach oben zeigen. Die anderen beiden Puppen sollten Hosen bekommen. Auch dafür gibt es die

Grundschnitte in diesem Buch. Die Hose wird mit Watte ausgestopft und anschließend werden die Beine an das Oberteil genäht.

9. Schritt: Der Kopf ist nun trocken und wir haben die Augen und den Mund gemalt. Für diesen Zweck haben wir wieder Email**farben**, aber auch Plakafarbe verwendet.

10. Schritt: Nun fehlen noch die Haare. Auch hier haben wir wieder **Wolle** verwendet und diese nach dem gleichen Prinzip wie bei den Fingerpuppen verarbeitet. Allerdings haben wir die Wolle nicht direkt auf den Kopf geklebt, sondern erst auf ein Stück Filz genäht, dass der Länge unseres Kopfes entsprach und den Filz dann aufgeklebt. Dann haben wir uns als Friseure betätigt.

11. Schritt: Nun muss nur noch der Kopf auf die Kleidung. Da uns der Hals zu lang erschien, haben wir den Hals gekürzt und anschließend mit einer dicken Nadel die Kleidung eng an den Hals genäht.

Kulissenbau

Ansprechende Handpuppen, Stabfiguren, Fingerpuppen usw. herzustellen ist die Basis des Puppenspiels. Noch größer werden die spielerischen und damit pädagogischen Möglichkeiten jedoch, wenn man noch zusätzlich Kulissen anfertigt, bei deren Herstellung die Schüler häufig sogar mit einbezogen werden können.

Es gibt sehr verschiedene Arten von Kulissen, beispielsweise die klassische Bühne, hinter der die Puppenspieler sich verstecken können und bei der die Puppen über den Köpfen bewegt werden. Daneben gibt es aber auch die Möglichkeit einer Hintergrundkulisse wie beim richtigen Theater, bei der die Spieler auf der Bühne sichtbar werden. Eine faszinierende Form der Kulisse ist die „mobile" Bühne, wie sie die beiden Studentinnen in einem kleinen Sketch mit den von ihnen hergestellten Puppen zum Einsatz brachten: ein bemaltes Pappschild, das sie sich umhängten und mit dem sie sich im Raum umherbewegten.

Literaturverzeichnis:

Grundlagenliteratur:

CURRELL, David (1997): Theaterpuppen. Köln: Könemann Verlag

DAWIDOWSKI, Marion: Lustige Spielpuppen. Augustus Verlag

DUNCKER, Ludwig (1995): Spiel und Fantasie. In: Spielzeit. Erhard Friedrich Verlag (Jahresheft 8): Seelze

FÖRSTER, Ruth (1998): Lustige Handpuppen. Augsburg: Augustus Verlag

FRESEMANN, Okka/VON HALE, Thomas/STICHLER-BÜHRMANN, Ute: Handpuppen, Fingerpuppen, Stabpuppen, Marionetten. Seminararbeit im Rahmen des Seminars „Lernmaterialien für Schülerinnen und Schüler mit geistiger Behinderung". Universität Oldenburg, WS 2004/2005

GÖBEL, Horst/PANTEN, Detlef (1986): Lehrbrief: Entwicklung der Handgeschicklichkeit. Aktionskreis Psychomotorik e. V.

JUNG, Edmund/KRENZER, Rolf/LOTZ, Inge (1979): Handbuch der Unterrichtspraxis mit Geistigbehinderten. Methodische und didaktische Wege. Frankfurt am Main: Hirschgraben, 3. Auflage

KÖHNEN, Dieter (1996); Marionetten selbst bauen und führen: Niedernhausen/Ts.: Falken-Verlag

KLETTENHEIMER, Ingrid (1998): Allerlei Spielzeug mit Kindern gestaltet. ALS Verlag

LANDA, Norbert/RITTER, Ursula (1995): Wir machen Fingerspiele. Freiburg: Christophorus Verlag

LEMKE, Friedegilt (1995): Handpuppentheater (als kreativer Bereich zur Förderung des behinderten wie auch des nichtbehinderten Kindes). Berlin: Volk und Wissen Verlag, 1995

MEYER, Hilbert (1990): Unterrichtsmethoden (Bd. 2, Praxisband). Berlin: Cornelsen

MICOVICH, Jo (1977): Das 1x1 des Handpuppentheaters. Wuppertal: Jugenddienst- Verlag

RAHMENRICHTLINIEN für den Unterricht in der Schule für Geistigbehinderte (1985). Hannover: Niedersächsisches Kultusministerium

REUTER, Werner/THIES, Gebhard (Hrsg.) (1997): Spielräume, Spaßräume, Lernräume. Dortmund: verlag modernes lernen

Literatur zur Vertiefung:

MENNE-VON EYNERN, Martin (1997): Spielen mit Figuren. In. Reuter, Werner/Theis, Gebhard (Hrsg.): Spielräume, Spaßräume, Lernräume. Sommertheater Pusteblume: Theaterpädagogische Anregungen nicht nur für Sonderpädagogen. Dortmund: verlag modernes lernen, 62-98

KAISER, Astrid (2001): Praxisbuch handelnder Sachunterricht. Band 1. 8., unveränderte Auflage. Hohengehren: Schneider Verlag, 177-187

DAWIDOSKI, Marion (1995): Lustige Spielpuppen. Hand-, Finger- und Tütenpuppen leicht und schnell selber machen. Augustus Verlag: Augsburg

11. Textiles Gestalten: Filzen

Nicole Marcella LIESENHOFF hat in ihrer Schriftlichen Hausarbeit im Rahmen der Ersten Staatsprüfung die therapeutische Anwendbarkeit der textilen Technik Filzen bei Schülerinnen und Schülern mit schwerster Mehrfachbehinderung untersucht. Die von ihr bearbeitete Fragestellung war wie folgt: „Kann die textilgestalterische Technik des Filzens bei Kindern mit einer Schwerstmehrfachbehinderung zur effektiven Förderung gestörter Entwicklungsbereiche angewendet werden?" LIESENHOFF kam in ihrer Arbeit zu einer positiven Antwort auf diese Frage, was im Kontext der folgenden Ausführungen noch detaillierter dargelegt werden wird.

Was ist „Filzen". Das Wort „Filz" leitet sich vom mittelhochdeutschen Wort „Vilz" ab und bedeutet soviel wie „gestampfte Masse". Unter „Filzen" wird der Prozess verstanden, bei dem aus Wolle Filz gemacht wird. Für das Filzen benötigt man:

▶ Wolle
▶ Seifenlauge
▶ Druck und
▶ Bewegung.

Bereits in der Bibel wird davon erzählt, wie das Verfilzen von Wolle entdeckt wurde.

„Eine dieser Geschichten geht auf die biblische Erzählung über die „Arche Noah" zurück. Sie berichtet davon, dass die Schafe auf der Arche während ihrer langen Reise nichts zu fressen hatten, wodurch ihnen die Wolle verloren ging und zu Boden fiel. Aufgrund der enormen Enge auf dem Schiff standen die Tiere dicht geprägt. Sie urinierten unter sich auf die Wolle und trampelten darauf herum. Als die Schafe die Arche verließen, hinterließen sie einen gefilzten Teppich" (LIESENHOFF 1999, 81).

Drei Faktoren bewirken eine Verarbeitung der Wolle zu Filz: Feuchtigkeit, Wärme und Bewegung. „Werden die Fasern in diesem geöffneten Zustand ineinander geschoben, welches durch mechanische Tätigkeit und den ausgeübten Druck mit den Händen geschieht, ist es kaum mehr möglich, die Fasern voneinander zu trennen. Mit der schuppigen Oberfläche gleiten die Fasern im Vorgang der Bearbeitung in eine Richtung, können jedoch nicht wieder zurückgleiten, da sie sich in entgegengesetzter Richtung ineinander verhaken. Dieser Vorgang führt zum Verfilzen der Wolle. In Abhängigkeit von der Wollsorte sind die Schuppen dicht oder weniger dicht an der Oberfläche angeordnet, welches sich in der Filzfähigkeit der Wolle ausdrückt.
Der Sinn in der Anwendung von Seifenlauge besteht darin, dass sie die Filzfasern zusätzlich quellen lässt und diesen damit zu einer besseren Verbindung verhilft. Obendrein verleiht sie der Oberfläche eine fettige, schmierige Beschaffenheit, so dass die Hände besser über die Fläche gleiten können.
Ist die Wolle zu Filz verarbeitet, kann man diesen über ein Brett mit Rillen reiben (z. B. ein Waschbrett), wobei er sich zusammenzieht und somit eine dichtere Struktur erhält, was den Filz letztendlich haltbarer gestaltet" (a. a. O., 83).

Beschreibung des Filzvorganges

Das Flächenfilzen, eine grundlegende Filztechnik, wird sehr anschaulich u. a. von Monika und Jürgen FERGG (2003) auf den Seiten 29 bis 32 sowie Gunilla Paeteau SJÖBERG (2004) auf den Seiten 100-102 beschrieben.
Erforderliche Zutaten für das Filzen sind
- Filzwolle (keine Märchenwolle)

- eine Schüssel mit heißem Wasser oder eine Sprühflasche
- Kernseife
- eine Unterlage aus Plastik, vorzugsweise auch eine Gummifußmatte aus dem Auto
- ein Handtuch
- ein Rundstab

Der Wollstrang wird locker mit der einen Hand gehalten und mit der anderen Hand werden kurze, feine Wollbüschel herausgezupft (vgl. PIEPER 2005, 14). Auf keinen Fall sollte mit den Fingerspitzen gezupft werden. Auch darf die Wolle nicht zu fest gehalten werden, weil sonst die eine Hand verhindert, dass die andere arbeiten kann. Die gezupften Wollbüschel sind anschließend gleich-mäßig und dachziegelartig in eine Reihe zu legen. Die folgende und alle weiteren Reihen sollten leicht überlappend angeschlossen werden. Die nächste Schicht wird quer zu der ersten ausgelegt, die folgende wieder quer zur zweiten usw. D. h. die einzelnen Lagen werden im Winkel von 90° zueinander ausgelegt. Um einen gleichmäßig geschichteten Filz zu erhalten, müssen mindestens 2-3 Lagen Wolle übereinander geschichtet werden. Der Filz wird umso ebener, je gleichmäßiger die Wolle gezupft und ausgelegt wird. Nach dem Herstellen der Lagen wird mit der Hand oder der Sprühflasche Seifenlauge über die Wollfasern verteilt und die befeuchtete Wolle anschließend vorsichtig mit kreisenden Bewegungen solange massiert, bis sich keine Fasern mehr herausziehen lassen. Danach wird das überschüssige Wasser mit einem Rundholz entfernt und der feste Filz abschließend gewaschen, ausgewrungen und dann getrocknet (vgl. PIEPER 2005, 14 f. und SJÖBERG 2004, 100-102 und 65 f.).

Die grundlegende Überlegung, warum Filzen bei Schülerinnen und Schülern mit einer schweren Mehrfachbehinderung eingesetzt werden soll, ist mit LIESENHOFF darin zu sehen, dass Schafwolle in ihrem Ursprungszustand und ihrer Verarbeitung zu Filz ein großes Angebot an Informationen bzw. Reizen zur Förderung im Bereich der Wahrnehmung, der Motorik und der Kommunikation anbieten kann (vgl. LIESENHOFF 1999, 89). Der eigenständige therapeutische Charakters des Filzens beruht nach KÖDER-BUCK in drei Gegebenheiten:

▶ den haptischen Erfahrung des Umgangs mit der Wolle,
▶ der körperlichen Hin- und Herbewegung beim Filzen und
▶ der Erfahrung, dass Wolle jedes Mal neu ein Eigenleben und einen eigenen Willen hat (vgl. KÖDER-BUCK nach LIESENHOFF 1999, ebd.)

Für das Filzen relevante Förderschwerpunkte sind in Anlehnung an die Richtlinien zur Förderung von Schülerinnen und Schüler mit schwerster Behinderung aus dem Jahre 1985:

„Fähigkeit, die Haut als Wahrnehmungsorgan zu erleben
- Hautstimulation erfahren, erleben, empfinden und wahrnehmen einzelner Körperteile
- auf Hautstimulation Körperreaktionen zeigen

Fähigkeit, Geruchs- und Geschmackseindrücke aufzunehmen
- Geruchserfahrungen machen
- Gerüche bestimmten Objekten, Situationen und Personen zuordnen

Fähigkeit, über die Hand Tasteindrücke wahrzunehmen
- durch das Bewegen der Hände in unterschiedlichen Materialien Eindrücke erhalten

- durch Berühren der Handinnenflächen mit unterschiedlichen Materialien Eindrücke erfahren, empfinden und wahrnehmen
- unterschiedliche Materialien ertasten

Fähigkeit, die Hand als Greiforgan zu nutzen
- Öffnen der Hand zulassen
- Objekte mit Unterstützung greifen und loslassen
- die Hand in Koordination mit Sinnesorganen benutzen
- Objekte selbständig greifen und abgeben

Fähigkeit, Kommunikationsbereitschaft auszudrücken
- Schreie und Laute hervorbringen
- sich mit bestimmten Lauten und Gesten ausdrücken

Weitere Ziele, die im Zusammenhang mit der Thematik ... eine Rolle spielen, sind:
Fähigkeit, verschiedene Materialien anzunehmen und sich mit diesen zu beschäftigen
- mit Sinnen Eigenschaften von Materialien erfahren
- mit Material hantieren
- Material ausprobieren und Unterschiede kennen lernen
- zufällig erfahrene Wirkungen wahrzunehmen und die Tätigkeit wiederholen
- das Entstandene als eigenes Werk wiedererkennen

Fähigkeit, über einen bestimmten Zeitraum eine Arbeit auszuführen
- Bereitschaft entwickeln eine Tätigkeit aufzunehmen
- bereit sein, über einen längeren Zeitraum tätig zu sein" (a. a. O., 88 f.)

An anderer Stelle konkretisiert LIESENHOFF das, was das Filzen in Anlehnung an die Zielformulierungen der Richtlinien erbringen kann, wie folgt:

„1. Die Schafwolle und deren Verarbeitung zu Filz führt in den Bereichen Wahrnehmung und Motorik zu:
- olfaktorischen Reizen, hervorgerufen durch den Geruch der Schafwolle vor, während und nach der Bearbeitung zu Filz,
- taktilen bzw. haptischen Reizen,
  a) durch das Befühlen der Wolle im unbearbeiteten Zustand und
  b) durch das Fühlen der zum Filzen notwendigen Materialien wie Schmierseife und warmes Wasser,
  c) durch die Veränderung der Beschaffenheit der Schafwolle im Filzprozeß von weich nach hart (Veränderung der Tastqualitäten),
- optischen Eindrücken, die von dem Material und dem prozeßhaften Vorgang des Filzens ausgehen,
- gezielten motorischen Greifaktivitäten mit den Händen und Fingern, die zum Auflockern der Schafwolle eingesetzt werden müssen,
- gezielten feinmotorischen Tätigkeiten der Hände und Finger auf der Oberfläche der mit warmer Seifenlauge getränkten Schafwolle,
- einem Erkennen der Ursache-Wirkungszusammenhänge, welches sich auf die Motivation des Filzenden auswirken kann und somit eine ausdauerndere Arbeitshaltung hervorruft,
- einer Verknüpfung von Wahrnehmung und Motorik im Sinne der Auge-Hand-Koordination....

2) Auf kommunikativer Ebene könnte es zu Äußerungen
- verbaler oder
- nonverbaler Art (Mimik, Gestik, Körperhaltung usw.) kommen...

Ein weiterer Aspekt, der anhand der Ergebnisdarstellung innerhalb dieser Arbeit nachvollzogen werden kann, ist der der Phantasieanregung" (a. a. O., 90 f.)

LIESENHOFF hat ihrer Examensarbeit drei Einzelfallstudien zugrunde gelegt. Die Entscheidung, die Erprobungsreihe in einer Einzelfallstudie durchzuführen, wird damit begründet, dass sich im Bereich der Schwerstbehindertenpädagogik mittlerweile die Einzellfallstudie durchgesetzt hat, weil damit das unlösbare Problem des Findens einer homogenen Kontrollgruppe bei dieser Personengruppe umgangen werden kann. Bei der Schülerauswahl ging es LIESENHOFF darum, diejenigen Schüler in die Studie mit aufzunehmen, deren Fähigkeiten im Bereich Wahrnehmung, Motorik und Kommunikation, insbesondere aber dem taktil-kinästhetischen Bereich und der Hand- und Fingermotorik, massiv eingeschränkt waren.

Im Folgenden sollen nur einige Stichwörter zeigen, um welche Beeinträchtigungen es sich dabei handelte:

Schüler M.:

- spastische Tetraplegie mit erhöhtem Spannungszustand des ganzen Körpers und aller vier Extremitäten
- permanente Bewegungsunruhe des körperlichen Erscheinungsbildes
- Arme und Hände können praktisch nicht willentlich betätigt werden, Greiffunktionen sind nicht möglich

Schüler D.:

- Kontrakturen (Versteifungen) der Gelenke
- Hände fast immer zur Faust geschlossen, mit eingeschlagenem Daumen
  Schülerin P.:
- Bewegungs-, Sitz- und Stehunfähigkeit
- kein beobachtbares Arbeitsverhalten; Fördermaßnahmen haben passiven Charakter und lösen bestenfalls Reaktionen aus, die in den kommunikativen Bereich fallen
- Lagerung auf dem Bauch wegen Magensonde nicht möglich

LIESENHOFF berichtet von einer Reihe von positiven Auswirkungen des Filzens:
- Hand löst sich aus der Spastik (Schüler M.) (vgl. a. a. O., 114 f.)
- Entspannung der Hand- und Fingermuskulatur (Schüler M.) (vgl. a. a. O., 116)
- minimale Bewegungen der Hand zur Sammlung von Wahrnehmungserfahrungen (Schüler D.) (vgl. a. a. O., 125)
- vergleichsweise gelöste Haltung beider Hände (Schüler D.) (vgl. a. a. O., 128)
- visuomotorische Kontrolle (Schüler D.) (vgl. a. a. O., 129)
- minimal spürbare Lösung der Spastik in der linken Hand (Schülerin P.) (vgl. a. a. O., 133)

Literatur :

Grundlagenliteratur :

FINKE, Marion/KRUSE, Carolin: Anthroposophische Lernmaterialien. Seminararbeit im Rahmen des Seminars „Lernmaterialien". Universität Oldenburg, WS 2004/2005

LIESENHOFF, Nicole Marcella : Therapeutische Anwendbarkeit der textilen Technik Filzen bei dem Personenkreis der Schwerstmehrfachbehinderten. Schriftliche Hausarbeit im Rahmen der Ersten Staatsprüfung für das Lehramt für Sonderpädagogik. Staatliches Prüfungsamt Dortmund, Juni 1999

SJÖBERG, Gunilla Paetau (2004): Filzen. Alte Tradition, modernes Handwerk. Bern: Haupt

Literatur zur Vertiefung:

BENHÖFER-BUHR, Caroline (2004): Grundkurs Filzen. Von der Faser zum Objekt. Stuttgart: Urania Verlag

FERGG, Monika & Jürgen (2003): Filz selber machen. Von der Wolle zum fertigen Objekt. München: Knaur Ratgeber Verlage

DITTKAU, Ernestine/MORAS, Ingrid/MÜLLER-WÜSTEMANN, Ursula/ROGACZEWSKI-NOGAI, Sybille/STEINMEYER, Martha (2004): Fantasievolles Filzen. Schmuck & dekorative Accessoires. Freiburg im Breisgau: Christophorus Verlag

PIEPER, Anne (2005): Filzen Kompaktkurs. Grundlagen und Techniken, Anwendungsideen, Nassfilzen, Filzen mit der Nadel, Schritt-für-Schritt-Kurse. Rheinfelden: OZ Verlag

12. Piktogramme und Gebärden (insbesondere Makaton)

Die Bedeutung von Sprache bzw. Sprache im weiteren Sinne oder Kommunikation kommt in folgendem Zitat von Wittgenstein sehr deutlich zum Ausdruck: „Die Grenzen meiner Sprache bedeuten die Grenzen meiner Welt" (vgl. SIEGEL 1995, 4).

Durch eine Sprachtherapie im klassischen Sinne kann Menschen mit einer geistigen Behinderung meist nicht aus ihrer lautsprachlichen Isolation hinausgeholfen werden.

Im Kontext Kommunikationsförderung haben Gebärden und Symbole in den USA bereits seit den 70er Jahren einen hohen Stellenwert. In Deutschland dagegen herrschte noch zu dieser Zeit und weit darüber hinaus das „orale Dogma" vor, d. h. Lautsprache wurde und wird auch gegenwärtig noch nicht selten als einziger Umsetzungsmodus von Kommunikation begriffen. Ein erweiterter Kommunikationsbegriff dagegen misst auch der nichtsprachlichen Kommunikation eine hohe Bedeutung bei.

Die Bedeutung von Gesten und Gebärden kommt u. a. in Sprachursprungstheorien zum Ausdruck. So leitet die gestische Sprachursprungstheorie von Hewes den Ursprung der menschlichen Lautsprache von einer Hand-Gesten-Kommunikation ab. Reste der bildhaften Gestensprache sind darin zu erkennen, dass auch wir unser Sprechen mit Gesten begleiten.

Vermutungen über den Ursprung der Sprache können allerdings weder direkt bestätigt noch widerlegt werden. Auch lässt sich nicht restlos klären, ob Gesten/Gebärden und gesprochene Sprachen sich nacheinander oder nebeneinander entwickelt haben.

Es gibt allerdings eine Reihe von Hinweisen darauf, dass die erste menschliche Sprache gestisch war:
- die Sprachursprungstheorien von Hewes und Wundt
- die Aufzeichnungen gebärderter Kommunikation zwischen Müttern und gehörlosen Kindern
- Die Annahme, in der Ontogenese (Entwicklung des einzelnen Menschen) wiederhole sich die Phylogenese (Stammesgeschichte)

Die Bedeutung von Kommunikation kann nicht überschätzt werden, denn – wie Jaspers es ausdrückt - : „Alles, was wir sind, sind wir in Kommunikation."
ADAM hat folgende drei Aspekte von Kommunikation und Sprache herausgearbeitet:
- Sprache ist eine wichtige Voraussetzung für die kognitive Entwicklung des Kindes.
- Sprache ist Voraussetzung für die Aneignung von Kultur.
- Sprache ist Voraussetzung für die Kontrolle der Umwelt und dafür, selbst etwas bewirken zu können.

Infolge des Primats des oralen Dogmas (Vorherrschen der lautsprachlichen Orientierung) werden andere Systeme als die Lautsprache nicht als Sprache anerkannt.

Sprache ist außer auf audivitv-oralem Wege aber auch auf visuell-motorischem Wege möglich:
▶ über Körpersprache
▶ über physischen Kontakt (nonverbale Signale)
▶ über Schrift (konventionalisierte Symbole) und
▶ über vokale Signale (Schreien, Weinen)

Kommunikation ist von Natur aus somit multimodal. Deshalb sollte auch die Kommnunikationsförderung multimodal sein.

Zur Realisierung von Kommunikation sind Sprache und Sprechen nicht unbedingt notwendige Voraussetzungen. Die Lautsprache ist nur eine von mehreren Möglichkeiten, Kommunikation zu realisieren. Sprache ist zwar das Hauptmedium der menschlichen Kommunikation. Viel ursprünglicher und unverfälschter sind jedoch die nonverbalen Anteile. Fast immer läuft die Kommunikation über mehrere Sinne. So kommen zur gesprochenen Sprache (digitale Kommunikation) immer nichtsprachliche Zeichen (analoge Kommunikation) hinzu.

Bei Säuglingen mit Behinderungen sind nach Kane die Signale von denen anderer Kinder unterschieden und dadurch schwerer verständlich. Dies führt bereits im frühen Kindesalter zu einer „Entgleisung der Kommunikation". Kinder mit Behinderungen sind in der Phase des „gezielten Verhaltens" etwa ab dem fünften Lebensmonat oft weniger an der Umwelt interessiert und im Verhalten eher passiv. Sie erleben eigenes Verhalten als weniger mit dem der Interaktionspartner verknüpft. Schon in dieser frühen Entwicklungsphase kann ein Kind mit eingeschränkten Mitteilungsmöglichkeiten deshalb zu Problemverhaltensweisen greifen.

Wie von ADAM aufgezeigt wurde, geht geistige Behinderung fast immer mit Problemen beim Spracherwerb einher. Der Anteil der Kinder mit einer geistigen Behinderung, die ohne funktionale Sprache sind, wurde in Studien und Beiträgen aus den 80er und 90er Jahren bei etwa 1/5 angesetzt (vgl. a. a. O, 31), dürfte nach meiner Einschätzung aber gegenwärtig eher noch höher liegen. Von ADAM wird explizit ein Zusammenhang von Kommunikationsstörungen und Verhaltensstörungen angenommen. Und sie berichtet von einem

Rückgang von Verhaltensproblemen nach gezielter Kommunikationsförderung (vgl. a. a. O., 37).

Kommunikationshilfen werden am häufigsten unterteilt nach Verfahren ohne Hilfsmittel (unaided) und Verfahren mit Hilfsmitteln (aided) (vgl. a. a. O., 43). Zu den Verfahren ohne Hilfsmittel zählen Gebärden, Mimik, Augenbewegungen und Fingeralphabet.

Reichle teilt Gebärden gemäß ihrer Ikonizität (d. h. der Deutlichkeit der Beziehung zwischen Form, Zeichen und begrifflichem Inhalt des Referenten) wie folgt ein in:

- transparent
- halbtransparent (translucent) und
- arbiträr/undurchsichtig (opaque)

Oft werden Gebärden auch nach motorischen Kriterien eingeteilt:

- Anzahl der Hände
- Handform
- Hand-/Armstellung
- Bewegungsart und –anzahl
- Orientierung von Hand/Arm zur/zum BenutzerIn
- Körperkontakt
- Blickkontakt

Gegen Gebärden wird häufig vorgebracht, sie führten zur Sprechfaulheit. Dies kann jedoch als empirisch wiederlegt angesehen werden.

Von SIEGEL werden auf den Seiten 52 bis 54 in Anlehnung an ADAM, MÜHL, VATER, WOHLFAHRTH und die Autoren von MAKATON die Argumente zusammengefasst, die für den Einsatz von Gebärden sprechen. Die aus meiner Sicht wichtigsten Argumente werden im Folgenden wiedergegeben:

- Unterstützung des Wortverständnisses durch Ikonizität (Bildhaftigkeit)
- enge Verbindung zwischen der Entwicklung von Gesten/Gebärden und der Sprachentwicklung
- Gebärden motorisch einfacher als Sprachäußerungen
- Gebärden wirken sich positiv auf die Vokalisationsfähigkeit aus (wegen hirnphysiologischer Nachbarschaft des Kontrollzentrums für Hände und des Kontrollzentrums für Gesicht und Lippen)
- Handführung bei Gebärden einfacher als Führung der Sprechwerkzeuge
- Förderung der Sprechbereitschaft durch positive Kommunikationserfahrungen

Von ADAM sind Kriterien für die Auswahl von Gebärden zusammengestellt worden:

- gute Unterscheidbarkeit
- deutlicher Bezug zur Bedeutung des Begriffs
- durch grobmotorische Bewegungsabläufe zu realisieren
- für die Ausführende/den Ausführenden optisch kontrollierbar

MAKATON ist ein ergänzendes (augmentatives) und alternatives Kommunikationssystem (AAC). Es vereinigt Sprache (speech), Gebärden und (Bild)symbole. Gemäß der Philosophie eines multimodalen Ansatzes arbeitet es mit allen Kommunikationsmodi. So werden Gebärden und Lautsprache gleichzeitig dargeboten, d. h. ein vollständig gesprochener Satz wird durch Gebärdung der Schlüsselwörter unterstützt.

Die Bezeichnung MAKATON ist aus den Vornamen der Personen abgeleitet, die MAKATON entwickelt haben: MArgaret Walker, KAthy Johnston und TONy Conforth. Entwickelt wurde MAKATON 1972 für gehörlose Menschen, die gleichzeitig eine geistige Behinderung hatten und in einem Heim lebten (vgl. ADAM 1996, 162).

Grundlage von MAKATON[1] ist die jeweilige nationale Gebärdensprache, in Deutschland somit die Deutsche Gebärdensprache DGS (vgl. SIEGEL 1995, 93).

Bei MAKATON handelt es sich nicht um ein eigenständiges Gebärdensprachsystem. Systematisch betrachtet ist MAKATON zwischen der Deutschen Gebärdensprache (DGS) und den lautsprachbegleitenden Gebärden (LBG) einzustufen.

---

[1] Kontaktadresse Makaton Deutschland:
c/o G. Siegel, Sertoriusring 18, 55126 Mainz
e-mail: Makaton@gmx.de

Literaturverzeichnis:

Grundlagenliteratur:

ADAM, Heidemarie (1996): Mit Gebärden und Bildsymbolen kommunizieren. Voraussetzungen und Möglichkeiten der Kommunikation von Menschen mit geistiger Behinderung. Würzburg: edition bentheim, 2., unveränderte Auflage, 1. Auflage Oldenburg 1993

BERGER, Ingrid (2000): Unterrichtsgestaltung bei nichtsprechenden hörgeschädigten Schülerinnen und Schülern an einer Förderschule für geistig Behinderte. Lernen konkret, 19. Jahrgang, Heft 3, August, 6-8

BURGER, Christiane (2000): Kommunikationsförderung in einer Werkstufe der Förderschule für geistig Behinderte. Lernen konkret, 19. Jahrgang, Heft 3, August, 26-29

VON TETZCHNER, Stephen/MARTINSEN, Harald (2000): Einführung in Unterstützte Kommunikation. Heidelberg: Universitätsverlag C. Winter »Edition S«

MANTAKA-BRINKMANN, Ellianna (2001): Ein Praxis-Bericht „AAC, a magic tool". Lernen konkret, 20. Jahrgang, Heft 2, Juni, 13-14

MANTAKA-BRINKMANN, Ellianna (2001): Ein Dominospiel. Lernen konkret, 20. Jahrgang, Heft 2, Juni, 15-17

MÜHL, Heinz (1984): Einführung in die Geistigbehindertenpädagogik. Stuttgart 3. Auflage 1994, 1. Auflage, 95-96

SIEGEL, Gudrun (2001): Was ist Makaton? Lernen konkret, 20. Jahrgang, Heft 2, Juni 2001

SIEGEL, Gudrun, ULRICH, Heike (2001): Design des Makaton-Programms. Lernen konkret, 20. Jahrgang, Heft 2, Juni, 7-13

Literatur zur Vertiefung:

SIEGEL, Gudrun (1995). Kommunikation mit allen Sinnen. Gebärden und Symbole als unterstützende und alternative Verfahren zur Entwicklung von Kommunikation und Sprache unter besonderer Berücksichtigung des multimodalen Ansatzes MAKATON. Wissenschaftliche Hausarbeit im Rahmen der Ersten Staatsprüfung für das Lehramt an Sonderschulen. Eingereicht dem wissenschaftlichen Prüfungsamt für das Lehramt an Sonderschulen Marburg an der Lahn

13. Medien bei schwerer geistiger Behinderung

Der Beitrag von RAHMEN und LENNARTZ-PASCH

„Medien oder Lernmaterialien für Schülerinnen und Schüler mit einer schweren geistigen Behinderung" ist ein Thema, das bislang in der wissenschaftlichen Literatur und in breiteren Fachkreisen kaum bearbeitet worden ist.

Nur wenig bekannt geworden sind allerdings die Aktivitäten der Designerin Heike RAHMEN aus Wuppertal und des Designers Rolf LENNARTZ-PASCH aus Krefeld, die sich im Rahmen eines Forschungsprojekts Mitte der 80er Jahre mit dem Thema befassten. RAHMEN und LENNARTZ-PASCH entwickelten eine Reihe von Prototypen, die in Kooperation mit dem Deutschen Paritätischen Wohlfahrtsverband und unterstützt von einem Ministerium in einem Zeitraum von insgesamt sechs Monaten in 12 sehr verschiedenen Einrichtungen für Menschen mit Behinderung erprobt wurden (RAHMEN/ LENNARTZ-PASCH o. J.).

Die von RAHMEN und LENNARTZ-PASCH konzipierten Medien basieren explizit auf den theoretischen Überlegungen von Andreas FRÖHLICH. Außerdem sind, wie z. B. in der Taststraße, deutliche Einflüsse von Hugo KÜKELHAUS zu erkennen. Es sollen deshalb vorab die Grundzüge dieser beiden Ansätze dargestellt werden. Dabei werden jeweils Medien vorgestellt, die mit vergleichsweise geringem technischen Know-how nachgebaut werden können.

Einflüsse von FRÖHLICH

Andreas FRÖHLICH ist neben Barbara FORNEFELD der aus meiner Sicht bekannteste und bedeutendste deutsche Pädagoge auf dem Gebiet der pädagogischen Förderung von Menschen mit einer schweren geistigen Behinderung. Er ist insbesondere durch das von ihm propagierte Konzept der Basalen Stimulation bekannt geworden.

Andreas FRÖHLICH beschreibt die Situation schwerstbehinderter Kinder in dem Video „Basale Stimulation" aus dem Jahre 1987 unter anderem so, dass diese Kinder kaum etwas alleine tun können und darauf angewiesen sind, dass andere ihnen Erfahrungen vermitteln. Im Konzept der Basalen Stimulation ist der Körper Grundlage der Kontaktaufnahme (vgl. LIESENHOFF 1999, 75). Entwickelt wurde der Ansatz in Anlehnung an die Betrachtung der einem ungeborenen Kind möglichen Wahrnehmungen im Austausch mit seiner mütterlichen Umgebung. Dem ungeborenen Kind sind die folgenden Wahrnehmungen möglich, die die Basis der Erfahrung darstellen:

- die somatische,

- die vestibuläre und

- die vibratorische Erfahrung

Diese drei Begriffe lassen sich wie folgt ins Deutsche übersetzen:

- somatisch bedeutet den ganzen Körper betreffend,

- vestibulär Lageveränderungen betreffend und

- vibratorisch mit Schwingungen zusammenhängend.

Diese drei Komponenten sind im Förderprozess Grundlage für die Förderung und die Differenzierung insbesondere der körperferneren Sinne.

Bei diesen drei Erfahrungen, deren Ursprung im vorgeburtlichen Bereich liegt, kann und muss deshalb nach Ansicht von FRÖHLICH die Förderung ansetzen.

„Basale Stimulation" bedeutet, dass dem Kind ein Lernen auf dieser grundlegenden Ebene der somatischen, vestibulären und vibratorischen Erfahrung ermöglicht wird. FRÖHLICH ist, insbesondere in der Anfangszeit seiner Arbeit, häufig vorgeworfen worden, die „Basale Stimulation" sei ein einseitiges Vermitteln von Reizen. Seiner Ansicht nach ist dieser Vorwurf jedoch nicht stichhaltig: Die Basale Stimulation ist nach seiner Auffassung kein einseitiger Vorgang, sondern eine gemeinsame Arbeit, bei der jeder ganz intensiv auf den anderen achtet.

Bei der pädagogischen Arbeit ist es nach Ansicht von FRÖHLICH wichtig, dem Kind etwas anbieten zu können, das für es reizvoll ist und ihm neue Erfahrungen erschließt, unabhängig davon, ob es unmittelbar nützlich ist im Sinne des Erwerbs neuer Fertigkeiten. Letztlich geht es ihm zusammenfassend darum, die Welt von Kindern mit einer schweren Behinderung ein wenig weiter zu machen. Spielmaterialien für diese Personengruppe müssen wie in jedem pädagogischen Prozess die spezifischen Voraussetzungen, Fähigkeiten und Bedürfnisse der Kinder mit berücksichtigen. Bei Kindern mit einer schweren geistigen Behinderung lassen sich diese Voraussetzungen wie folgt beschreiben:

„diese sitzen (im Rollstuhl), stehen (im Stehbrett) oder liegen zumeist;
- können sich fast nicht bewegen oder nur unkontrollierte Bewegungen ausführen;
- haben wenig Kraft und
- eine geringe Auge-Hand-Koordination" (RAHMEN/LENNARTZ-PASCH 1988, 8)

Zwar spielt die Basale Stimulation in der Arbeit mit Kindern mit einer schweren Behinderung eine grundlegende Rolle. Sie sollte aber zugunsten anderer pädagogischer Konzepte auch (schnell) wieder gewechselt werden können. Nach Ansicht von LIESENHOFF haben sich in der Förderung von Kindern mit schwerer Mehrfachbehinderung neben der Basalen Stimulation die folgenden sonderpädagogischen und therapeutischen Förderkonzepte bewährt:

- Isolationstraining nach KIPHARD und DELACATO
- Sensomotorische Entwicklungsförderung nach KIPHARD und DELACATO
- Basale Aktivierung nach BREITINGER/FISCHER
- Integrierte Förderung nach HAUPT/FRÖHLICH
- Psychomotorische Übungsbehandlung
- Physiotherapie
- Entwicklungspsychologische Erkenntnisse nach PIAGET

Sie sollten – so LIESENHOFF - in Anlehnung an das folgende von FRÖHLICH entwickelte stufenförmige Schema Anwendung finden:

„1. Stufe: Methode der basalen Stimulation (nach FRÖHLICH)
Inhalt/Ziel: Körpernahes Angebot gezielter Reize aus dem Bereich der Sensorik zur Aktivierung und Bereicherung der Lebenssphäre eines Kindes.

2. Stufe: Passives Lernangebot (nach FISCHER, EICHLER etc.)
Inhalt/Ziel: Körpernahes Angebot von Reizen, um mit der Zeit bestimmte Reaktionen auszulösen; bedingte und unbedingte Reflexe sollen geordnet werden

3. Stufe: Basale Aktivierung; Aktives Lernangebot (nach EICHLER, FISCHER, BAUER etc.)

Inhalt/Ziel: Lernen im Signal-System; der Aktionsraum soll erweitert werden; vorhandene Reaktionen werden stabilisiert, aktiviert, gefestigt und an bestimmtes Material gebunden.

4. Stufe: Elementarer Verhaltensaufbau (nach PIAGET etc.)
Inhalt/Ziel: Vorhandenes Aktions- und Reaktionspotential wird an Objekte gebunden und zu einfachsten Tätigkeiten geformt und kanalisiert; Entwicklung eines sensomotorischen Schemas unter Gewinnung der Basisfähigkeiten

5. Stufe: Gezielter Auf- und Ausbau von Grundfertigkeiten und lebenspraktischen Leistungen
Inhalt/Ziel: Handlungsschemata wie z. B. spielen werden aufgebaut; Erlernen lebenspraktischer Tätigkeiten, um beispielsweise „selbst essen zu können".

6. Stufe: Situationsangewandtes bzw. –bezogenes Lernen
Inhalt/Ziel: Erfahrungsgewinnung durch bestimmte Umweltsituationen, Erwerben lebenspraktischer Tüchtigkeit und Verbesserung bereits vorhandener Tüchtigkeit" (LIESENHOFF 1999, 66f.)

Es würde zu weit führen, die Chancen und Risiken der von LIESENHOFF aufgeführten Konzepte für die Förderung von Schülerinnen und Schülern mit einer geistigen Behinderung hier aufzuführen und zu diskutieren. Der Hinweis erfolgte, um interessierten Leserinnen und Lesern Ansätze für die etwaige eigenständige weitere Arbeit zu geben.

Der Ansatz von Hugo KÜKELHAUS

Hugo KÜKELHAUS lebte von 1900 bis 1984 und war im Gegensatz zu FRÖHLICH kein Pädagoge. KÜKELHAUS war vielmehr in mehreren Berufen im handwerklichen bzw. kunsthandwerklichen Bereich tätig: als Architekt, Handwerker, Bildhauer, Designer, Glaskünstler und Zeichner. KÜKELHAUS ging es von Anfang an darum, auf die Wichtigkeit vielfältiger Erfahrungen von frühester Kindheit an hinzuweisen. Aus dieser Einstellung heraus entwickelte er in den 30er Jahren die sogenannten „Allbedeut-Greiflinge", die später weltberühmt wurden und ihn zum Wegbereiter heutiger Greifspielzeuge für Kleinstkinder machten. An den „Allbedeut"- Spielzeugen ist sehr deutlich die Nähe zu den Gedanken Fröbels erkennbar. „Während Fröbel allerdings bei seinen Spielgaben und dem Ansatz der „tastenden Erfahrung" im wesentlichen an das Kind im Kindergartenalter dachte, versuchte KÜKELHAUS mit seinen Spielzeugen noch früher anzusetzen, nämlich bei dem ganz kleinen Kind, das noch in der Wiege liegt" (MÜNCH 1995, 13). Einen guten Überblick über die von KÜKELHAUS entwickelten Greiflinge enthält die Broschüre „Hugo KÜKELHAUS und das Spielzeug Allbedeut". KÜKELHAUS war der Ansicht, dass die moderne Welt den Sinnen des Menschen immer weniger zu tun übrig lässt und dadurch Kindern und Erwachsenen immer weniger Spielraum in ihren körperlichen Erfahrungs- und Entwicklungsmöglichkeiten lässt (MÜNCH: Das Erfahrungsfeld der Sinne, 3). KÜKELHAUS sprach in diesem Zusammenhang sogar von einem „Lebensentzug", einem „nicht gelebten Leben" in einer für die Sinne immer eintöniger werdenden Welt. Gleichzeitig geht dieser Lebensentzug aber auch häufig mit einer Reizüberflutung einher, die die noch vorhandenen Sinne des Menschen auf der anderen Seite zu sehr in Anspruch nimmt und deren Folge Abbau durch Abstumpfung ist.

Mit dem Erfahrungsfeld zur Entfaltung der Sinne, ursprünglich einer Wanderausstellung, machte KÜKELHAUS sein Anliegen einem immer breiteren Publikum zugänglich. Das Erfahrungsfeld besteht aus sieben Bereichen mit insgesamt 33 Stationen:

Aufrechter Gang, greifende Hand, Geruch, Orientierungen, Wissen und Vertiefung, Hören und Klänge erzeugen, Betrachtung der Phänomene.

KÜKELHAUS versteht seine Stationen als Spiel mit den Naturgesetzen, Mahnmale für Zivilisationsgeschädigte, Herausforderung an unsere Sinne. Nach seiner Ansicht bietet es Menschen die Möglichkeit eines persönlichen Zugangs zur Natur und deren Erscheinungen. Durch Sensibilisierung der Sinne werden die Voraussetzungen für einen verantwortungsvollen Umgang mit der Schöpfung geschaffen. Im Hinblick auf die Umwelt ermöglicht es das Erfahrungsfeld zu erfahren, wie sich meine Handlungen direkt auswirken.

Unterrichtspraktische Anregungen: Der Beitrag von Ulrike THEILEN

Ulrike THEILEN hat sich in ihrem erstmals 1999 und im selben Jahr bereits zum dritten Mal aufgelegten Buch „Mach doch mit! Lebendiges Lernen mit schwerbehinderten Kindern" mit der Frage der für Schülerinnen und Schüler mit einer geistigen Behinderung geeigneten Materialien und Medien befasst.

In dem Buch geht es um Erfahrungen, die bestimmte Materialien und Inhalte Kindern und Jugendlichen mit einer schweren geistigen Behinderung ermöglichen. Im einzelnen geht es um Erfahrungsmöglichkeiten mit Wasser, Sand,

Ton, Stoff, Papier, Bällen, Bausteinen und Farben, Geräuschen und Klängen sowie mit dem Raum. Jedes Kapitel setzt unterschiedliche Schwerpunkte des Erlebens (z. B. Körperwahrnehmung oder Bewegung oder Kommunikation). Am Anfang jedes Kapitels werden das Charakteristische eines jeden Materials oder Objekts beschrieben und damit bereits die verschiedenen Möglichkeiten angedeutet, die sich in der Auseinandersetzung mit dem jeweiligen Material oder Objekt ergeben. So sind charakteristische Merkmale des Wassers die Bewegung, das Fließende und Flüchtige, aber auch das Tragende. Im Umgang mit Wasser sollten deshalb vorzugsweise Aktivitäten realisiert werden, die diese Aspekte beinhalten: Gießen, Schütten und Spritzen als Formen der Bewegung von Wasser, Schwimmen und Sich-Tragen-Lassen sowie Bewegung von Gegenständen auf dem Wasser. Das Material Stoff als ein von Menschen hergestelltes Material ist auf Ausbreitung, Enthüllen und Umhüllen hin angelegt. Damit verbunden ist das Moment der Überraschung, der Veränderung und Verwandlung, des Effektes. Stoff ist insbesondere auch für ganzkörperliche Erfahrungen geeignet. Das Buch von Ulrike THEILEN ist sehr übersichtlich gegliedert. Auf der linken Seite werden, unterteilt z. B. nach Lernräumen und Körperteilen, unterschiedliche Möglichkeiten der Materialerfahrung beschrieben, z. B. beim Thema Wasser:

- ganzkörperlich (in der Badewanne, im Schwimmbad, unter der Dusche, in der Natur)
- vestibuläre Anregung
- mit den Händen
- mit den Füßen
- mit Augen und Ohren
- gießen und schütten

- schwimmen-lassen
- spritzen
- freier Umgang mit dem Material.

Auf der rechten Seite wird jeweils der mögliche Lerngewinn der links vorgeschlagenen Aktivitäten aufgezeigt. Im Anschluss daran finden sich bei den „Beobachtungshilfen" wichtige Hinweise zur Reflektion und weiteren Planung des Unterrichts. Insbesondere können die hier aufgeführten Verhaltenseinheiten auch im Rahmen der Förderdiagnose verwendet werden. Jedes Kapitel wird von Unterrichtsbeispielen zum jeweiligen Thema abgeschlossen, beim Thema Wasser z. B. mit:

- Wir füllen unser Wasserbecken (Lernort: Klassenzimmer, im Freien)
- Wir gießen Wasser in eine Dachrinne (Lernort: im Freien)
- Wir erleben Wasser mit unseren Füßen (Lernort: im Freien oder Klassenzimmer)
- Wir lassen Bälle schwimmen (Lernort: Schwimm- oder Therapiebecken, Wasserhöhe: knietief).

Insgesamt werden sehr viele Vorschläge gemacht, die draußen durchgeführt werden können/sollen. Positiv ist dabei THEILENs Ökonomie im Umgang mit Material. So hebt sie auf Seite 56 hervor, dass der trockene Ton sich später einsumpfen und wiederverwerten lässt. Die Lektüre des Buches lohnt sich aber nicht zuletzt wegen der vielfältigen Material- und Medienideen:

- Knete-Rezept als Ersatz für Ton
- Beschreibung der Herstellung eines Tastwandmediums
- Bettbezüge o. ä. mit Luftballons oder Bällen einer oder unterschiedlicher Art

füllen (zum Darauf Setzen oder Darauf Legen)
- Fühlsäckchen mit jeweils unterschiedlichem Ballinhalt zum Erkunden
- Luftballons vor dem Aufblasen mit unterschiedlichem Material (Reiskörnern, getrockneten Bohnen, kleinen Schellen etc.) versehen (ergibt unterschiedliche Geräusche)
- Plastikflaschen mit Sand füllen und als Kegel verwenden
- Holzkugel mit Stiel zum Festhalten mit mehreren Lagen Stoff umwickeln (zum Aufklopfen von Farbe)
- Fliegenklatschen mit einem Waschhandschuh beziehen (zum Aufklopfen von Farbe)
- verschiedene Ideen für das Herstellen von Klangobjekten
- Raschelsäcke in Kissengröße herstellen (gefüllt mit Stoffen und Materialien, die unterschiedliche Raschel- und Knistergeräusche erzeugen)
- Raschelschlange, die segmentweise mit verschiedenem Geräuschematerial gefüllt wird
- Holzkugeln in unterschiedlicher Größe aus Papiermaché (Transparentpapier) selbst herstellen und mit verschiedenstem Geräuschmaterial füllen.

Das Buch von THEILEN ist aus drei Gründen eine wertvolle Lektüre:
- Es macht vielfältige Vorschläge zur Materialerfahrung von Kindern mit einer schweren geistigen Behinderung.
- Es macht viele Vorschläge für das Selbstherstellen von Medien und
- viele der Aktivitäten könnten auch dem Bereich „Kunst bei Menschen mit einer schweren geistigen Behinderung" zugeordnet werden.

Medienideen (Katja DÖLING, WS 2002/2003)

Im Wintersemester 2002/2003 hat Katja DÖLING für das Seminar die im Folgenden vorgestellten Medien angefertigt und im Rahmen ihrer schriftlichen Ausarbeitungen beschrieben.

a) Trockenduschen[1]

Trockenduschen können zum einen als passives, taktiles Anregungsmittel von der Lehrkraft benutzt werden, zum anderen sind sie motivierend für Schülerinnen und Schüler mit einer schweren geistigen Behinderung, sich selbst aktiv mit ihnen zu beschäftigen. Je nach verwendetem Material sind Trockenduschen vor allem taktil erfahrbar, aber auch optisch mit Hilfe von deutlichen Farbkontrasten oder sie können auch Klänge produzieren, z. B. durch kleine Glöckchen.

Bastdusche

Der künstliche Bast fühlt sich auf der Haut sehr glatt, aber nicht unangenehm an. Durch die Verwendung der drei Grundfarben ist ein deutlicher Farbkontrast da, der die Schülerinnen und Schüler mit einer geistigen Behinderung auch optisch ansprechen könnte. Motivierend könnte sich zudem auswirken, dass sich die Bastfäden sehr leicht in Bewegung versetzen lassen, bzw. diese sich schon bei einem leichten Windzug bewegen und dabei auch noch leise Geräusche produzieren. Diese sind allerdings nur zu hören, wenn es im Raum sehr ruhig ist. Daher empfiehlt sich auch wie bei anderen Spielmaterialien eine ruhige Ecke im Klassenzimmer oder in einem Nebenraum.

Plastikfolien-Trockendusche

Die verwendete Plastikfolie ist optisch weniger ansprechend als die Bastdusche aufgrund

---

[1] Eine Trockendusche aus Stoff ist in meinem Manuskript „Individualisierte Hilfen durch selbst hergestellte Lernmaterialien" abgebildet und beschrieben.

ihrer Einfarbigkeit, dafür aber akustisch besser wahrnehmbar. Bei der kleinsten Bewegung fangen die Folienstreifen an zu knistern und zu rascheln und sind ebenso sehr leicht in Bewegung zu versetzen. Das Material fühlt sich auf der Haut ebenfalls sehr glatt an, hat aber eine etwas andere Wirkung als der Bast. Ein Nachteil des Materials könnte sein, dass es elektrisieren könnte, was sich sicherlich nachteilig auf das Interesse an der Trockendusche auswirken würde.

Trockendusche aus Goldfolie

Bei diesem Material liegt der Schwerpunkt auf dem optischen Anreiz, der durch die ungewöhnliche goldfarbene, glänzende Oberfläche hervorgerufen wird. Dieser optische Anreiz kann noch verstärkt werden, wenn man eine Lampe auf die Trockendusche richtet, so dass bei jeder kleinsten Bewegung Licht- und Spiegelreflexe zu sehen sind. Die Folie fühlt sich besonders glatt und auch kühl an. Ähnlich wie die Plastikfolie raschelt und knistert das Material bei Bewegung.

Trockendusche aus mehreren Materialien

Diese Trockendusche besteht im Gegensatz zu den anderen Trockenduschen aus verschiedenen Materialien. Das Prinzip der Eindeutigkeit ist bei der Trockendusche aus mehreren Materialien daher nicht gegeben. Ich habe diese Trockendusche in erster Linie für die aktive Eigentätigkeit des Schülers gedacht und nicht im Sinne einer basalen Stimulation durch die Lehrkraft. Sie ist daher nur für Schüler geeignet, die sich schon ansatzweise mit einem Material selbst beschäftigen können. Die verwendeten Materialien sollen für die Schüler motivierend wirken.

Mobiles Holzkugelmobile

Das Mobile besteht aus mehreren Ketten aufgereihter Holzperlen. Es sollte tief genug über oder neben den Schülern aufgehängt werden, so dass es mit den Händen oder Füßen in Bewegung versetzt werden kann. Die Ketten schwingen dann einen kurzen Moment nach, wobei die Holzperlen aneinander stoßen und „klackernde" Geräusche von sich geben. Dies könnten die Schüler motivieren, anschließend wieder diesen Effekt erzielen zu wollen.

CD-Mobile

Der Schwerpunkt liegt hier auf dem optischen Effekt, der am besten in einem etwas abgedunkelten Raum zu sehen ist. Das Mobile müsste dann mit einer stärkeren Lampe angeleuchtet werden. Es bewegt sich bei jedem leichten Windzug und kann bei Berührung in stärkere Bewegung versetzt werden, so dass die CDs zusammenstoßen.

Fühlkissen

Die Fühlkissen bestehen aus weichem, angenehmen Stoff, wobei sich die Ober- und Unterseiten farblich unterscheiden. Sie sind gefüllt mit Erbsen, Linsen, Watte bzw. Kaffeebohnen. Mithilfe von Druckknöpfen können sie in unterschiedlicher Weise zusammengeknüpft werden. Die Kissen eignen sich zum einen als Fühlmaterial für die Schüler, zum anderen können sie aufgrund der Schwere benutzt werden, um den Schülern durch Auflegen einzelne Körperteile besser erfahrbar zu machen.

Bälle

Die Bälle bestehen aus verschiedenen Materialien wie Stoff, Filz, Nylon und Luftballons. Sie sind gefüllt mit Erbsen, Watte, Linsen, Folie. Je nach Inhalt haben die Bälle eine unterschiedliche Wirkung. Manche sind schwer und relativ leicht zu kneten, andere sind leicht und recht fest. Als zusätzlichen Anreiz könnte man auch klingende Objekte, z. B. Glöckchen, mit einfüllen. Bei den Bällen aus Luftballons ist darauf zu achten, dass diese kaputt gehen könnten. Weswegen sie für Schüler ungeeignet sind, die noch Dinge in den Mund stecken. Die Bälle sind in erster Linie gedacht, um in den Händen befühlt und geknetet zu werden, können aber auch vom Schüler fallen gelassen, geworfen werden etc.

Fühlteppich

Der Fühlteppich besteht aus einer Unterlage aus festem Jutestoff, auf den verschiedene Materialien befestigt wurden. Die Schülerinnen können über den Teppich krabbeln, mit nackten Füßen laufen oder so neben bzw. auf den Teppich gelegt werden, dass sie die Materialien erfühlen können. Der Teppich ist in Zonen unterteilt, auf denen jeweils nur ein Material verwendet wurde, um ein intensives Wahrnehmen zu ermöglichen. Ich habe folgende Materialien benutzt:

- Holzperlen (sehr hat, ungewöhnliche Oberflächenstruktur)
- ein weiches Areal aus Satinstoff, unterlegt mit Füllwatte
- ein dicker, weicher Stoff
- Topfkratzer (nachgebend bei Druck, rau, metallisch)
- angeknüpfte Wollfäden
- kleine Beutel, gefüllt mit unterschiedlichen Materialien
- aufgenähte Füllwatte
- Teddybärfell
- Jutebänder.

Knetbälle aus Luftballons

Ramona CARSTENS hat im Wintersemester 2001/2002 u. a. eine schriftliche Ausarbeitung zum Thema „Knetbälle aus Luftballons" vorgelegt. Ihre schriftlichen Ausführungen werden an dieser Stelle unverändert wiedergegeben.

Inhaltliche Gliederung:

Thema

I. Quelle

II. Anleitung zur Herstellung

III. Ziele

IV. Zielgruppe

V. Spielanleitungen mit Varianten

VI. Eigene Gedanken als Schlussbemerkung

I. Quelle

In einem Praktikum während meiner Ausbildung zur Erzieherin wurden diese Knetbälle in der Heilpädagogischen Kindestagesstätte der Lebenshilfe Verden/Eitze e. V. hergestellt und mit Kindern erprobt. Die Kinder begeisterten sich sehr dafür. Die Quellen der MitarbeiterInnen sind mir nicht bekannt.

II. Anleitung zur Herstellung

Material:

Für jeden Ball benötigt man zwei Luftballons. Für den Inhalt nimmt man wahlweise: getrocknete Erbsen ca. 110 g; Milchreis ca. 130 g; Sand ca. 200 g, selbstgemachte Knete oder Mehl ca. 95 g oder Styroporkugeln oder getrocknete Kidneybohnen oder runde Kieselsteine oder sonstige haltbare runde oder mehlige Materialien.

Kosten

Falls nicht im Haushalt vorhanden, je nach Inhalt und Luftballonart ca. 0,5 bis 1 Euro.

Dauer der Herstellung

Je nach Schnelligkeit und Material benötigt man pro Ball ca. 5-15 Minuten.

Anleitung zur Herstellung

1. den ersten Luftballon aufblasen und wieder erschlaffen lassen
2. in den Luftballon das gewünschte Material einfüllen bis der Luftballon so groß ist, dass die Hand ihn halb geöffnet umschließt
3. den Luftballon zuknoten
4. beim zweiten Luftballon das „Rohr" zum Aufblasen abschneiden
5. den zweiten Luftballon etwas dehnen und über den ersten ziehen, so dass der Knoten des ersten Luftballons mittig unter dem zweiten Luftballon verschwindet
6. fertig
7. Zeichnung

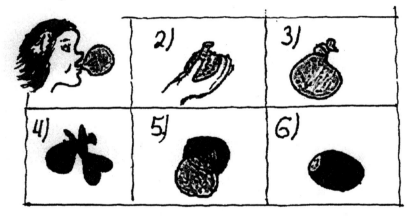

III. Ziele

Grobziele

Durch die Knetbälle können die SpielerInnen

a) propriotische und
b) taktile Wahrnehmungserfahrungen der Hand und handmotorische Fähigkeiten erproben und ausdifferenzieren
c) differenzieren zwischen leichten Bällen, leichteren Bällen, dem leichtesten Ball, ebenso unterscheiden welcher Ball schwer, welcher schwerer und welcher am schwersten ist bzw. feststellen, dass manche in etwa gleichviel wiegen

d) sich bei Memory merken, welcher Ball sich wie anfühlt und wo er liegt, damit wenn ein sich gleich anfühlender Ball dran kommt, man dies erkennt und weiss, wo der andere liegt

e) ihre Aggressionen am Ball herauslassen

IV. Hinweise zur Zielgruppe
Alter der SpielerInnen

Ab dem Zeitpunkt, da der Säugling nach Gegenständen greift bis kein Interesse mehr besteht. Insbesondere für Kinder im Kindergarten-Alter und Kinder in den ersten Schuljahren.

Warnhinweise

Bei Kindern darauf achten, dass sie die Bälle nicht in den Mund nehmen, da die Luftballons eventuell durch das Reiben an den Zähnen (bzw. darauf beißen) einreißen. Dadurch kann das Kind sich an dem Luftballon selbst oder seinem Inhalt verschlucken (eventuelle droht dann Erstickungsgefahr!).

Sonstige Hinweise zur Zielgruppe

Die Knetbälle sind für alle Menschen (mit oder ohne Behinderung) geeignet, die Interesse an ihnen haben. Insbesondere Kinder, die Schwierigkeiten in der taktilen Wahrnehmung und der Handmotorik haben, können mit diesen Bällen gefördert werden.

Auch wenn ein Mensch mit Behinderung nicht von sich aus nach dem Ball greift, weil es ihm eventuell durch seine Behinderung nicht gelingt, kann durch Hilfe eine Förderung der taktilen Wahrnehmung erfolgen. Den Ball in die Hände des betroffenen Menschen legen oder über seine Wangen (den Körper) rollen. Schülerinnen und Schüler, die eine oder beide Hände bewegen und koordinieren können, können die Bälle selbst oder mit Hilfe herstellen. Dies fördert zusätzlich die Feinmotorik der Hände. Außerdem sehen die Schülerinnen und Schüler dann schon das Material, welches sie später ertasten werden.

V. Spielanleitung

Inhalt erraten:

Die Schülerinnen und Schüler nehmen die unterschiedlichen Bälle in die Hand. Sie versuchen durch Kneten/Befühlen der Bälle ihren Inhalt zu erraten.

Memory:

Hat man jeweils zwei Bälle zu jedem Inhalt, können die Kinder abwechselnd, beim Memory, immer zwei sich gleich anfühlende Bälle herausnehmen. Sind sie verschieden, legt es sie zurück auf ihren Platz und der nächste Spieler ist an der Reihe. Hat ein Spieler ein Paar gefunden, darf er es zu sich legen und noch einmal zwei Bälle befühlen. Derjenige Spieler, der die meisten Paare gefunden hat, hat gewonnen.

Variante:

Ein Tuch oder eine Decke wird über die Bälle gelegt oder die Augen verbunden, damit keine sichtbaren Unterschiede vom Fühlen ablenken.

Ball erraten:

Ein Spieler knetet einen Ball und beschreibt diesen mit Worten (ohne die Farbe zu nennen). Ein oder mehrere Spieler hören ihm mit geschlossenen Augen zu. Der beschreibende Spieler legt dann den Ball zurück zu den anderen. Die anderen Spieler öffnen die Augen, befühlen die Bälle und versuchen herauszufinden, welcher beschrieben wurde. Der Reihe nach gibt jeder einen Tipp ab. Der Spieler, der richtig getippt hat, ist nun an der Reihe. Sind dies mehrere Spieler, entscheidet der vorige beschreibende Spieler.

Variante von Ball erraten

Ein Spieler hat geschlossene Augen und bekommt einen Ball in die Hände gelegt, welchen er in Ruhe befühlt. Nach einiger Zeit wird der Ball wieder zurück zu den anderen gelegt. Mit offenen Augen versucht der Spieler nun zu erraten, welchen Ball er in den Händen hielt.

Variante:

Mehrere Bälle werden in die Hände gelegt, der Spieler soll sich zusätzlich noch die Reihenfolge merken. Diese Variante geht auch bei dem einfachen „Ball erraten".

Bemerkung:

Begriffe wie z. B. „hart", „weich", „schwer, schwerer, am schwersten"... (weitere siehe unter Ziele) zur Unterscheidung der Bälle erfahren, begreifen und benutzen. Unruhigen Menschen kann das Kneten eines Balles helfen, ruhiger zu werden oder ruhig zu bleiben.

Begründung/eigene Erfahrungen

Häufig werden, besonders in „Regelschulen", Schülerinnen und Schüler mit einseitigem Unterricht überfordert. Damit meine ich vor allem den Frontalunterricht, in dem die SchülerInnen und Schüler still sitzen, mitdenken und sich dann und wann einmal melden sollen. Obwohl sie vielleicht nicht mehr aufnahmebereit sind, müssen sie zuhören. Dabei haben Kinder häufig einen hohen Bewegungsdrang, und das nicht ohne Grund, denke ich. Ich kann mir Sachen besser merken, wenn ich sie begreife, also anfasse und/oder ausprobiere. Noch viel intensiver ist dies bei Kindern. Wenn ich nebenbei male, mit dem Fuß hibble, auf einem Gummiball hüpfe oder einen solchen Knetball knete kann ich mich wieder besser konzentrieren. Ich weiss nicht, ob es dafür eine wissenschaftliche Erklärung gibt, aber viele Menschen stellten dies ebenfalls fest.

VI. Eigene Gedanken

In der heutigen Zeit werden SchülerInnen in Schulen (besonders Regelschulen) hauptsächlich über den visuellen und akustischen Bereich angesprochen. Ihrem Drang nach Bewegung, taktiler Erfahrung und handlungsbezogenem Lernen (Erprobung) wird selten nachgegeben, obwohl viele Inhalte auch so vermittelt werden können. Diese Knetbälle sind ein leicht herzustellendes Medium, mit dem SchülerInnen grundlegende Sinneserfahrungen machen können. Gerade Schülerinnen mit sogenannten „mehrfachen schwersten Behinderungen" brauchen Medien, die sich an ihren Fähigkeiten zum Lernen orientieren und somit ein Lernen überhaupt erst möglich machen.

Literatur:

Grundlagenliteratur:
DEDERICH, Markus (1996): In den Ordnungen des Leibes. Zur Anthropologie und Pädagogik von Hugo Kükelhaus. Münster: Waxmann
DÖLLING, Katja: Unterricht mit Schülerinnen und Schülern mit einer schweren geistigen Behinderung. Seminararbeit im Rahmen des Seminars „Medienherstellung für Schülerinnen und Schüler mit einer geistigen Behinderung: von der theoretischen Begründung über die Herstellung und Erprobung bis zur eigenen Variation und Neuschöpfung. Universität Oldenburg, WS 2002/2003
FRÖHLICH, Andreas (1999): Basale Stimulation. Das Konzept. Düsseldorf verlag selbstbestimmtes leben, 2. Auflage, insbesondere Seite 150-290
KLAUS, Melanie/MEYER-LARSEN, Ortrud: Konzepte und Materialien für den Unterricht bei schwerstmehrfach behinderten SchülerInnen (Spezielle didaktische Probleme). Seminararbeit im Rahmen des Seminars „Medien und Konzepte für den Unterricht mit geistig Behinderten. Universität Oldenburg, WS 2001/2001
KÜKELHAUS, Hugo/ZUR LIPPE, Rudolf (1997): Entfaltung der Sinne. Ein »Erfahrungsfeld« zur Bewegung und Besinnung. Frankfurt am Main
LANDESMEDIENZENTRUM RHEINLAND-PFALZ: Basale Stimulation. Sonderpädagogik. Ganzheitliche Förderung schwerstbehinderter Kinder und Jugendlicher. Videofilm 42 44663
MÜHL, Heinz (1994): Einführung in die Geistigbehindertenpädagogik. Stuttgart 3. Auflage 1994, 1. Auflage, 95-96

RAHMEN, Heike/ FRÖHLICH, Andreas (1995): Spiel- und Anregungsmaterial für schwerstbehinderte Kinder. Zeitschrift für Heilpädagogik, 36. Jg., 1985, Beiheft 12, 55-63

RAHMEN, H./LENNARTZ-PASCH, R (1992).: Fantasto: ästhetisches Spiel- und Anregungsmaterial für Behinderte. Skript-Verlag Schwelm 1992. Das Buch kann bestellt werden bei: skript-Verlag, Oleanderstraße 12, 41470 Neuss, Tel.: 0 21 37/95 27 88, Fax: 0 21 37 / 95 27 83, Preis im Juni 2001: 26,-- DM)

RAHMEN, H./LENNARTZ-PASCH, R. (1988): Spielmaterial für Behinderte. Ideen, Anregungen, Erfahrungen. Skript-Verlag Neuss 1988. Das Buch kann bestellt werden bei: skript-Verlag, Oleanderstraße 12, 41470 Neuss, Tel.: 0 21 37/95 27 88, Fax: 0 21 37 / 95 27 83, Preis im Mai 2001: 22,-- DM)

THEILEN, Ulrike (1999): Mach doch mit! Lebendiges Lernen mit schwerbehinderten Kindern. Ernst Reinhardt Verlag, 3. Auflage München 1999

WACHTENDORF, Elisabeth: Spielmaterialien im Überblick zur Förderung behinderter Kinder. Seminararbeit im Rahmen des Seminars „Konzepte und Medien für den Unterricht bei geistiger Behinderung". Universität Oldenburg, WS 2001/2002

Literatur zur Vertiefung:

FORNEFELD, Barbara (1998): Das schwerstbehinderte Kind und seine Erziehung. Beiträge zu einer Theorie der Erziehung. Universitätsverlag C. Winter, 2., überarbeitete Auflage

Anhang
14. Mediensteckbriefe

Medium Nr. 1

Bereich: Schulung des Tastsinns

Art des Mediums: Tasttäfelchen (z. B. im Format 8 x 8 cm)

Verwendungszweck/ Intention: Schulung des Tastsinns, Entwicklung der Feinmotorik

Theoretischer Hintergrund: HEDDERICH, Ingeborg (2001): Einführung in die Montessori-Pädagogik. Theoretische Grundlagen und praktische Anwendung. München: Ernst Reinhardt Verlag, 83

Benötigtes Material: Sperrholz (z. B. 3 mm dick), Holzleim/-kleber, Schere, Lineal, Pappe, Frottee u. ä. zur Gestaltung der Oberfläche

Hinweis: Die Erstellung von Tasttäfelchen eignet sich gut als Einstiegsarbeit in das Laubsägen

Medium Nr. 2

Bereich: Wahrnehmung

olfaktorische Wahrnehmung (Riechen)

Art des Mediums: jeweils 2 Filmdosen mit gleichem Inhalt, Augenbinde

Verwendungszweck/ Intention: den Geruchssinn aktivieren/stimulieren

Theoretischer Hintergrund: HEDDERICH, Ingeborg (2001): Einführung in die Montessori-Pädagogik. Theoretische Grundlagen und praktische Anwendung. München: Ernst Reinhardt Verlag, 100 f.

Benötigtes Material: Filmdosen, Augenbinde aus Stoff oder geeigneter Schal, weiße Klebeetiketten Nr. 3077 der Firma Zweckform, Buntstifte oder Filzstifte, Schere

Medium 3

Bereich: Voraussetzungen des Lesens im engeren Sinne (auditive Diskrimination)

Art des Mediums: Karte mit Gegenständen, bei der die Gegenstände mit dem gleichen Anfangslaut einzukreisen sind

Verwendungszweck/ Intention:	Sicherung der Anfangslautdiskrimination
Theoretischer Hintergrund:	ausführlich dargestellt in RITTMEYER, Christel (1996): Lesenlernen bei geistigbehinderten Kindern. In: BAUDISCH, Winfried/SCHMETZ, Ditmar (Hrsg.): Schriftspracherwerb und Sprachhandeln im Primar- und Sekundarbereich. – Beispiele sonderpädagogischer Förderung -. Band III der Sonderpädagogischen Beiträge. Frankfurt am Main: Verlag Moritz Diesterweg,1. Auflage, 170-196
Benötigtes Material:	Schere, Lineal, Klebstoff, Bleistift, Laminierfolie in DIN A 4 – oder (besser) DIN A 3-Format, ggf. Pappe im Format der Karte

Medium 4

Bereich: Lesen im engeren Sinne

Art des Mediums: Gebärden-Buchstaben-Karten (modifizierte großmotorische Gebärden nach BLEIDICK mit Abbildung des Affen Lo) zu allen 26 Buchstaben des Alphabetes und den Doppellauten au, äu, eu, ö und ü), insgesamt 62 Karten

Verwendungszweck/ Intention:	Festigung der Buchstaben-Laut-Verbindung
Theoretischer Hintergrund:	ausführlich dargestellt in: RITTMEYER, Christel (1996): Lesenlernen bei geistigbehinderten Kindern. In: BAUDISCH, Winfried/SCHMETZ, Ditmar (Hrsg.): Schriftspracherwerb und Sprachhandeln im Primar- und Sekundarbereich. – Beispiele sonderpädagogischer Förderung -. Band III der Sonderpädagogischen Beiträge. Frankfurt am Main: Verlag Moritz Diesterweg, 1. Auflage 1996, 170-196
Benötigtes Material:	Packung mit 25 Laminiertaschen, z. B. von der Firma Dahle, Bestellnummer 71243, Schere, Klebstoff, Lineal, Fotokopien der Gebärden und Buchstaben, ggf. Pappe

Medium 5

Bereich: Lesen im engeren Sinne

Art des Mediums Gebärden-Buchstaben-Tafel zum Wortaufbau

Verwendungszweck/ Intention: Gebärden-Buchstaben-Zuordnung, Wortsynthese

Theoretischer Hintergrund: ausführlich dargestellt in RITTMEYER, Christel: (1996): Lesenlernen bei geistigbehinderten Kindern. In: BAUDISCH, Winfried/SCHMETZ,

Ditmar (Hrsg.): Schriftspracherwerb und Sprachhandeln im Primar- und Sekundarbereich. – Beispiele sonderpädagogischer Förderung -. Band III der Sonderpädagogischen Beiträge. Verlag Moritz Diesterweg. Frankfurt am Main 1. Auflage 1996, 170-196

Benötigtes Material: Kopie im Format DIN A 3 und DIN A 4, Klebstoff, Schere, Bleistift, Lineal, ggf. Pappe zur Verstärkung, 1 Laminierfolie im Format DIN A 4 und 1 Laminierfolie im Format DIN A 3, Holzstäbe (1,5 cm hoch, 1 cm dick) für Buchstaben, Holzlackiermittel, Holzstäbereste

Hinweis: Die vorliegenden Fotokopien müssen, wenn aus einer DIN A 4-Folie 2 Karten hergestellt werden, an den Seiten etwas kleiner geschnitten werden. Die Kopien können auch mit Pappe verstärkt werden. In diesem Fall muss die Folie an allen vier Rändern um ca. 5 mm über die Pappe hinausstehen (ansonsten Gefahr der Aufspaltung)

Medium 6

Bereich: Schreiben

Art des Mediums: Schreibtafel zur Einschleifung der Schreibbewegung beim Buchstaben R (Buchstaben in verschiedenen Größen) und zur Übung des Namens „Rita"

Verwendungszweck/ Intention: Einschleifung der Schreibbewegungen bei Buchstaben

Theoretischer Hintergrund: ausführlich dargestellt in RITTMEYER, Christel (1996): Lesenlernen bei geistigbehinderten Kindern.

In: BAUDISCH, Winfried/SCHMETZ, Ditmar (Hrsg.): Schriftspracherwerb und Sprachhandeln im Primar- und Sekundarbereich. – Beispiele sonderpädagogischer Förderung - Band III der Sonderpädagogischen Beiträge. Frankfurt am Main: Verlag Moritz Diesterweg, 1. Auflage, 170-196

Benötigtes Material: 3 Kopien DIN A 3, Schere, Klebstoff, Lineal, 3 Laminierfolien DIN A 3, ggf. Karton (z. B. Fotokarton im Format DIN A 3 oder gängiges Format, z. B. 70 x 80 cm)

Medium 7

Bereich: Mathematik
Zählen

Art des Mediums: Eierschachteln mit 10 Fächern

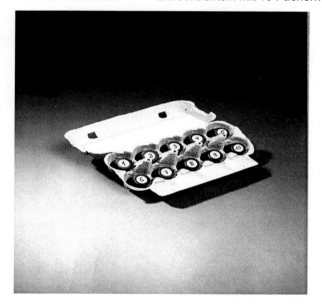

Verwendungszweck/ Intention: das Zehnerzählen erfahrbar machen

Theoretischer Hintergrund: LANZINGER, Heinrich (1997): Mengen – Größen – Abenteuer. Überlegungen zur Mathematik an der Schule für Geistigbehinderte. Lernen konkret 16 (1997), Heft 2, Mai, insbesondere Seite 17

Benötigtes Material: Eierschachteln mit 10 Fächern, farbige Plastikverschlüsse von Flaschen, z. B. in grün und rot, runde, weiße Vielzwecketiketten Nr. 3170 der Firma Zweckform, schwarzer Filzstift, Klebstoff

Medium 8

Bereich: Mathematik
bezahlen lernen

Art des Mediums: Preise auf Lebensmittelabbildungen mit Euro und Zehner-Cent-Münzen legen

Verwendungszweck/ Intention: Lebensmittel und Gegenstände des täglichen Bedarfs bezahlen lernen

Theoretischer Hintergrund:	LANZINGER, Heinrich: Mengen – Größen – Abenteuer. Überlegungen zur Mathematik an der Schule für Geistigbehinderte. Heft 2 Mai 1997, insbesondere 23 HEIDJANN, Sabine: Geistigbehinderte lernen Möglichkeiten Freier Arbeit im Bereich Umgang mit Mengen, Zahlen und Größen kennen, 2. Auflage 1995, 45 f.
Benötigtes Material:	Verpackungen von Lebensmitteln (möglichst nicht größer als DIN A 4), weiße Karteikarten im DIN A 5 Format (für jede Lebensmittelkarte 2 Karteikarten), Euro-Kindergeld, 1 schwarzer und 1 roter Filzstift, Klebstift, Lineal, Schere, Laminierfolie für die Lebensmittelabbildungen und die Legetafeln im DIN A 5 – Format sowie die Euro- und Cent-Münzen

Medium Nr. 9

Bereich: Musik / Förderung bei schwerer geistiger Behinderung

Art des Mediums: Stoffbeutel im Format 21 x 17 cm (z. B. mit Knöpfen gefüllt)

Verwendungszweck/ Intention: durch Drücken mit beiden Händen unterschiedliche Raschel- und Knistergeräusche erzeugen

Benötigtes Material:	Baumwollstoff (vorzugsweise unifarben) im Format ca. 30 x 25 cm, ca. 90 cm Klettband, Nadel, Garn, Füllung (z. B. Knöpfe)
Theoretischer Hintergrund:	THEILEN, Ulrike: Mach doch mit. Lebendiges Lernen mit schwerbehinderten Kindern. Ernst Reinhardt Verlag München 1999, 158

Medium 10

Bereich: Musik

Art des Mediums: Rassel aus Verschlüssen und Schraubdeckeln

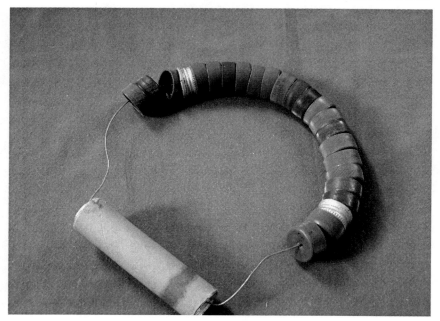

Verwendungszweck/Intention: Rasselgeräusche erzeugen

Theoretischer Hintergrund: Klang- & Musikinstrumente-Kartei

Pädagogik-Kooperative ELSE

Lehrerzentrum Hannover

Harnischstraße 9

3000 Hannover 1

Benötigtes Material: Plastikverschlüsse (von Flaschen), Schraubdeckel, Hammer, Nagel, Brett, Kneifzange, ca. 40 cm Eisendraht (möglichst 22 mm stark)

Medium 11

Fühlbilderbücher

Ausgewählte Bilder von Seiten aus Fühlbilderbüchern verschiedener Studentinnen:

Arbeiten der Studentin Jutta EVERS

Arbeiten der Studentin Anke MARWEDE

Arbeiten der Studentin Maren SIEB

Auf der bunten Blumenwiese
will das bunte Tier nicht bleiben.
Irgendeinen will es fragen,
irgendeiner soll ihm sagen,
wer es ist.

„Guten Morgen Pferdemutter!
Guten Morgen Pferdekind!
Seid ihr nicht vielleicht zwei Tiere,
die mir ähnlich sind?
Denn ich bin,
ich weiß nicht wer,
dreh mich hin
und dreh mich her,
dreh mich her
und dreh mich hin,
möchte wissen, wer ich bin."

„Kleiner", sagt das Pferdekind,
„deine Haare weh'n im Wind,
so wie meine.
Aber deine kleinen Beine
sind so kurz, und deine Ohren
sind viel länger, als bei mir –
nein, du bist ein anderes Tier!"
Auch die Pferdemutter stupst es
mit dem weichen Pferdemaul:
„Niemals wird aus dir ein Gaul!
Bist ein Hasen – Katzen – Hund
oder sonst ein Kunterbunt,
hast ein lustiges Gesicht,
doch ein Pferd? Das bist du nicht!"

Auch die Kuh sagt: "Nanu!
Was für einer bist denn du?"
Schaf und Ziege, jeder spricht:
„Nein, ein Pferd, das bist du nicht!"

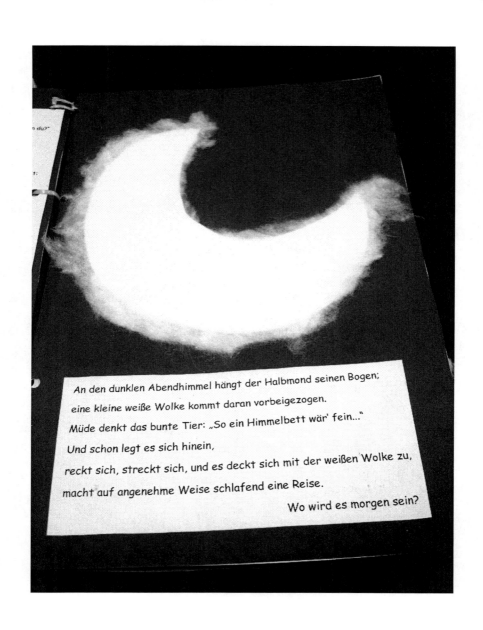

Arbeiten von verschiedenen Studentinnen und Studenten während einer Seminarsitzung (Thema: „Das kleine Ich-bin-ich" zu einem Fühlbilderbuch umgestalten)

Medien Nr. 12:

Handpuppen und Stabpuppen:

Anleitung: siehe Kapitel 10

Medium Nr. 13

Bereich: Kommunikation
Gebärden/Piktogramme
Stundenplan

Art des Mediums:	Karten mit Abbildungen von Teilen des Stundenplans (unter Verwendung von Makaton-Symbolen[1])
Verwendungszweck/ Intention:	sich im Schulalltag orientieren
Theoretischer Hintergrund:	LANZINGER, Heinrich (1997): Mengen – Größen – Abenteuer. Überlegungen zur Mathematik an der Schule für Geistigbehinder-

---

[1] Copyright © Makaton Deutschland

Benötigtes Material: te. Lernen konkret 16 (1997), Heft 2 Mai, 23 ggf. 16 Karten im DIN A 5 Format (weiss oder grau), 6 DIN A 4 Fotokopien der Abbildungen für Stundenplan, Klebstoff, schwarzer Filzstift, Schere, Lineal, Bleistift, 8 DIN A 4 Laminierfolien oder 6 Folien im DIN A 3 - Format

Medium 14

Bereich: Kommunikation
Gebärden/Piktogramme
Ämterplan

Art des Mediums:	Karten mit Ämterplan (unter Verwendung von Makaton-Symbolen[1])
Verwendungszweck/ Intention:	sich im Schulalltag orientieren
Theoretischer Hintergrund:	LANZINGER, Heinrich (1997): Mengen – Größen - Abenteuer. Überlegungen zur Mathematik an der Schule für Geistigbehinderte. Lernen konkret 16 (1997), Heft 2 Mai, 23
Benötigtes Material:	5 Karten im DIN A 5 Format (weiss oder grau), 3-5 Laminierfolien im Format DIN A 4, Klebstoff, schwarzer Filzstift, Schere, Lineal, Bleistift

---

[1] Copyright © Makaton Deutschland

Medium Nr. 15

Bereich: Kommunikation
Gebärden/Piktogramme
Räumliche Orientierung

Art des Mediums:	Piktogramme zur Orientierung im Schulgebäude (in Anlehnung an Makaton[1])
Verwendungszweck/ Intention:	sich im Schulgebäude orientieren
Theoretischer Hintergrund:	LANZINGER, Heinrich (1997): Mengen – Größen Abenteuer. Überlegungen zur Mathematik an der Schule für Geistigbehinderte. Lernen konkret, Heft 2 Mai 1997, 23
Benötigtes Material:	6 Kopien im Format DIN A 3, 9 Laminierfolien im Format DIN A 4, Schere

---

[1] Copyright © Makaton Deutschland

Aus unserem Verlagsprogramm:

Sonderpädagogik in Forschung und Praxis

Kristina Suhr
Förderung rechtschreibschwacher Schülerinnen und Schüler
*Konzeption, Implementation und Evaluation
des multidimensionalen Förderprogramms SKRIBO*
Hamburg 2005 / 396 Seiten / ISBN 3-8300-1876-2

Rudolf Forster
Der ‚Mobile Sonderpädagogische Dienst' im Förderschwerpunkt ‚Berufliche Bildung und Ausbildung'
Hamburg 2004 / 248 Seiten / ISBN 3-8300-1642-5

Roland Stein
**Zum Selbstkonzept im Lebensbereich Beruf
bei Lehrern für Sonderpädagogik**
Am Beispiel von Lehrern für Sonderpädagogik in Rheinland-Pfalz
Hamburg 2004 / 630 Seiten / ISBN 3-8300-1630-1

Anja Dietzel
Gehörlos - sprachlos - missbraucht?!
*Eine Unterrichtsreihe für die präventive Arbeit
mit hörgeschädigten Mädchen und Jungen*
Hamburg 2004 / 388 Seiten / ISBN 3-8300-1561-5

Hendrik Hauschild
„Konduktive Pädagogik" als Methode
Analyse und Kritik der Erklärungsansätze zum „rhythmischen Intendieren"
Hamburg 2004 / 210 Seiten / ISBN 3-8300-0903-8

Oliver Musenberg
Der Körperbehindertenpädagoge Hans Würtz (1875-1958)
*Eine kritische Würdigung des psychologischen und pädagogischen Konzeptes
vor dem Hintergrund seiner Biographie*
Hamburg 2002 / 406 Seiten / ISBN 3-8300-0661-6

Einfach Wohlfahrtsmarken helfen!